住房和城乡建设部"十四五"规划教材
高等学校工程管理专业系列教材

建设工程项目融资

韩言虎 杜 强 主编
刘晓君 主审

中国建筑工业出版社

图书在版编目（CIP）数据

建设工程项目融资 / 韩言虎，杜强主编．— 北京：中国建筑工业出版社，2023.1
住房和城乡建设部"十四五"规划教材 高等学校工程管理专业系列教材
ISBN 978-7-112-28381-1

Ⅰ．①建⋯ Ⅱ．①韩⋯ ②杜⋯ Ⅲ．①基本建设项目—融资—高等学校—教材 Ⅳ．①F830.55

中国国家版本馆 CIP 数据核字（2023）第 032785 号

本教材以建设工程项目融资为主题，在介绍建设工程项目融资相关基本概念的基础上，重点阐述当前建设工程项目融资的基本理论和广泛应用的融资模式。本教材分为 6 章，包括建设工程项目融资导论、建设工程项目融资组织与结构、传统融资模式、现代融资模式、建设工程项目融资风险管理和建设工程项目融资担保。

本教材力求系统性、理论性与实践性相结合，使读者能够了解和掌握建设工程项目融资管理的基本理论，同时增加了建设工程项目融资最新的理论研究成果，增强了本教材的时效性。

本教材主要作为工程管理、工程造价、土木工程以及相关专业本科教材和研究生教学参考书，也可以作为注册建造工程师、监理工程师、造价工程师等执业资格考试的参考书，还可供工程企业和项目管理从业人员学习使用。

为更好地支持相应课程的教学，我们向采用本书作为教材的教师提供教学课件，有需要者可与出版社联系，邮箱：jckj@cabp.com.cn，电话：（010）58337285，建工书院 https://edu.cabplink.com（PC 端）。

责任编辑：牟琳琳 张 晶
责任校对：李美娜

住房和城乡建设部"十四五"规划教材
高等学校工程管理专业系列教材
建设工程项目融资
韩言虎 杜 强 主编
刘晓君 主审

*

中国建筑工业出版社出版、发行（北京海淀三里河路 9 号）
各地新华书店、建筑书店经销
北京红光制版公司制版
廊坊市海涛印刷有限公司印刷

*

开本：787 毫米×1092 毫米 1/16 印张：12¼ 字数：304 千字
2023 年 4 月第一版 2023 年 4 月第一次印刷
定价：**38.00** 元（赠教师课件）
ISBN 978-7-112-28381-1
（40294）

版权所有 翻印必究
如有印装质量问题，可寄本社图书出版中心退换
（邮政编码 100037）

出 版 说 明

党和国家高度重视教材建设。2016年，中办国办印发了《关于加强和改进新形势下大中小学教材建设的意见》，提出要健全国家教材制度。2019年12月，教育部牵头制定了《普通高等学校教材管理办法》和《职业院校教材管理办法》，旨在全面加强党的领导，切实提高教材建设的科学化水平，打造精品教材。住房和城乡建设部历来重视土建类学科专业教材建设，从"九五"开始组织部级规划教材立项工作，经过近30年的不断建设，规划教材提升了住房和城乡建设行业教材质量和认可度，出版了一系列精品教材，有效促进了行业部门引导专业教育，推动了行业高质量发展。

为进一步加强高等教育、职业教育住房和城乡建设领域学科专业教材建设工作，提高住房和城乡建设行业人才培养质量，2020年12月，住房和城乡建设部办公厅印发《关于申报高等教育职业教育住房和城乡建设领域学科专业"十四五"规划教材的通知》（建办人函〔2020〕656号），开展了住房和城乡建设部"十四五"规划教材选题的申报工作。经过专家评审和部人事司审核，512项选题列入住房和城乡建设领域学科专业"十四五"规划教材（简称规划教材）。2021年9月，住房和城乡建设部印发了《高等教育职业教育住房和城乡建设领域学科专业"十四五"规划教材选题的通知》（建人函〔2021〕36号）。为做好"十四五"规划教材的编写、审核、出版等工作，《通知》要求：（1）规划教材的编著者应依据《住房和城乡建设领域学科专业"十四五"规划教材申请书》（简称《申请书》）中的立项目标、申报依据、工作安排及进度，按时编写出高质量的教材；（2）规划教材编著者所在单位应履行《申请书》中的学校保证计划实施的主要条件，支持编著者按计划完成书稿编写工作；（3）高等学校土建类专业课程教材与教学资源专家委员会、全国住房和城乡建设职业教育教学指导委员会、住房和城乡建设部中等职业教育专业指导委员会应做好规划教材的指导、协调和审稿等工作，保证编写质量；（4）规划教材出版单位应积极配合，做好编辑、出版、发行等工作；（5）规划教材封面和书脊应标注"住房和城乡建设部'十四五'规划教材"字样和统一标识；（6）规划教材应在"十四五"期间完成出版，逾期不能完成的，不再作为《住房和城乡建设领域学科专业"十四五"规划教材》。

住房和城乡建设领域学科专业"十四五"规划教材的特点，一是重点以修订教育部、住房和城乡建设部"十二五""十三五"规划教材为主；二是严格按照专业标准规范要求编写，体现新发展理念；三是系列教材具有明显特点，满足不同层次和类型的学校专业教学要求；四是配备了数字资源，适应现代化教学的要求。规划教材的出版凝聚了作者、主审及编辑的心血，得到了有关院校、出版单位的大力支持，教材建设管理过程有严格保障。希望广大院校及各专业师生在选用、使用过程中，对规划教材的编写、出版质量进行反馈，以促进规划教材建设质量不断提高。

住房和城乡建设部"十四五"规划教材办公室
2021年11月

序　言

改革开放以来，中国建造和高质量发展正在不断改变着中国的城乡面貌，提供了经济增长动力，提升了人民群众的生活品质。目前正值"十四五"规划时期，重大建设工程投资被视为国家经济发展和民生保障的有力支撑。项目资金是建设工程项目开展的重要基础，近年来项目融资已经发展成为建设工程项目资金筹措的重要手段，其原理和方法都与传统融资方式不同，出现了一些新情况和新问题。因此，建设工程管理领域急需培养一批具有扎实融资理论知识、较高业务素质和较强实践能力的工程管理专业人才。

工程管理学科的发展及人才队伍的逐步扩大，有助于建设工程项目的高效完成，对经济发展具有较大的促进作用。目前，全国有 400 多所高等院校开设工程管理类专业，为保证专业人才的培养质量，应重视教材内容的时效性，使人才培养的步伐和行业发展的步伐保持一致。诸多专家学者在工程管理类教材建设方面付出了大量的心血，但由于建设行业的快速发展和内外部环境的发展变化，现有建设工程项目融资教材中许多内容需要不断更新，以满足现代工程管理复合型专业人才培养的需要。

工程管理作为快速发展的交叉学科专业，其理论、方法、体系和实践应用也在不断地发展之中。本教材除了介绍建设工程项目融资的基础理论，还对传统融资模式、现代融资模式、融资风险、融资担保等内容展开系统的阐述，力争达到理论性和实践性相结合。本教材还将大量建设工程项目融资最新的研究成果进行整理总结，增加了最新的建设工程项目融资模式，积极响应国家"十四五"规划纲要，突出时效性特征，确保本教材的内容与时俱进。本教材的出版将对我国工程管理类专业的建设、专业教学水平的提高和专业人才的培养产生积极的推动作用。

2022 年 10 月

前　言

建设工程项目对"十四五"及今后一个时期经济社会的发展将持续发挥重要作用，是推动落实国家和区域重大发展战略的关键抓手，是拓展投资空间、扩大有效投资和优化投资结构的重要载体。建设工程项目融资具有提高项目经济强度及项目债务承受能力、减少项目投资者的自有资金投入、提高项目投资收益率等诸多优势，自出现以来就展现出强大的生命力，特别是对于发展中国家的工程建设和基础设施的完善有着更为重要的意义。

建设工程项目融资是以建设工程项目为基础，以项目的资产和预期收益为担保、由项目参与各方分担风险、具有有限追索权或无追索权特征的特殊融资方式，特别适用于重大建设工程项目的资金筹措。建设工程项目融资程序复杂、模式众多、决策难度大，加之建设工程项目具有建设周期长、资金需求大等特点，因而成为工程项目全寿命周期管理的重要组成部分，贯穿于工程项目的全过程，关系到项目融资成本和效率，甚至影响项目的成败，日益受到政府和不同项目参与主体的高度关注和重视。建设工程项目融资理论已成为专业人才培养和实务操作人员的必修课。

本教材全面系统地介绍了建设工程项目融资的基础理论知识，包括建设工程项目融资的概念、起源与发展、组织与结构、传统与现代融资模式、融资风险管理以及融资担保，还特别详细地介绍了BOT、PPP、PFI、ABS、REITs等现代融资模式的最新理论。本教材旨在为高等学校工程管理、工程造价、土木工程等相关专业的本科生和研究生提供建设工程项目融资的基础理论，保证学生能够掌握目前行业领域的发展趋势，为日后从事相关专业工作和可持续发展奠定基础。本教材对建设工程项目融资新情况、新问题和新思路的最新研究成果进行整理分析，对于实际从业人员也具有参考价值。

本教材由长安大学韩言虎、杜强担任主编，负责制定总体思路、教材框架、编写计划及内容的完善提高。长安大学韩言虎负责编写第1、2、5章，长安大学杜强负责编写第3、4章，西安建筑科技大学王腊银负责编写第6章。长安大学蔡晓琰、辛慧敏、晏熙钰、方晓等参与相关资料的收集和书稿完善工作。本教材由西安建筑科技大学刘晓君担任主审，她提出诸多修改意见，推动教材不断完善。同时，在编写过程中借鉴了有关建设工程项目融资最新的著作和文献、政府出台的相关政策文件、专家学者的观点和建议以及企业工程项目实践总结等参考资料，尽管在参考文献中列出，难免还有疏漏。在此一并表示诚挚感谢。此外，本教材还得到了长安大学工程管理国家一流专业建设项目的资助。

由于编写者水平有限以及对建设工程项目融资认识的局限性，书中难免存在不足之处，诚恳希望各位专家和读者批评指正。

编者

2022年10月

目 录

1 建设工程项目融资导论 ······1
本章提要 ······1
1.1 建设工程项目融资概述 ······1
1.2 建设工程项目融资的产生和发展 ······6
1.3 建设工程项目融资的实施程序 ······9
本章小结 ······11
本章思考题 ······12

2 建设工程项目融资组织与结构 ······13
本章提要 ······13
2.1 建设工程项目融资的参与者 ······13
2.2 建设工程项目投资结构 ······17
2.3 建设工程项目融资结构 ······25
2.4 建设工程项目资金结构 ······34
2.5 建设工程项目信用保证结构 ······43
本章小结 ······46
本章思考题 ······47

3 传统融资模式 ······48
本章提要 ······48
3.1 直接融资 ······48
3.2 银行贷款 ······50
3.3 股票融资 ······67
3.4 债券融资 ······72
3.5 项目公司融资 ······82
3.6 杠杆租赁融资 ······84
本章小结 ······87
本章思考题 ······87

4 现代融资模式 ······88
本章提要 ······88
4.1 BOT 模式 ······88
4.2 PPP 模式 ······100
4.3 PFI 模式 ······116
4.4 ABS 模式 ······119
4.5 REITs 模式 ······127
本章小结 ······134

本章思考题……………………………………………………………… 134
5　建设工程项目融资风险管理…………………………………………… 135
　　本章提要…………………………………………………………………… 135
　　5.1　建设工程项目融资风险概述………………………………………… 135
　　5.2　建设工程项目融资风险识别………………………………………… 136
　　5.3　建设工程项目融资风险评价………………………………………… 150
　　5.4　建设工程项目融资风险应对………………………………………… 153
　　本章小结…………………………………………………………………… 161
　　本章思考题………………………………………………………………… 161
6　建设工程项目融资担保………………………………………………… 163
　　本章提要…………………………………………………………………… 163
　　6.1　建设工程项目融资担保概述………………………………………… 163
　　6.2　建设工程项目融资担保人…………………………………………… 170
　　6.3　建设工程项目融资担保形式………………………………………… 174
　　本章小结…………………………………………………………………… 185
　　本章思考题………………………………………………………………… 185
参考文献…………………………………………………………………… 186

1 建设工程项目融资导论

【本章提要】 本章首先进行建设工程项目融资概述，界定建设工程项目融资的定义，分析建设工程项目融资的特点和适用范围；然后，回顾建设工程项目融资的产生和发展，分析建设工程项目融资在我国的发展状况；最后，介绍建设工程项目融资实施程序的相关内容。本章重点掌握建设工程项目融资的定义、适用范围和实施程序。

1.1 建设工程项目融资概述

1.1.1 建设工程项目融资的定义

建设工程项目是指需要一定量的资金投入，经过决策、实施等一系列程序，在一定约束条件下以形成固定资产为目标的一次性过程。而建设工程项目融资是将资金作为工程项目的生产要素之一，工程项目作为资金的载体，一切融资活动围绕着项目进行。但对于"项目"一词，目前所使用的概念已超出建设项目的狭义空间，许多人习惯于把具有一个特定内容的工作也称为项目，认为项目是要在一定时间、在预算规定范围内，达到预定质量水平的一项一次性任务，如扶贫项目、科技攻关项目、建设工程项目、咨询项目、教育项目等。本教材中所提及的项目，均特指建设工程项目。

迄今为止，建设工程项目融资还没有一个准确、公认的定义。然而，学术界普遍承认的观点主要分为广义和狭义两种：从广义上讲，一切针对具体建设工程项目所安排的融资都称为建设工程项目融资；而狭义的建设工程项目融资只将具有无追索或有限追索形式的融资活动当作建设工程项目融资。本教材以后各章讨论的内容均指狭义的建设工程项目融资，研究具有无追索权或有限追索权的融资方式将更有现实意义。

综观现已出版的中外文文献，对建设工程项目融资定义的表述有多种。下面列举几个典型的工程项目融资的定义。

《美国财会标准手册》（1981年）把项目融资看作"对需要大规模资金的项目采取的金融活动。借款人原则上将项目本身拥有的资金及其收益作为还款资金来源，将项目资产作为抵押，而该项目实施实体的信用能力通常不作为重要因素来考虑"。

美国银行家彼得·K·内维特（Peter K. Nevit）所著的《项目融资》（Project Financing）（1995年第6版）一书中的定义为"项目融资就是为一个特定经济实体所安排的融资，其贷款人在最初考虑安排贷款时，满足于使用该经济实体的现金流量和收益作为偿还贷款的资金来源，并且满足于使用该经济实体的资产作为贷款的安全保障"。

国家计划委员会与国家外汇管理局共同发布的《境外进行项目融资管理暂行办法》（计外资〔1997〕612号）中的定义为"项目融资是指以境内建设项目的名义在境外筹措外汇资金，并仅以项目自身预期收入和资产对外承担债务偿还责任的融资方式"。它应具有以下性质：①债权人对建设项目以外的资产和收入没有追索权；②境内机构不以建设项目以外的资产、权益和收入进行抵押、质押或偿债；③境内机构不提供任何形式的融资担保。

我国著名学者胡代光和高鸿业主编的《西方经济学大辞典》中，对项目融资的定义为"项目融资是耗资巨大的大型工程项目在国际上融资的重要途径"。贷款者所看重的是项目的资产以及未来收益在清偿债务上的能力。这种融资手段有别于传统的资金融通，其特点主要表现在项目为独立法人，资本的绝大部分靠贷款，风险大，需要第三方担保，但风险可通过多种途径转移，融资的发起者所负担的风险有限，其本身的资产负债状况所受的影响较小。

中国银行对项目融资的定义为"项目的发起人（即股东）为经营项目成立一家项目公司，以该项目公司作为借款人筹借贷款，以项目公司本身的现金流量和全部收益作为还款来源，并以项目公司的资产作为贷款的担保物。该融资方式一般应用于发电设施、高等级公路、桥梁、隧道、铁路、机场、城市供水和污水处理厂等大型基础建设项目，以及其他投资规模大、具有长期稳定预期收入的建设项目"。

上述5种定义虽然表述不同，但是无论何种表述，都涵盖了两个最基本的内容：其一，建设工程项目融资是以项目为主体安排的融资，工程项目的导向决定了建设工程项目融资的最基本的方法；其二，建设工程项目融资中的贷款资金的偿还来源仅限于融资项目本身，即融资项目能否获得贷款完全取决于项目本身的经济强度。项目的经济强度可以从两个方面来测度：一是项目未来可用于偿还贷款的净现金流量；二是项目本身的资产价值。

综上所述，本教材对建设工程项目融资的定义为：以建设工程项目为主体安排融资，以特定建设工程项目的现金流量和资产为融资基础，由项目的参与各方分担风险，具有无追索权或有限追索权的特定融资方式。

1. 无追索权的项目融资

所谓无追索权的项目融资是指贷款人对项目发起人无任何追索权，只能依靠项目资产和项目所产生的收益作为还本付息的唯一来源。其主要特点是：

(1) 项目贷款人对项目发起人的其他项目资产没有任何要求权，只能依靠该项目的现金流量偿还；

(2) 项目融资的信用基础是该项目的现金流量水平；

(3) 通常贷款人会要求提供信用担保以避免还贷风险；

(4) 该项目融资需要一个稳定的政治和经济环境。

2. 有限追索权的项目融资

所谓有限追索权的项目融资是指项目发起人在某个特定阶段或者规定的范围内，除承担对项目的出资额以外，还需承担有限的债务责任和义务，如提供从属贷款和出具履约保函，以承担已经识别一定时间或范围的项目风险，如项目建设和运营风险。除此之外，无论项目出现何种问题，贷款人均不能追索到借款人除该项目资产、现金流量以及所承担义务之外的任何财产。

1.1.2 建设工程项目融资的特点

建设工程项目融资作为新型融资方式，与传统融资（公司融资）方式有较大的差别。一般来说，与传统的融资方式相比，建设工程项目融资的主要特点体现在以下几个方面。

1. 以项目为导向安排融资

建设工程项目融资的主体是项目公司，而不是项目发起人。贷款人根据项目公司的资产状况以及该项目完工投产后所创造出来的经济收益作为发放贷款的考虑原则。此时项目公司不是依赖项目发起人的信用和资产，而是以项目本身的未来现金流量和资产状况作为举债❶和还贷的基础。因此，项目贷款人出于对自身安全的考虑，需要对项目的谈判、建设、运营进行全程的监控。采用以项目为导向的建设工程项目融资不但可以提高建设项目的可行性，增强投资者的信心，还能在政府牵头的基础设施项目上减少限制举债的影响，以特许权企业的身份进行资金运作。

2. 有限追索或无追索

追索程度不同是建设工程项目融资与传统融资最主要的区别。对于传统的公司融资方式，贷款人提供的是具有完全追索权的资金。若借款人无法偿还贷款，则贷款人可对其所有资产行使处置权，以弥补由此带来的损失。如前所述，本教材讨论的均为狭义的建设工程融资，属于有限追索或无追索。在一般情况下，无论项目成功与否，贷款人均不能追索到项目借款人除该项目资产、现金流量以及所承担的义务之外的任何形式的财产。在建设工程项目融资中，建设工程项目本身的效益是偿还债务最可靠的保证。因此，项目贷款人更加重视对建设工程项目效益的考察，注重对建设工程项目本身的债务追索。

3. 风险分担

为了实现工程项目融资的有限追索或无追索，对与项目有关的各种风险要素，需要以某种形式在项目发起人、投资者与项目开发有直接或间接利益关系的其他利益第三方进行分担。没有任何一方可以单独承担也无能力承担全部项目融资的风险责任，这提高了各方参与项目的积极性，也使得项目更加可行。项目参与的各方需要根据自身的风险承担能力、负债能力以及追求的回报额设计出具有最低追索的融资结构，通过严格的法律合同分担责任和风险，谋求项目效益最大化。因此，如何有效合理地分担风险是建设工程项目融资的重要关注点。

4. 非公司负债型融资

非公司负债型融资亦称资产负债表之外的融资，是指项目的债务不体现在公司（实际借款人的公司）的资产负债表中的一种融资形式。根据项目融资风险分担的原则，贷款人对于项目的债务追索权主要被限制在项目公司的资产和现金流量上，借款人所承担的是有限责任，因而有条件使融资被安排为一种不需要进入借款人资产负债表的贷款形式，即以某种说明的形式反映在公司资产负债表的注释中。一个公司在从事超过自身资产规模的项目投资，或者同时进行几个较大的项目开发时，如果这些项目的贷款安排全部反映在公司资产负债表上时，银行可能会提高利率以弥补借款方资产负债率提高所带来的偿还风险，还会减少贷款额度甚至是停止贷款，使得借款方的借款难度以及资本成本增加，而非公司负债型融资可以避免项目融资引起资产负债表的变化带来的影响。

---

❶ 举债指国家、团体、个人对外借款、发行债券以及其他融资方式进行筹集资金所负担的债务。

5. 债务比例不同

在传统融资方式下，一般要求负债率在40%～60%，投资者自有资金的比例要达到40%以上才能融资；而项目融资可以允许项目发起人投入较少的股本，进行高比例的负债，对投资者的股权出资所占的比例要求不高。一般而言，股权出资占项目总投资的30%即可，而具体的债务比例根据项目的经济强度、融资规模等因素发生变化，结构严谨的项目融资可以实现90%以上的负债比例。因此可以说，项目融资是一种负债比率较高的融资。

6. 信用结构多样化

在建设工程项目融资中，用于支持贷款的信用结构的安排是灵活和多样化的。因为建设工程项目有多方参与者，在各项目参与者的协商下，形成了各种形式的信用保证结构。换言之，建设工程项目融资，可以将贷款的信用支持分配到与项目有关的各个关键方面。而在传统的公司融资中，一般只需要单一的担保结构，如抵押、质押或担保贷款。

7. 融资所需时间长、成本高

与传统的融资方式比较，建设工程项目融资成本较高，组织融资所需要的时间较长。一方面，建设工程项目融资涉及面广、结构复杂，通常需要做大量的有关风险分担、税收结构、资产抵押等一系列技术性的工作，融资文件往往比一般公司的要多出几倍，需要几十个甚至上百个法律文件才能解决问题，这些必然使得组织项目融资花费更长的时间，从而导致前期费用较高。通常来说，从开始准备到完成整个融资计划需要3～6个月的时间，有些大型工程项目融资甚至需要数年；另一方面，建设工程项目融资属于有限追索或无追索，且融资金额巨大，这加大了贷款方承担的风险，因此贷款方需要更高的收益率，建设工程项目的利息成本一般要高出同等企业条件贷款的0.3%～1.5%。

8. 有效利用税务优势

由于不同的国家和地区有不同的税务政策，通常包括加速折旧、利息成本、投资优惠以及其他费用的抵税法规等。利用税务优势，是指在建设工程项目所在国税法允许的正常范围内，通过精心设计的融资结构，将所在国政府对投资的税务鼓励政策在建设工程项目参与各方中最大限度地加以分配和利用，以此为杠杆来降低融资成本，减少建设工程项目高负债在内的现金流量压力，提高建设工程项目的偿债能力和综合收益率，可以通过外商投资企业等方式实现。

从以上建设工程项目融资的特点可以看出，建设工程项目融资相对于传统融资有很多的优点，但也有其不足之处。例如融资时间长导致了成本费用高，风险分担的有效性、合理性需要得到特别关注等。不过，整体而言，建设工程项目融资作为一种创新型融资方式，是适应项目建设的发展和各国特定的历史环境而发展起来的，具有很强的发展潜力。

建设工程项目融资与传统公司融资主要不同见表1-1。

建设工程项目融资与传统（公司）融资方式比较　　　　表1-1

	建设工程项目融资	传统融资（公司融资）
融资主体	项目本身	项目发起人
融资基础	项目本身的资产和未来现金流量	项目发起人的资信
追索权特征	有限追索权或无追索权	完全的追索权

续表

	建设工程项目融资	传统融资（公司融资）
风险分担	所有参与者	项目发起人
会计处理	资产负债表外融资（项目债务不出现在发起人的资产负债表上，仅出现在项目公司的资产负债表上）	项目债务是投资者债务的一部分，出现在其资产负债表上
债务比例	一般负债比率很高	一般自有资金的比例在40%以上
担保结构	担保结构复杂	担保结构单一
贷款技术、周期、融资成本等	贷款技术相对复杂、周期长、融资成本较高	贷款技术相对简单、周期较短、融资成本较低

（资料来源：刘亚臣，包红霏. 工程项目融资 [M]. 2版. 北京：机械工业出版社，2017）

1.1.3 建设工程项目融资的适用范围

尽管建设工程项目融资相对传统融资方式有筹资能力强、有效分散风险等优势，但并不是所有的项目都适用该种方法。建设工程项目融资主要用于规模较大、具有一定垄断性质、周期较长、有可靠现金流、经济效益好的项目，总体来说可以分为以下几类。

1. 基础设施项目

基础设施项目主要是指公路、隧道、桥梁、铁路、地铁、机场、港口、废水处理厂、电信等建设工程项目，从建设工程项目融资的发展历史上看，基础设施项目是应用建设工程项目融资最广泛的领域。由于基础设施项目是由政府主导的，一方面政府财力有限，满足不了加快发展基础设施的需求；另一方面，完全依赖政府建设经营无法提高项目运营效率和服务质量。适当地引入市场机制可以充分发挥市场的活力，使财政资金能够发挥最大的效益，因而采用建设工程项目融资很有必要。

2. 资源开发项目

资源开发项目主要是指矿物质（铁、铜、铝等）、石油、天然气等自然资源的开采。一般来说，这类项目规模巨大，需要的资金少则几亿，多则上百亿，一般的投资者筹资能力有限，仅凭自己的筹资能力，很难筹集到如此巨大的资金量。同时，一旦项目建设成功，有足够大的利润空间和稳定的现金流，因此适用建设工程项目融资。

3. 公共设施项目

公共设施项目主要是指政府办公楼、医院、学校、运动场馆等城市建筑。公共设施多数由地方政府承担建设，往往有盈利项目，也有非盈利项目，更加注重公共效益，与基础设施项目的融资有类似之处。值得注意的是，由于存在政府换届周期与商业长期运作之间的矛盾，建设工程项目融资可以降低政府违约的风险，增强政府信用度。

4. 房地产开发项目

房地产开发项目，一般是对土地和地上建筑物进行的投资开发建设项目。在当前经济环境下，房地产融资成本不断上涨，传统的融资方式受到冲击，房地产投资方面临着严重的融资问题，因此投资方已开始将目光转向包括项目融资在内的其他行之有效的融资模式。项目融资能够有效地分散房地产项目投资人的风险，并实现房地产企业负债表外融资，对整个公司的长期发展战略不造成影响。这种高效的融资模式与房地产融资相结合将有效缓解房地产企业融资困境，降低房地产企业融资风险，促进房地产金融市场的发展。

近年来，随着建设工程项目融资的运用范围不断扩大，项目融资也应用到大型工业项目中，但是由于目前应用的数量远远小于上述几种类型的项目，故本教材不再单独列出讨论。

1.2 建设工程项目融资的产生和发展

1.2.1 国外的产生与发展

1. 早期的建设工程项目融资主要应用于资源开发项目

建设工程项目融资是伴随着美国得克萨斯油田开发项目产生的。项目融资的模式真正被认可，是在20世纪60年代中期以英国北海油田开发中所使用的有限追索项目贷款为标志，由此逐步发展为国际金融的一个独立分支。在第二次世界大战后，西方各国为了振兴经济，纷纷开展石油工业，石油开采的丰厚利润吸引了一些投资者，但是石油开采的风险也非常大，为了解决这个问题，投资者通过有限追索权项目融资来筹集资金，即"产品支付"的方式归还贷款。

同一时期，由于西方国家工业发展对其他矿产品的需求急剧增长，其他矿产品价格也相当坚挺，使得矿业成为少数高盈利水平行业之一。早期因为外部筹资成本较高，采矿业扩建和新建矿山主要依靠自身资金解决。但从20世纪60年代后期到20世纪70年代，随着原材料市场的紧缺和新建各种大型项目的上马，吸引了外部投资者的眼光，从而促使建设工程项目融资在此领域得到长足发展。经过20世纪70年代第一次石油危机之后能源工业的繁荣时期，项目融资得到大规模的应用，成为大型能源项目国际性融资的一种主要手段。

2. 随着经济的发展，建设工程项目融资逐渐转向以基础设施为主的项目融资

20世纪80年代初开始的世界性经济危机，使项目融资的发展进入了一个低潮。一方面，国际银行最为有利可图的发展中国家贷款市场因为一些国家，特别是南美洲国家发生的债务危机，已不可能再承受大量新的债务；另一方面，能源、原材料市场的长期衰退使包括工业发达国家在内的公司、财团对这一领域的新项目投资非常谨慎，而这一领域又是项目融资的一个主要的传统市场。据统计，1981年到1986年的6年间，西方国家在这一领域投资的新项目比上一时期减少了60%，投资总额减少了33%。当时国际金融界流行着一种悲观的看法，认为单纯依靠项目的资产和现金流量进行筹资并依赖于完工后的项目现金流量偿还债务的融资方式，似乎已经被20世纪80年代前期的金融信用危机所扼杀了。

与此同时，在基础设施建设领域，按照传统的投资方式，其投资一般由国家财政支出，但是进入20世纪70年代后，情况发生了变化。一方面，发展中国家大量举债导致国际债务危机加剧，对外借款能力下降、预算紧张，这在拉美国家尤为突出。在这种情况下，政府很难拿出更多的资金投资基础设施建设项目。另一方面，发达国家随着经济的发展，对公用基础设施的需求量越来越大，标准越来越高，政府出面建设耗资巨大的公共基础设施项目越来越困难。而且，随着西方发达国家宏观经济政策的变化，对国有企业实行私有化，在私有化的过程中，公共基础设施建设首当其冲。因此在政府面临基础设施建设投资困难的时候，"项目融资"以其独有的优势，成为财政支出进行基础设施建设的一种重要的补充方式。1984年，在讨论土耳其公共项目的私营问题时，厄扎尔（Özal）提出了BOT（即建设—运营—移交，Build—Operate—Transfer）的概念。运用此种方式，土耳其建设了火力发电厂、机场和博斯普鲁斯第二大桥。此后，BOT融资方式作为基础设施项目建设的一种有效融资方式逐渐流行起来，并得到了广泛的发展。一些发展中国家，如菲律宾、泰国、马来西亚等也相继采用BOT融资方式进行基础设施建设。近年来，包括BOT模式在内的公私合作模式（PPP模式）发展迅速，被广泛地应用到了交通、能源、污水处理等基础设施项目的建设中。迄今为止，许多发达国家和地区越来越多地采用PPP（政府—私人资本—合伙，Public—Private—Partnership）融资方式进行大型基础设施建设。

随着世界经济的复苏和若干有代表性的项目融资模式完成，项目融资又重新在国际金融界活跃起来，并在融资结构、追索形式、贷款期限、风险管理等方面有所创新和发展，并且逐步发展形成了"BOT""PPP""ABS（资产证券化，Asset Backed Securitization）"等多种融资模式。

3. 建设工程项目融资逐渐向多国和多行业发展

建设工程项目融资经过半个世纪的发展，已成为一种主要的融资手段，其运用领域和融资模式不断拓宽。但是，经济发展水平的差别决定了不同国家运用项目融资的差异和融资模式的多样性程度。在一些发达国家和地区，因其法律制度成熟、金融市场发达、管理水平高，建设工程项目融资的运用领域不仅涉及经营性的国家基础设施项目，更是广泛拓展到大型工业项目，融资模式也是多种多样，产品支付、远期购买、融资租赁、BOT、ABS等模式在实践中都得到不同程度的运用和实施。例如，中信公司在加拿大塞尔加纸浆项目采用的融资模式为通过项目公司直接安排融资的模式，欧洲迪士尼乐园项目的融资模式为杠杆租赁等。相比之下，发展中国家建设工程项目融资的领域主要集中在基础设施建设项目，如能源、交通运输等，其应用的融资模式主要是BOT模式，其他模式正处于尝试阶段。

1.2.2 我国的发展状况

随着我国开始实行改革开放政策，建设工程项目融资作为一种重要的金融工具，在20世纪80年代被引入我国的企业界和金融界，并在一些大型建设工程项目中得到了成功运用。20世纪80年代初，深圳的沙角B电厂首先采用有限追索权项目融资方式进行基础设施建设，并获得成功，它标志着我国利用建设工程项目融资方式的开始。

为尽快解决能源、交通、通信等基础设施严重不足的问题，改变过去基础设施建设单纯依靠国家财政投资的传统做法，大胆尝试项目融资新方式，中央政府在制定国家经济和社会发展"八五"计划（1991～1995年）时，国家计划委员会首次提出了运用BOT模式加快基础工业发展和基础设施建设的新思路。尽管如此，对比国外项目融资的发展，国内建设工程项目融资的发展则相对滞后。为使我国建设工程项目融资尽快步入正轨，并按国际惯例运作，对外贸易经济合作部于1994年发布了《关于以BOT方式吸收外商投资有关问题的通知》(外经贸法函〔1994〕第89号)。国家计划委员会和国家外汇管理局也于1997年4月6日发布了《境外进行项目融资管理暂行办法》(计外资〔1997〕612号),规范了项目融资的进一步发展。这些连同2002年《指导外商投资方向暂行规定》(国务院令第346号)和2017年修订的《外商投资产业指导目录》,基本构成了我国BOT项目融资的政策框架。

在这些政策的指导下,我国陆续出现了一些类似BOT方式进行建设的项目,如广州至深圳高速公路、三亚凤凰机场、重庆地铁、深圳地铁、北京京通高速公路、广西来宾B电厂等。这些项目虽然相继采用BOT模式进行建设,但只有重庆地铁、深圳地铁、北京京通高速公路等项目被国家正式认定为采用BOT模式的基础设施项目。广西来宾B电厂BOT项目是经国家批准的第一个试点项目,该项目由广西开发投资有限责任公司负责运作,经过各方的努力,已取得了全面成功,被国际上具有较强影响力的金融杂志评为最佳项目融资案例,在国内被誉为"来宾模式"。

随着越来越多的基础设施项目采用BOT方式进行融资,2004年建设部颁布了《市政公用事业特许经营管理办法》(建设部令第126号),初步规定了特许经营的适用范围、参与特许经营权竞标者应当具备的条件、竞标程序以及特许经营协议的主要内容等。随后北京、深圳、天津、济南等城市相继发布了基础设施特许经营办法,对特许经营的相关事项作出规定。

纵观20世纪80年代以来EPC、BT、BOT等形式的应用,它们的核心在于解决政府市场融资问题,可以说是PPP的初级阶段。自2013年我国开始应用PPP模式发展基础设施建设。2014年,以《财政部关于推广运用政府和社会资本合作模式有关问题的通知》《财政部关于印发政府和社会资本合作模式操作指南(试行)的通知》《国家发展改革委关于开展政府和社会资本合作的指导意见》政策文件为标志,我国PPP模式作为项目融资的一种重要载体,在市政、交通、能源、水利等基础设施领域得到全面推动,掀起一轮新的PPP热潮。

2016年,财政部发布的《关于在公共服务领域深入推进政府和社会资本合作工作的通知》(财金〔2016〕90号)中提出"各级财政部门要联合有关部门,继续坚持推广PPP模式'促改革、惠民生、稳增长'的定位,切实践行供给侧结构性改革的最新要求,进一步推动公共服务从政府供给向合作供给、从单一投入向多元投入、从短期平衡向中长期平衡转变。要以改革实现公共服务供给结构调整,扩大有效供给,提高公共服务的供给质量和效率。要以改革激发社会资本活力和创造力,形成经济增长的内生动力,推动经济社会持续健康发展"。2019年3月发布的《财政部关于推进政府和社会资本合作规范发展的实施意见》(财金〔2019〕10号),进一步明确PPP项目的实施边界:"非公共服务领域、合作期限低于十年的项目不得采用PPP模式;将政府方签约主体限定为县级及县级以上人民政府或其授权的机关或事业单位,县级以下的政府将不得再作为实施机构参与项目运行。"近年来,PPP模式逐渐发展成熟,在加强基础设施补短板、调动民间投资方面作用十分显著。财政部PPP中心最新数据统计显示,截至2021年2月24日,累计入库PPP项目9965个,投资额15.4万亿元,涉及市政工程、交通运输、生态建设、环境保护、城镇综合开发等领域。

2021年2月,国家发展改革委印发《引导社会资本参与盘活国有存量资产中央预算内投资示范专项管理办法》,旨在有效引导社会资本参与盘活国有存量资产、形成投资良性循环,提高中央预算内投资使用效益。支持的重点项目包括:支持采用不动产投资信托基金(REITs)、政府和社会资本合作(PPP)等方式盘活国有存量资产,将净回收资金主要用于新增投资,且具有较强示范性和创新性的项目。

目前,随着我国社会和经济的迅速发展、城市化进程的不断加快,城市基础设施建设需要的巨大投资完全依靠政府的公共财政是不可能解决的,建设工程项目融资将大有可为。建设工程项目融资在中国的发展面临着相当大的发展空间,新的投资领域和投资机会的出现,为项目融资的大发展提供了有利时机。

建设工程项目融资在我国的发展历程如图1-1所示。

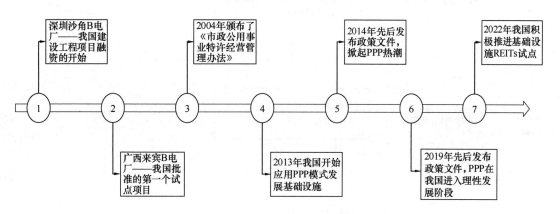

图1-1 建设工程项目融资在我国的发展历程

1.3 建设工程项目融资的实施程序

一般来说,从建设工程项目的投资决策开始,到选择采用建设工程项目融资的方式为项目筹集资金,一直到最后完成该工程项目融资,建设工程项目融资的实施程序大致可以分为5个阶段,即投资决策分析阶段、融资决策分析阶段、融资结构分析阶段、融资谈判阶段和项目融资执行阶段(图1-2)。

1. 投资决策分析阶段

从严格意义上讲,投资决策分析也可以不属于建设工程项目融资的范围。但是在项目发起方决定投资建设项目之前,都需要经过相当周密的投资决策分析,包括对国家宏观经济形势的分析判断、项目所处行业的发展现状和前景以及项目的可行性等内容。在作出投资决策之后,融资方就要确定项目的投资结构,这与将要选择的融资结构和资金来源有着密切关系。同时,在很多情况下,项目投资决策也是和项目能否融资以及如何融资紧密联系在一起的。投资者在决定项目投资结构时需要考虑的因素很多,其中主要包括项目的产权形式、产品分配形式、决策程序、债务责任、现金流量控制、税务结构和会计处理等方面的内容。投资结构的选择将影响到建设工程项目融资的结构和资金来源的选择;反过来,建设工程项目融资结构的设计在多数情况下也将会对投资结构的安排作出调整。

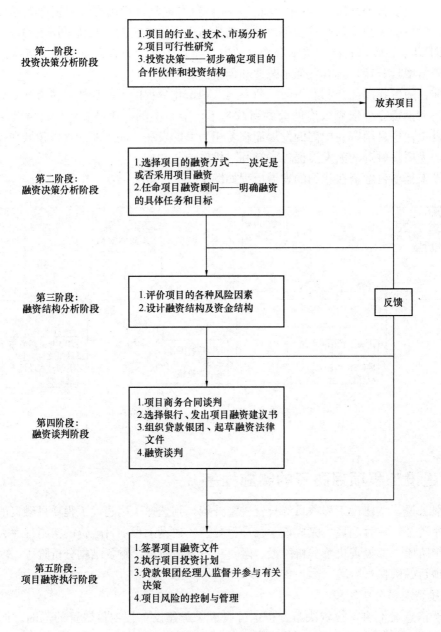

图 1-2 建设工程项目融资的实施程序
(资料来源:刘亚臣,包红霏. 工程项目融资 [M]. 2 版. 北京:机械工业出版社,2017)

2. 融资决策分析阶段

融资决策分析是建设工程项目决策分析的核心环节,项目投资者将决定是否采用建设工程项目融资方式以及采用何种建设工程项目融资模式,这取决于投资者对债务责任分担的要求、贷款资金数量和时间要求、融资费用要求以及如债务会计处理等方面要求的综合评价。如果决定选择采用建设工程项目融资作为筹资手段,投资者就需要选择和任命融资顾问,开始研究和设计项目的融资结构。有时,项目的投资者自己也无法明确判断采取何种融资方式为好，在这种情况下，投资者可以聘请融资顾问对项目的融资能力以及可能的融资方案作出分析和比较，等获得一定的信息反馈后，再作出项目的融资决策。

3. 融资结构分析阶段

建设工程项目投资方根据对项目的调查分析，完成对项目风险的分析和评估以确定融资结构。项目融资信用结构的基础是由项目本身的经济强度、与之有关的各利益主体与项目的契约关系以及信用保证结构构成的。如何设计项目融资结构的关键点之一就是要求项目融资顾问和项目投资者一起对于项目有关的风险因素进行全面分析和判断，确定项目的债务承受能力和风险。建设工程项目融资结构以及相应资金结构的设计和选择必须全面反映投资者的融资战略要求和考虑。

4. 融资谈判阶段

在初步确定了项目融资方案以后，融资顾问将有选择地向商业银行或其他投资机构发出参与项目融资的建议书、组织贷款银团、策划债券发行、着手起草有关文件。与银行的谈判中会经过多次的反复，这些反复可能是对相关法律文件进行修改，也可能涉及融资结构或资金来源的调整，甚至可能是对项目的投资结构及相应的法律文件作出修改，以此来满足债权人的要求。在谈判过程中，强有力的顾问有利于提高投资者的谈判地位，保护其利益，并能够灵活及时地找出方法解决问题。因此，在谈判阶段，融资顾问的作用非常重要。

5. 项目融资执行阶段

在正式签署项目融资的法律文件之后，融资的组织安排工作就结束了，项目融资进入执行阶段。在这期间，贷款机构通过融资顾问经常性地对项目的进展情况进行监督，根据融资文件的规定，参与部分项目的决策、管理和控制项目的贷款资金投入和部分现金流量。贷款机构的参与可以按项目的进展划分为3个阶段：项目的建设期、项目的试生产期和项目的正常运行期。在项目的建设期，贷款银团经理人将经常性地监督建设情况，根据资金预算和建设日程表，安排贷款的提取。在项目的试生产期，贷款银团经理人会监督项目试生产情况，将实际的项目生产成本数据和技术指标与融资文件的规定指标进行比较，以确认项目是否达到了融资文件规定的商业完工标准。在项目的正常运行期，项目的投资者所提供的完工担保将被解除，贷款的偿还将主要依赖于项目本身的现金流量，贷款银团经理人将按照项目融资文件的规定管理全部或部分项目的现金流量，以确保债务的偿还。

除此之外，贷款银团经理人也会参与部分项目生产经营决策，在项目的重大决策问题上有一定的发言权。由于项目融资的债务偿还与其项目的金融环境和市场环境密切相关，所以帮助项目投资者对项目风险进行控制和管理，也是贷款银团经理人在项目正常运行阶段的一项重要工作。

本章小结

本章主要介绍建设工程项目融资导论，包括建设工程项目融资概述、建设工程项目融资的产生和发展、建设工程项目融资的实施程序三部分内容，具体包括建设工程项目融资的定义、特点、适用范围、国内外的发展及其实施程序。

本 章 思 考 题

1. 什么是建设工程项目融资?
2. 建设工程项目融资与传统公司融资有什么区别?
3. 既然项目融资成本较高,为什么项目融资还能获得广泛应用? 如何弥补这一不足?
4. 建设工程项目融资的适用范围有哪些?
5. 结合建设工程项目融资的起源与发展分析项目融资的现实意义。
6. 建设工程项目融资的基本阶段有哪些? 具体要完成哪些任务?

2 建设工程项目融资组织与结构

【本章提要】 本章主要介绍建设工程项目融资的参与者和基本结构。首先，介绍建设工程项目融资的参与者，分析各参与者的角色和承担的责任；然后，依次介绍建设工程项目融资结构的4个基本模块，包括投资结构、融资结构、资金结构和信用保证结构。本章需重点学习掌握的内容为建设工程项目融资4个结构。

2.1 建设工程项目融资的参与者

建设工程项目融资有多个阶段，各阶段中的项目干系人实则都属于建设工程项目的参与者。与此同时，由于建设工程项目资金需求大、涉及范围广，且具备完善的担保体系和合同，主要包括以下参与者（表2-1）。

建设工程项目融资的参与者 表 2-1

序号	参与者	备注
1	项目发起人	提出项目，一家公司或联合体
2	项目公司	直接主办者，直接参与项目投资和项目管理，直接承担项目债务责任和项目风险
3	借款方	项目直接筹集资金者
4	贷款银行	资金提供方，往往由几个银行组成一个银团共同为项目提供贷款
5	承建商	负责项目的设计和建设，其资金情况，工程技术能力等很大程度上影响贷款银行对项目建设风险的判断
6	供应商	以优惠价格为项目提供原材料，减少了项目建设成本并缓解资金压力
7	项目使用方	项目产品的购买者或者项目提供服务的使用者
8	财务顾问	对项目融资结构提出参考意见
9	担保受托方	以自己的信用或资产向贷款银行作出项目公司按约还款的保证
10	专家	提供咨询意见，进行可行性研究，对项目进行管理、监督和验收
11	律师	审查项目合同的有效性、合理避税、起草各类合同文件、了解政策优惠等
12	保险公司	为项目分担风险
13	东道国政府	为项目提供良好的投资环境，制定相关税收、外汇政策以促进项目发展
14	国际金融机构	降低融资成本、减轻项目参与各方对项目所在国的政治风险担心

（资料来源：王乐，杨茂盛. 工程项目融资 [M]. 北京：中国电力出版社，2016）

1. 项目发起人

项目发起人一般为股本投资者，即项目的实际投资者，也是建设工程项目中真正的借款人。由于项目融资多为基础设施项目和公共设施项目，并且这类项目本身具有投资大、收益高和风险高的特点,所以项目发起人一般是政府机构或国有企业,有时也可以是由多个投资者组成的联合体(如由政府、承包商、供应商、项目产品使用方构成的联合体)。根据建设工程项目融资有限追索或无追索的融资特点,项目发起人除拥有项目公司的全部股权或部分股权,提供一定的股本金外,还应以直接担保或间接担保的形式为项目公司提供一定的信用支持。项目发起人通常仅限于发起项目,但不负责项目的建设和运营,而是通过设立专门的项目实体来进行。

2. 项目公司

项目公司也称项目的直接主办者,是为了项目的建设和生产经营而由项目发起人注册成立的独立经营并自负盈亏的经营实体,直接参与项目投资和项目管理,直接承担项目债务责任和项目风险。项目公司是项目各参与方的联系纽带,主要职责是负责与政府机构签订特许协议;负责与承包商签订建设施工合同,接受保证金,同时接受分包商或供应商保证金的转让,与经营者签订经营协议;负责同商业银行签订贷款协议,与出口信用贷款人签订买方信贷协议,为商业银行提供出口信用贷款担保,并接受项目担保;负责向担保信托方转让收入,例如道路、桥梁、隧道的过桥费等。

设立项目公司是实现有限追索的重要手段。项目公司的成立表明贷款人的有限追索,项目公司直接承担项目的债务,资产和现金流量是还款的唯一来源。母公司只以投资设立公司的额度承担风险,并反映在资产负债表外,母公司的风险减小并实现非公司型负债。对于有多国参加的项目来说,成立项目公司便于把项目资产的所有权集中在项目公司本身,由于它拥有必备的生产技术、管理、人员等条件,有利于集中管理。

3. 借款方

借款方是指项目直接筹集资金者。多数情况下,借款方就是项目公司。实际上很多项目的借款方可能不止一个,它们各自独立借款以便参与到项目中来,例如项目的建造公司、经营公司、原材料供应商及产品购买方都可能成为独立的借款方。国际上一些银行和金融机构不向国有企业贷款和提供担保,为避开这一融资障碍,可设立专门的机构,如受托借款机构——TBV(Trustee Borrowing Vehicle),间接向国际金融机构取得贷款。银行向受托借款机构提供贷款,实际上也是为国有项目公司的项目开展筹措了资金。受托借款机构向承建商支付工程费用,承建商按照合同提供服务或产品,并将产品货款支付给受托借款机构,该机构用此款还本付息。

4. 贷款银行

贷款银行是建设工程项目融资中必不可少的一方。由于项目融资需求的资金量很大,一家银行很难独立承担贷款业务。同时,银行出于对风险的考虑,都不愿为一个大项目承担全部的贷款,往往由几个银行组成一个银团共同为项目提供贷款。因此,这种贷款又称为辛迪加贷款。银团贷款不但能够分散贷款风险、扩大资金的供应量,还可以利用多边机构(亚洲开发银行等)以分散东道国的政治风险,避免东道国政府对项目的征用和干涉,而破坏与这些国家的经济关系。贷款银团通常分为安排行、管理行、代理行和工程银行等。这些银行都提供贷款,但又各自承担不同的责任。安排行负责安排融资和银团贷款,通常在贷款条件和担保文件的谈判中起主导作用;管理行负责贷款项目的文件管理,但管理行通常不对借款人或贷款人承担任何特殊的责任;代理行的责任是协调用款,帮助各方交流融资文件,传递信息;工程银行的责任是监控技术实施和项目的进展情况,并负责与项目工程师和独立的专家沟通联系。

现如今，出现了一些非银行的金融机构（如租赁公司、投资基金等）和一些国家政府的出口信贷机构为项目提供贷款，但目前贷款人仍多为银行或者银团，在本教材 3.2 节中会详细叙述。

5. 承建商

项目承建商负责项目的设计和建设，通过与项目公司签订固定价格的"一揽子承包合同"，从而成为项目融资的重要信用保证者。项目承建商的资金状况、工程技术水平、财务能力、经营业绩、资历和信誉在很大程度上影响贷款银行对项目建设风险的判断，因此，常以竞标的方式选定。采用建设工程项目融资的项目一般安排单一的项目承建商负责项目的设计、采购和建设，并采用固定价格、确定完工日期的项目总承包合同（或称 EPC 合同、"交钥匙"合同），有时也可能与多个承建商签约，分别承担部分项目建设工作。

6. 供应商

根据提供的产品不同，项目供应商可分为设备供应商、原材料供应商等。供应商具有很强的专业技术，它们通过细分市场或者垄断市场来获取利润，而不是通过项目的经营获取。项目设备供应商通过延期付款等商业信用方式为项目提供资金来源，原材料供应商通过长期以优惠价格为项目提供原材料，减少了项目建设成本并缓解资金压力。项目供应商有时还与其他各方以项目发起人的身份参与到项目建设中。

7. 项目使用方

项目使用方是指项目产品的购买者或者项目提供服务的使用者。项目使用方在工程项目融资中发挥相当重要的作用，是构成融资信用保证的关键主体之一，一般是由项目发起人本身、对项目产品或设施有兴趣的第三方或有关政府机构（多数在交通运输、电力等基础设施项目中）承担。为了保证项目成功，项目使用方需要通过与项目公司签订长期购买合同（特别是具有"无论提货与否均需付款"和"提货与付款"性质的合同），以保证项目有充足的现金流量用于还本付息。

8. 财务顾问

建设工程项目融资的组织安排工作比较复杂，需要由具有专门技能的财务顾问来完成，通常聘请投资银行、财务公司或者商业银行中的融资部门来担任。财务顾问在工程项目融资中扮演着极为重要的角色，在某种程度上可以说是决定建设工程项目融资能否成功的关键。财务顾问不但要对相关政策、市场状况、融资结构有充分的认识，还要与银行和金融机构建立良好的关系，并具有丰富的谈判经验。

9. 担保受托方

为了保证项目公司按照合同约定偿还债务，贷款银行要求项目公司将资产及收益账户放在东道国境外的资信等级较高的银行或独立的信托公司（担保受托方），项目担保方以自己的信用或资产向贷款银行作出项目公司按约还款的保证。担保受托方的作用是为了保证项目按时完工、正常经营，进而能够产生足够的现金流来偿还贷款。

10. 专家

一般来说，项目的设计施工有大量复杂的技术问题需要咨询各方专家的意见。项目发起人和财务顾问都要聘请一些专家，帮助他们进行可行性研究，并监督项目进展情况，及时反馈意见。

11. 律师

建设工程项目融资涉及的参与者众多，大多数通过合同建立联系，需要相应的律师介入。律师的主要任务是审查项目合同的有效性、合理避税、了解政策优惠等。同时，律师也要熟悉东道国的政治、经济、法律和税收制度，甚至要了解当地的文化，以辅助项目更好地进行。

12. 保险公司

建设工程项目融资资金额巨大、周期较长，可能会发生难以预料的风险，保险公司的参与让项目的风险可分担。项目各方应准确地认定自己面临的风险，及时为他们投保，并与保险公司保持密切的联系。

13. 东道国政府

东道国政府有时在建设工程项目融资中起到关键的作用。由于采用建设工程项目融资方式建设的项目，通常都是投资规模大、投资回收期长的项目，这就需要项目所在国政府及其有关机构在项目审批、产品定价、项目实施等方面提供支持和保证，否则项目实施难以进行。此外，东道国政府不但可以给项目提供良好的投资环境，也可以为项目制定相关税收、外汇政策以促进项目发展。

14. 国际金融机构

国际金融机构（亚洲开发银行、欧洲复兴与开发银行）为发展中国家的建设工程项目融资提供部分甚至是全部资金。国际金融机构通常为发展中国家提供长期、低利率、条件相对宽松的贷款，降低了项目的成本。此外，国际金融机构的参与使建设工程项目融资参与各方减少了对政治风险的担心。

建设工程项目融资各参与者之间的关系，如图 2-1 所示。

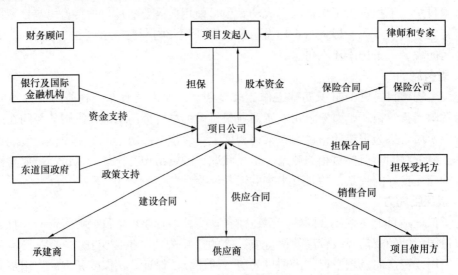

图 2-1　建设工程项目融资各参与者之间的关系

（资料来源：王乐，杨茂盛. 工程项目融资［M］. 北京：中国电力出版社，2016）

2.2 建设工程项目投资结构

2.2.1 建设工程项目投资结构的基本概念

建设工程项目投资结构，即项目的资产所有权结构，是指项目的投资者对项目资产权益的法律拥有形式，以及项目投资者之间（如果项目有一个以上的投资者）的法律合作关系。采用不同的项目投资结构，投资者对其资产的拥有形式、对项目产品和项目现金流量的控制程度，以及投资者在项目中所承担的债务责任和所涉及的税务结构会有较大的差异。建设工程项目的投资结构的主要目标是最大限度地实现各个项目发起人的投资目标和融资目标，因此需要进行项目投资结构设计。

建设工程项目投资结构设计是指在项目所在国家的法律、法规、会计、税务等外在客观因素的制约条件下，寻求一种能够最大限度地实现其投资目标的项目资产所有权结构。在设计项目投资结构时需要考虑的因素包括项目资产的拥有形式、项目产品的分配形式、项目管理的决策方式与程序、对税务优惠利用程度的要求、会计处理的要求、投资的可转让性等。为了满足投资者对项目投资和融资的具体要求，第一步工作就需要在项目所在国法律法规许可的范围内设计安排符合投资和融资要求的目标投资结构。

2.2.2 4种常见的投资结构

1. 公司型合资结构

公司型合资结构如图2-2所示。投资者按照《公司法》共同组成有限责任公司或股份有限公司，共同经营、共负盈亏、共担风险、按股权额分配利润，是公司与投资者完全分离的独立的法律实体。早期的资源开发项目以及我国的中外合资经营的建设工程项目融资采用该种投资结构。

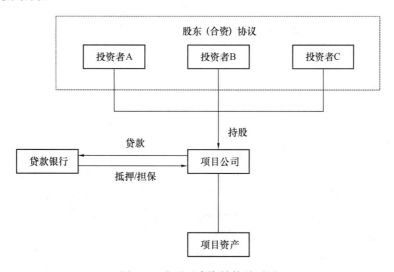

图2-2 公司型合资结构关系图

（资料来源：张子俊. 大型工程项目融资风险综合管理研究 [D]. 沈阳：东北大学，2013）

公司型合资结构的优点主要有以下几个方面：

(1) 公司股东承担有限责任

在公司型合资结构中，投资者的责任是有限的，投资者的责任仅限于投入公司的股本金额，在偿还债务时，项目公司承担直接的还贷责任，公司股东不承担任何连带追索的风险。这就是所谓的"风险隔离"，它使投资者的风险大大降低，实现了对项目投资者债务的有限追索。

(2) 融资安排比较容易

这主要体现在两个方面，一方面，公司型合资结构便于贷款银行取得项目资产的抵押权和担保权，也便于项目贷款银行对于项目现金流量的控制，一旦项目出现债务违约，银行可以比较容易地行使自己的权利；另一方面，公司型合资结构易于被资本市场所接受，条件许可时可以直接进入资本市场，通过股票上市和发行债券等多种方式筹集资金。

(3) 项目资产所有权的集中性

项目公司作为一个独立法人，可以拥有一切项目所需的生产技术、管理资源和人力资源；项目资产所有权集中于项目公司，而不是分散在各个投资者手中，便于集中统一管理。这也是项目融资可以建立在项目资产之上的一个法律基础。

(4) 股东之间关系清楚

《公司法》对股东之间的关系有明确的规定，股东之间的关系清楚明了。

(5) 投资转让的灵活性

项目公司的股票代表着每一个投资者所拥有的权益。投资者只要转让其手中的股票，就达到转让公司投资的目的，这比转让项目资产要容易得多，同时也不影响项目公司的存续。

(6) 资产负债表外融资

根据一些国家的《公司法》规定，如果投资者在项目公司中拥有的股份不超过50%，则项目公司的资产负债情况不需要反映到项目投资者的资产负债表中去，这就实现了非公司负债型融资。

公司型合资结构的缺点包括以下几个方面：

(1) 缺乏对现金流量直接的控制

在公司型合资结构中，项目公司充当了一个重要的角色，对项目的现金流量实行直接控制。任何一个投资者都不能对现金流直接控制，这对于希望利用项目的现金流量自行安排融资的投资者是一个不利的因素。

(2) 税务结构灵活性差

从税务的角度看，公司型合资结构的一个突出问题是将投资者与项目公司分离开了。在大多数情况下，除100%持股的公司以外，投资者无法利用项目公司的亏损去冲抵其他项目的利润，项目开发前期的税务亏损或优惠就无法转移给投资者，而只能保留在项目公司中，并在一定年限内使用，这就造成如果项目公司在几年内不盈利，税务亏损就会有完全损失掉的可能性，降低了项目的综合投资效益。

另外在公司型合资结构中，存在着"双重纳税"的现象，即项目公司如果盈利，要缴纳公司所得税，项目投资者取得的股东红利还要缴纳公司所得税或个人所得税，这在无形中降低了项目的综合投资回报率。

2. 合伙制投资结构

合伙制投资结构是指两个及以上合伙人之间以获取利润为目的，共同从事某项商业活动而建立起来的一种法律关系，不是一个独立的法律实体，通常包括普通合伙制结构和有限合伙制结构。适用于一些专业化工作组合以及小型项目开发的投资结构，在北美地区也被用于石油、天然气的勘采项目。

（1）普通合伙制投资结构

普通合伙制是所有的合伙人对于合伙制的经营、合伙制结构的债务以及其他经济责任和民事责任负有连带的无限责任的一种合伙制。普通合伙制结构中的合伙人称为普通合伙人。在大多数国家中普通合伙制结构一般被用来组成一些专业化的工作组合，例如会计师事务所、律师事务所等，以及被用来作为一些小型项目开发的投资结构，很少在大型项目和项目融资中使用。其操作过程如图2-3所示。

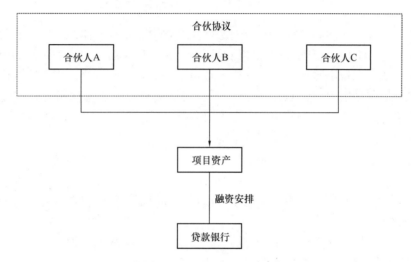

图 2-3 普通合伙制投资结构关系图
（资料来源：张子俊. 大型工程项目融资风险综合管理研究［D］. 沈阳：东北大学，2013）

（2）有限合伙制投资结构

有限合伙制是在普通合伙制基础上发展起来的一种合伙制。有限合伙制结构需要包括至少一个普通合伙人和至少一个有限合伙人。有限合伙制投资结构的普通合伙人可以是自然人或法人，有限合伙人则要求必须是独立的法人。在有限合伙制结构中，普通合伙人负责合伙制项目的组织、经营、管理工作，并承担对合伙制结构债务的无限责任；而有限合伙人不参与项目的日常经营管理，对合伙制结构的债务责任也被限制在有限合伙人已投入和承诺投入合伙制项目中的资本数量。

在使用有限合伙制作为投资结构的项目中，普通合伙人一般是在该项目领域具有技术管理特长并且准备利用这些特长从事项目开发的公司。由于资金、风险、投资成本等多种因素的需求，普通合伙人愿意组织一个有限合伙制的投资结构吸引对项目的税务、现金流量和承担风险程度有不同要求的较广泛的投资者参与到项目中共同分担项目的投资风险和分享项目的投资利润，有限合伙制项目投资结构的操作过程，如图2-4所示。

有限合伙制结构是通过有限合伙协议组织起来的，在协议中对合伙各方的资本投入、

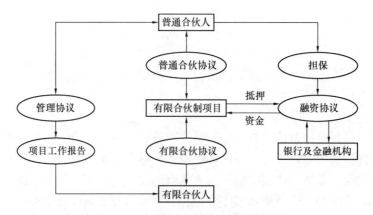

图 2-4　有限合伙制项目投资结构
（资料来源：王乐，杨茂盛. 工程项目融资［M］. 北京：中国电力出版社，2016）

项目管理、风险分担、利润及亏损的分配比例和原则均需要有具体的规定。有限合伙避免了普通合伙的连带责任，规避了连带责任的风险。我国目前的《中华人民共和国合伙企业法》对有限合伙没有作出明确规定，这样在吸引国外资金方面就会出现立法空白，特别是在我国加入世界贸易组织（WTO）之后，可以根据项目融资的具体需要，积极作出相应规定，使有限合伙制投资结构在项目融资中得到应用。

合伙制投资结构相较于公司型合资结构的区别：

（1）公司型结构资产是由公司而不是其股东所拥有的，而合伙制的资产则是由合伙人共同拥有的。

（2）公司型结构的债权人不是其股东的债权人，但是合伙人将对普通合伙制的债务责任承担个人责任。

（3）公司型结构的一个股东极少能够请求去执行公司的权利，但是合伙制结构中的每个合伙人均可以要求以所有合伙人的名义去执行合伙制的权利。

（4）公司型结构的股东可以同时成为公司的债权人，并且可以根据债权的信用保证安排（如资产抵押等）取得较其他债权人优先的地位，而合伙制结构中的合伙人给予合伙制的贷款在合伙制解散时只能在所有外部债权人收回债务之后回收。

（5）公司型结构股份的转让，除有专门规定之外，可以不需要得到其他股东的同意，但是合伙制结构的法律权益转让必须得到其他合伙人的同意。

（6）公司型结构的管理一般是公司董事会的责任，然而在一个合伙制结构中（有限合伙制除外），每个合伙人都有权参与合伙制的经营管理。

（7）公司型结构可以为融资安排提供浮动担保，但是在多数国家中合伙制结构不能提供此类担保。

（8）公司型结构的股东数目一般限制较少，而合伙制结构中对合伙人数目一般有所限制。《中华人民共和国公司法》将有限责任公司分为两类：一类为有限责任公司；另一类为股份有限公司。前者有股东人数的限制，后者则没有。

合伙制投资结构存在的优点：

（1）手续简便。许多国家都没有关于对合伙制成立的法律法规，因此，其所受限制较少。

(2) 每个普通合伙人有权直接参加企业的管理，有利于发挥各合伙人的业务专长和管理能力，做到资源的充分利用。

(3) 有限合伙制在一定程度上避免了普通合伙制的责任连带问题。在有限合伙制投资结构中，有限合伙人的责任仅以其投入和承诺投入的资本额为限来对合伙制投资结构承担债务责任。同时，因为它不是一个法律实体组织，所以对于有雄厚资金实力的投资公司和金融机构来说，既可以承担有限的债务责任，又可以充分利用合伙制在税务扣减方面的优势，这是在项目融资中采用有限合伙制投资结构的主要原因。

(4) 税务安排比较灵活。由于合伙制投资结构本身不是一个纳税主体，其在一个财政年度内的净收益或亏损可以全部按投资比例直接转移给合伙人，合伙人单独申报自己在合伙制投资结构中的收益并与其他收益合并后确定最终的纳税义务。

合伙制投资结构存在的缺点：

(1) 普通合伙人承担无限责任

由于普通合伙人在合伙制结构中承担无限责任，因而一旦项目出现问题，或者如果某些普通合伙人由于种种原因无力承担起应负的责任，其他普通合伙人就面临着所需要承担的责任超出其在合伙制结构中所占投资比例的风险。这一问题严重限制了普通合伙制在项目开发和融资中的使用。

(2) 每个合伙人都具有约束合伙制的能力

普通合伙制的另一个潜在问题是，按照合伙制结构的法律规定，每个合伙人都被认为是合伙制的代理，因此至少在表面上或形式上拥有代表合伙制结构签订任何法律协议的权利。这给合伙制的管理带来诸多复杂的问题。

(3) 融资安排相对比较复杂

由于合伙制结构在法律上不拥有项目的资产，因此合伙制结构在安排融资结构时需要向每一个合伙人将项目中属于自己的一部分资产权益拿出来作为抵押或担保，并共同承担融资安排中的责任和风险。合伙制结构安排融资的另一个潜在复杂问题是如果贷款银行由于执行抵押或担保权利进而控制了合伙制结构的财务活动，有可能导致在法律上贷款银行也被视为一个普通的合伙人，从而被要求承担合伙制结构所有的经济和法律责任。

(4) 不同国家对有限合伙制的规定不同，如果结构安排不好，有限合伙制可能被作为公司制结构处理，失去了采用合伙制的意义。此外有限合伙人有可能由于被认为"参与管理"而变成承担无限连带责任的一般合伙人，从而增加其在项目中的投资风险。

3. 非公司型合资结构

非公司型合资结构（图2-5），又称为契约型投资结构，是一种项目发起人为实现共同的目的，通过合作经营协议结合在一起的、具有契约合作关系的投资结构，主要用于石油天然气勘采、采矿、钢铁及有色金属等领域，是一种大量使用并且被广泛接受的投资结构。

非公司型合资结构的优点体现在以下几个方面：

(1) 投资者在合资结构中承担有限责任

每个投资者在项目中所承担的责任将在合资协议中明确规定。除特殊的情况外，这些责任将被限制在投资者相应的投资比例之内，投资者之间没有任何的共同责任或连带责

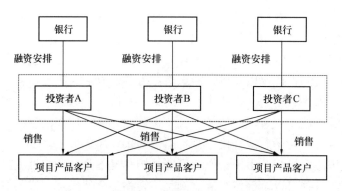

图 2-5 非公司型合资结构关系图
(资料来源：张子俊. 大型工程项目融资风险综合管理研究 [D]. 沈阳：东北大学，2013)

任，这是非公司型合资结构很重要的一个优点。

(2) 税务安排灵活

由于非公司型合资结构不是以"获取利润"而共同从事一项商业活动，所以投资者没有共同的税务责任。无论在非公司型合资结构中投资比例大小，投资者在项目中的投资活动和经营活动都将全部地直接反映在投资者自身公司的财务报表中，其税务安排也将由每一个投资者独立完成。比合伙制结构更进一步，非公司型合资结构中的投资者可以完全独立地设计自己在项目中的税务结构。非公司型合资结构在项目融资中得到广泛应用的一个重要原因就是在税务安排上的灵活性。如果项目投资者本身具有很好的经营业绩，新的投资项目就可以采用非公司型合资结构，吸收项目建设阶段和试生产阶段的税务亏损和各种投资优惠，用于冲抵投资者的所得税，从而降低项目的综合投资成本。

(3) 融资安排灵活

项目投资者在非公司型合资结构直接拥有项目的资产，直接掌握项目的产品，直接控制项目的现金流量，并且可以独立设计项目的税务结构，为投资者提供了一个相对独立的融资活动空间。每个投资者可以按照自身发展战略和财务状况安排项目的融资。

(4) 投资结构设计灵活

与公司型合资结构不同，世界上多数国家迄今没有专门的法律来规范非公司型合资结构的组成和行为，这就为投资者提供了较大的空间。投资者可以按照投资战略、财务、融资、产品分配和现金流量控制等方面的目标要求设计项目的投资结构和合资协议。在常规合同法的规范下，合资协议将具有充分的法律效力。

非公司型合资结构的缺点有以下几个方面：

(1) 结构设计存在一定的不确定性因素

非公司型合资结构在一些方面的特点与合伙制结构类似，例如两种结构都是通过合资协议进行组织，且协议中对投资各方的资本投入、风险分担、利润及亏损的分配比例和原则均有具体的规定；每个合伙人均有权参与重大决策。因而在结构设计上要注意防止合资结构被认为是合伙制结构而不是非公司型合资结构。有的国家（如澳大利亚）就曾有将非公司型合资结构作为合伙制结构处理的法院判决案例。

(2) 投资转让程序比较复杂，交易成本比较高

在非公司型合资结构中的投资转让是投资者在项目中直接拥有的资产和合约权益的转

让。与股份转让或其他资产形式转让（如信托基金中的信托单位）相比，程序比较复杂，与此相关联的费用也比较高，对直接拥有资产的精确定义也相对比较复杂。

（3）管理程序比较复杂

由于缺乏现成的法律来规范非公司型合资结构的行为，参加该类型结构的投资者的权益基本上是通过合资协议加以保护。因此必须在合资协议中对所有的决策和管理程序按照问题的重要性进行清楚的规定。对于投资比例较小的投资者，特别需要注意对合资结构中的利益和权利的保护，要保证这些投资者在重大问题上的发言权和决策权。

4. 信托基金结构

信托基金结构（图 2-6），作为一种投资形式，在我国应用较少，在英国、美国、法国应用较多。其中在房地产项目和其他不动产项目、资源性项目的开发项目融资安排中经常使用的一种信托基金形式被称为单位信托基金，本教材将其简称为信托基金结构。这是一种投资基金管理结构，在投资方式上属于间接投资方式。

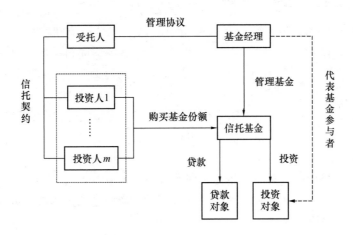

图 2-6 信托基金结构关系图

（资料来源：叶苏东. 项目融资［M］. 北京：清华大学出版社，北京交通大学出版社，2018）

信托基金结构的优点体现在以下几个方面：

（1）有限责任

信托单位持有人在信托基金结构中的责任由信托契约来确定。一般来说，信托单位持有人的责任是有限的，其责任仅限于在信托基金中已投入的和承诺投入的资金。然而，受托管理人需要承担信托基金结构的全部债务责任，并有权要求以信托基金的资产作为补偿。

（2）融资安排比较容易

信托基金结构在这一点上与公司型结构近似，可为银行贷款提供一个完整的项目资产和权益来安排融资。信托基金结构也易于被资本市场接受，需要时可以通过信托单位上市等手段筹集资金。

（3）项目现金流量的控制相对比较容易

信托基金结构在资金分配上与公司型结构不同，法律规定信托基金中的项目净现金流量在扣除生产准备金和还债准备金以后都必须分配给信托单位持有人。从投资者的角度看，采用信托基金结构将比公司型结构能够更好地掌握项目的现金流量。

信托基金结构的缺点体现在以下几个方面：

(1) 税务结构灵活性差

在应用信托基金作为投资结构的国家中，大量使用这种投资结构的一个重要原因是其税务安排的灵活性。然而，近些年来，这种灵活性已经在很多国家中逐渐消失了。虽然信托基金结构仍然是以信托单位持有人作为纳税主体，但是信托基金的经营亏损在很多情况下却被局限在基金内部结转用以冲抵未来年份的盈利。

(2) 投资结构比较复杂

信托基金结构中除投资者（即信托单位持有人）和管理公司之外，还有受托管理人，这就需要有专门的法律协议来规定各个方面在决策中的作用和对项目的控制方法。另外，对于应用普通法的国家之外的投资者，大多数人对于这种结构是不熟悉的。

2.2.3　4种常见投资结构的比较

常见的建设工程项目投资结构包括公司型合资结构、合伙制投资结构、非公司型合资结构、信托基金结构。建设工程项目投资结构的本质是项目单位（投资者和发起人）之间的所有权结构之间的法律关系形式。这4种投资结构的区别主要体现在以下几个方面：

(1) 法律地位不同。无论是有限责任公司还是股份有限公司（以下统称公司型实体）都具有独立法人资格，而合伙制和契约型组织不具有法人资格，信托机构的法律地位取决于受托人本身的法律地位。

(2) 项目资产拥有形式不同。在公司型实体中，投资人拥有公司，公司拥有资产，投资人不直接拥有资产；在合伙制和契约型组织中，资产归合伙人和参与人所有；在信托的情况下，财产权转移给受托人。

(3) 责任主体和责任范围不同。在公司型实体中，公司法人负责经营管理，并承担经营、债务及其他经济责任和民事责任，投资人对公司的债务责任仅限于已投入和承诺投入的资本；在合伙制中，普通合伙人负责合伙制的组织和经营管理，对于合伙制的经营、债务及其他经济责任和民事责任负有共同和连带的无限责任，而有限合伙人不参与合伙制的日常管理，对合伙制的债务责任仅限于已投入和承诺投入的资本；在契约型组织中，投资人行使契约规定的权利，并承担契约规定的责任；在信托基金中，委托人授权，受托人行使授权范围内的权利，并承担相应的责任。

(4) 投资者对项目资金流量的控制程度不同。公司型实体由公司自身控制，合伙制由合伙人共同控制，契约型组织由参与人控制，信托机构由受托人控制。

(5) 税务安排不同。公司型实体独立缴纳所得税，税务亏损只有公司本身才可以利用；合伙制和契约型组织的税务安排由每一个合伙人和参与人分别独立完成，因而可以利用税务亏损；采用信托形式时，税务安排限定在信托机构内部。

(6) 投资的可转让性限制不同。在有限责任公司中，股权证书不能自由流通，必须在其他股东同意的条件下才能转让，且要优先转让给有限责任公司原有股东；在股份有限公司中，股票自由流通，转让非常容易；在合伙制和契约型组织中，是加入或退出的问题，而不是投资转让的问题；在信托基金组织中，不存在投资转让的问题。4种投资结构的特点比较见表 2-2。

4 种投资结构的特点比较　　　　　　　　　　　　　　　表 2-2

特点	公司型合资结构	合伙制投资结构	非公司型合资结构	信托基金结构
法律地位	独立法人	不具有法人资格	不具有法人资格	与受托人法律地位相同
资产拥有	投资人间接拥有	合伙人直接拥有	参与人直接拥有	转移给受托人
责任主体	公司法人	合伙人	参与人	委托人和受托人
责任范围	有限	无限（有限）*	有限	委托范围内
资金控制	由公司控制	合伙人共同控制	由参与人控制	由受托人控制
税务安排	限制在公司内部	与合伙人的收入合并	与参与人的收入合并	限制在信托机构内部
投资转让	可以转让	加入或退出	加入或退出	不存在转让

注：* 表示普通合伙人责任无限，有限合伙人责任有限。
（资料来源：叶苏东. 项目融资［M］. 北京：清华大学出版社，北京交通大学出版社，2018）

2.3　建设工程项目融资结构

2.3.1　融资结构的基本概念

融资结构是建设工程项目融资的核心部分，是组成项目融资的重要组成结构。融资结构的设计是为了实现项目投资者在融资方面的目标要求，即成本低、风险小、收益好。融资结构的设计包括两部分内容：一是根据项目所需的资金量、建设周期、融资成本、风险大小来判断是否使用建设工程项目融资；二是在确定使用建设工程项目融资后，选择何种融资模式。项目的融资结构主要包括以下几种类型：

（1）BOT：是指政府特许私人部门建设项目，并以特许经营期的收益偿还贷款，特许经营期结束后将项目移交给政府的形式；

（2）PPP：是指政府与社会资本方通过 PPP 项目合同建立伙伴关系，组建项目公司负责 PPP 项目的融资、建设、运营维护等工作，合作期满将项目移交给政府的形式；

（3）ABS：是指以项目所拥有的资产为基础，以该项目资产可以带来的预期收益为保证，通过在资本市场上发行债券筹集资金的形式；

（4）REITs：是一种以发行信托基金的方式募集资金，由专业投资机构负责进行房地产投资，收入主要来自物业租赁收入，并将收益分配给持有人的一种资产证券化产品，但目前我国首批 REITs 主要为公募基础设施基金，并不仅限于房地产；

（5）直接融资：是指由项目投资者直接安排项目的融资，并直接承担起融资安排中相应的责任和义务；

（6）融资租赁：是指借款人以偿还租金的形式支付资产使用款的形式；

（7）项目公司融资：是指投资者通过成立单一目的项目公司来融资的形式。

这些融资结构被广泛运用于各种大型项目，受到了世界各国的广泛认同。融资结构的设计可以按照投资者的要求，对几种模式进行组合、协调，再结合具体项目的实际融资要求，通过时间配比、风险配比、成本配比实现预期目标。

2.3.2 融资结构设计需考虑的因素

建设工程项目一般所需要的资金较大,所以不可能选用单一的筹资方式,往往需要通过多种渠道来筹集所需资金。建设工程项目融资结构设计就是安排项目采用哪几种融资方式,各种方式融资之间的比例,融资时机和融资期限,从而使项目达到最佳的资本结构、资金的成本较低、项目所面临的风险较小。项目融资结构设计,必须考虑以下因素:

(1) 资金成本。项目筹集和使用任何资金,不论是短期的还是长期的,都要付出代价。资金成本就是指项目筹集和使用资金而付出的代价,它一般包括资金的筹集成本和使用成本两部分。具体内容将在下一部分中详细介绍。

(2) 项目风险。对项目的风险进行全面分析,实现项目风险在投资者、贷款人和其他利益相关方之间合理分配,保证投资者不承担工程项目的全部风险。项目风险按照性质可分为经营风险和财务风险。经营风险指项目因经营上的原因而导致利润变动的风险,影响经营风险的因素有产品的需求、产品的售价、产品的成本、调整价格的能力及固定成本的比重等。经营风险可用经营杠杆系数来衡量,即利润变动率相对于产销量变动率的倍数,经营杠杆系数越大,经营风险越高。财务风险是指全部资本中债务资本比率的变化引起收益变动所带来的风险。项目融资中一般总会发生借入资金,当利润增大时,每单位货币利润所负担的利息就会相对减小,从而使投资者收益有更大幅度提高,这种债务对投资者收益的影响称为杠杆。财务风险通常用财务杠杆系数来衡量,即每股税后利润变动率相对于息税前利润变动率的倍数,财务杠杆系数越大,财务风险越高。

(3) 项目特点。每个工程项目都有其自身的特点,在进行项目融资结构设计时必须关注,既要借鉴已有类似工程项目融资的成功经验,又不能照抄照搬。要充分考虑项目所在地的投资环境,合理评估融资谈判的难易程度,应充分考察选择融资顾问、税务顾问和法律顾问。密切关注国家的投资方向、结构调整和宏观经济财政政策,设计合适的融资结构。

2.3.3 资金成本

1. 资金成本概述

(1) 资金成本的概念

资金成本又称融资成本,它是建设工程项目融资中一个非常重要的概念。工程项目融资活动必须用到资金,在市场经济条件下项目融资所使用的资金不可能是无偿的,是要付出一定代价的,例如向股东、银行、债券持有人支付的股息、利息等。企业为了完成项目筹集和使用资金而付出的代价就是资金成本,具体来说,资金成本主要包括两大部分:资金筹集成本和资金使用成本。

1) 资金筹集成本

资金筹集成本是指资金筹集过程中所支付的各项费用,如发行股票或债券支付的印刷费、发行手续费、律师费、资信评估费、公证费、担保费以及融通关系等"灰色费用"。通常,资金筹集成本一般是一次性费用,筹集次数越多,筹集成本就越大,在用资过程中不再发生,可视为筹资总额的一项扣除。

2）资金使用成本

资金使用成本又称为资金占用费,是指占用资金而支付的费用,主要包括支付给股东的各种股息和红利、向债权人支付的贷款利息以及支付给其他债权人的各种利息费用等。例如向银行借款所支付的利息、向股东发放股票的股利等。资金使用成本与筹资金额的大小、资金占用时间的长短有直接联系,具有经常性、定期性的特征,是资金成本的主要内容。

(2) 资金成本的作用

资金成本是比较融资方式、选择融资方案的依据。资金成本有个别资金成本、综合资金成本、边际资金成本等形式,它们在不同情况下有各自的作用。

1）个别资金成本是比较各种融资方式优劣的一个尺度。

工程项目筹集长期资金一般有多种方式可供选择,如长期借款、发行债券、发行股票等。由于融资渠道和融资方式的不同,它们的个别成本也是不同的。资金成本的高低可作为比较各种融资方式优劣的一个依据。

2）综合资金成本是项目资金结构决策以及评价融资方案的基本依据。

通常项目所需的全部长期资金是采用多种融资方式筹集组合构成的,这种融资组合往往有多个融资方案可供选择。所以,综合资金成本的高低就是比较各个融资方案,作出最佳资金结构决策的基本依据。

3）边际资金成本是比较选择追加融资方案的重要依据。

项目公司为了扩大工程规模,增加所需资产或投资,往往会需要追加筹集资金。在这种情况下,边际资金成本就成为比较选择各个追加融资方案的重要依据。

(3) 资金成本的计算

资金成本可以用绝对数表示,也可以用相对数表示。资金成本用绝对数表示,即项目资金总成本,它是筹资费用和用资费用之和。由于它不能反映用资多少,所以较少使用。资金成本用相对数表示,即资金成本率,它是资金占用费与筹资净额的比率。由于绝对数不利于不同资金规模筹资方案的比较,通常情况下资金成本的计算主要用相对数来表示,其计算公式为:

$$K = \frac{D}{P-F} \quad (2\text{-}1)$$

式中 K——资金成本率;
D——资金占用费;
P——筹集资金总额;
F——资金筹集费。

由于资金筹集费一般以筹资总额的某一百分比计算,因此,上述计算公式也可表现为:

$$K = \frac{D}{P(1-f)} \quad (2\text{-}2)$$

式中 K——资金成本率;
D——资金占用费;
P——筹集资金总额;

f——资金筹集费率。

企业以不同方式筹集的资金所付出的代价一般是不同的，企业总的资金成本是由各项个别资金成本及资金比重所决定的。因此对资金成本的计算必须从个别资金成本开始。

2. 个别资金成本

个别资金成本是指建设工程项目使用不同筹资方式所筹资金的成本，可以分为银行借款成本、债券成本、优先股成本、普通股成本和留存收益成本等。其中，前两者属于债务资金成本，后三者属于权益资金成本。

（1）银行借款成本

银行借款成本一般包括借款费用和借款利息两部分，其中借款费用主要指的是银行手续费。根据我国税法规定，银行借款利息可以在税前扣除，能起到抵税的作用。因此，一次还本、分期付息银行借款资金成本的计算公式为：

$$K_1 = \frac{I_t(1-T)}{P_1(1-f_1)} = \frac{i_t(1-T)}{1-f_1} \tag{2-3}$$

式中 K_1——银行借款资金成本率；

I_t——银行借款年利息；

P_1——银行借款筹资总额；

T——所得税税率；

f_1——银行借款筹资费用率；

i_t——银行借款年利息率。

【例 2-1】某工程项目需要初始投资 300 万元，公司决定向银行贷款，年利率 7%，期限 5 年，每年付息一次，到期一次性还本，筹资费用率为 0.5%，企业所得税率为 25%。请计算该项目的银行借款成本率。

$$K_1 = \frac{I_t(1-T)}{P_1(1-f_1)} = \frac{300 \times 7\% \times (1-25\%)}{300 \times (1-0.5\%)} = 5.28\%$$

或

$$K_1 = \frac{i_t(1-T)}{1-f_1} = \frac{7\% \times (1-25\%)}{1-0.5\%} = 5.28\%$$

上述银行借款资金成本的计算较为简单，但是没有考虑货币的时间价值，所以计算结果不是十分精确。货币的时间价值是指一定量资金在不同时点上价值量的差额。资金在周转过程中会随着时间的推移而发生增值，使资金在投入、收回的不同时点上价值不同，形成价值差额。考虑货币的时间价值，应该先根据现金流量确定银行借款税后成本，计算公式为：

$$P_0(1-f_1) = \sum_{t=1}^{n} \frac{I_t(1-T)}{(1+K_1)^t} + \frac{P_n}{(1+K_1)^n} \tag{2-4}$$

式中 P_0——银行借款筹资总额；

K_1——银行借款资金成本率；

I_t——银行借款年利息；

P_n——第 n 年归还的银行借款本金；

T——所得税税率；

f_l——银行借款筹资费用率。

【例 2-2】 沿用【例 2-1】资料，考虑货币的时间价值，该项银行借款的资金成本率为：

$$300 \times (1 - 0.5\%) = \sum_{t=1}^{5} \frac{300 \times 7\% \times (1 - 25\%)}{(1 + K_l)^t} + \frac{300}{(1 + K_l)^5}$$

运用内插法计算资金成本率的结果为：

$$K_l = 5.37\%$$

（2）债券资金成本

发行债券的成本主要包括债券利息和债券筹资费用，债券筹资费用主要指债券发行的手续费、担保费、代理费等。发行债券方式与银行借款方式相比，不仅资金成本的内容相同，而且各项成本的特征也相似。只是发行债券方式的资金筹集费用是发行费，而银行借款方式的资金筹集费用是手续费。债券的发行价格受市场利率的影响，因此发行时可能采用溢价或折价发行。根据我国税法规定，债券利息和银行借款利息同样可以在税前扣除。根据现金流量确定的税后成本，债券资金成本的计算公式为：

$$P_0(1 - f_b) = \sum_{t=1}^{n} \frac{I_t(1 - T)}{(1 + K_b)^t} + \frac{P_n}{(1 + K_b)^n} \tag{2-5}$$

式中　P_0——债券实际发行筹集资金总额；

K_b——债券资金成本率；

I_t——债券年利息；

P_n——第 n 年归还的债券本金；

T——所得税税率；

f_b——发行债券筹资费用率。

【例 2-3】 某公司为某项目融资发行面值为 1000 万元、票面利率为 9% 的 10 年期债券，债券筹资费率为 2%。由于受市场利率影响，债券发行时按折价 950 万元发行，请计算该债券的资金成本率。

$$950 \times (1 - 2\%) = \sum_{t=1}^{10} \frac{1000 \times 9\% \times (1 - 25\%)}{(1 + K_b)^t} + \frac{200}{(1 + K_b)^{10}}$$

利用内插法计算出该债券的资金成本率为 7.78%。

如果债券期限很长，并且每年债券利息相同，则可把债券利息视同永续年金，利用简化公式计算债券资金成本率的近似值，简化的计算公式为：

$$K_b = \frac{I(1 - T)}{P_0(1 - f_b)} \tag{2-6}$$

式中　P_0——债券实际发行筹集资金总额；

K_b——债券资金成本率；

I——债券年利息；

T——所得税税率；

f_b——发行债券筹资费用率。

【例2-4】沿用【例2-3】资料,利用简化计算公式计算该项债券的资金成本率为:

$$K_b = \frac{I(1-T)}{P_0(1-f_b)} = \frac{1000 \times 9\% \times (1-25\%)}{950 \times (1-2\%)} = 7.25\%$$

(3) 优先股资金成本

优先股是介于债券和普通股之间的一种混合证券。优先股与债券一样,需要定期支付股利,但与债券不同的是优先股属于权益筹资,没有固定到期日。企业发行优先股筹资,既要支付发行费用等筹资费用,还要支付优先股股利。优先股股利在税后支付,无法起到抵税作用;同时,企业破产时,优先股的求偿权在债券持有人之后,风险大于企业债券,因此优先股资金成本通常要高于债券。

优先股的股利通常是固定的,而且没有到期日,可以视同永续年金,优先股资金成本的计算公式为:

$$K_p = \frac{D_p}{P_p(1-f_p)} \tag{2-7}$$

式中 P_p——优先股筹资总额;
  K_p——优先股资金成本率;
  D_p——优先股年股利;
  f_p——发行优先股筹资费用率。

【例2-5】某公司为某工程项目采用发行优先股的方式筹集项目建设资金500万元,发行价格为625万元,筹集资金费用率为5%,规定年股利率为12%。请计算该优先股的资金成本率。

$$K_p = \frac{D_p}{P_p(1-f_p)} = \frac{500 \times 12\%}{625 \times (1-5\%)} = 10.1\%$$

(4) 普通股资金成本

普通股资金成本是指融资所发行普通股所需要的成本,是普通股股东愿意投资该普通股应该获得的最低收益率。发行普通股通常有两种方式:一是增发新的普通股;二是通过留存收益增加普通股。股东投资普通股的预期收益由两部分构成:一部分是股利;另外一部分是资本利得,即股票涨价给股东带来的收益。

与优先股相比,普通股的收益不稳定,风险也比优先股高,因此普通股资金成本的计算较为复杂。通常测算普通股成本的方法有三种:资本资产定价模型、股利增长模型和债券报酬率风险调整模型。三种方法各有优、缺点,其中资本资产定价模型的使用最为广泛。

1) 资本资产定价模型

按照资本资产定价模型,普通股资金成本的计算公式为:

$$K_s = R_f + \beta \times (R_m - R_f) \tag{2-8}$$

式中 R_f——无风险报酬率;
  K_s——普通股资金成本率;
  β——该股票的β系数;
  R_m——市场平均股票报酬率。

无风险利率表示一个投资者在一定时间内能够期望从无任何风险的投资中获得的利率。通常以短期国债的利率来近似替代。

β系数是一种风险指数,用来衡量个别股票或股票基金相对于整个股市的价格波动情况。其绝对值越大,显示个别股票收益变化幅度相对于股市的变化幅度越大;绝对值越小,显示其变化幅度相对于股市越小。

【例2-6】 市场无风险报酬率为10%,市场平均股票报酬率为15%,某普通股β系数为1.2,请计算该普通股的资金成本率。

$$K_s = 10\% + 1.2 \times (15\% - 10\%) = 16\%$$

2) 股利增长模型

股利增长模型是在股票投资的收益率不断提高的假设前提下计算普通股的资金成本。假定普通股收益以固定的年增长率逐年递增,普通股资金成本的计算公式为:

$$K_s = \frac{D_1}{P_0(1-f)} + G \tag{2-9}$$

式中　K_s——普通股资金成本率;
　　　P_0——普通股筹集资金总额;
　　　D_1——预期年股利额;
　　　G——普通股股利年增长率;
　　　f——普通股筹资费用率。

【例2-7】 某公司为某项目融资发行普通股,每股面值10元,溢价11元发行,筹资费率3%,第一年年末预计股利率为10%,预计股利年增长率为2%,请计算该普通股的资金成本率。

$$K_s = \frac{D_1}{P_0(1-f)} + G = \frac{10 \times 10\%}{11 \times (1-3\%)} + 2\% = 11.37\%$$

3) 债券报酬率风险调整模型

根据投资"风险越大,收益越高"的原理,普通股的风险高于债券风险,普通股的收益也应该高于债券收益,因此普通股的投资者会在债券收益的基础上要求再获得一定的风险溢价。按照这一理论,债券报酬率风险调整模型普通股的资金成本计算公式为:

$$K_s = K_b + RP_c \tag{2-10}$$

式中　K_s——普通股资金成本率;
　　　K_b——所得税前的债券资金成本;
　　　RP_c——普通股股东比债券持有人承担更大风险所要求的风险溢价。风险溢价一般是根据历史数据凭借经验估计的。

(5) 留存收益资金成本

企业通常都不会把盈利全部分给股东,因此,企业只要有盈利,总会有留存收益。留存收益是由企业的税后净利润形成的,是企业的可用资金,它属于股东所有,其实质是股东为了获取更多的收益而放弃一定的股利对企业的追加投资。因此,留存收益也有成本,留存收益的资金成本可以参照市场利率,但更多的是参照普通股股东的期望收益,即普通股资金成本,但它不会发生筹资费用。其计算公式为:

$$K_e = \frac{D_1}{P_0} + G \tag{2-11}$$

式中　K_e——普通股资金成本率;
　　　P_0——普通股筹集资金总额;

D_1——预期年股利额;

G——普通股股利年增长率。

【例 2-8】 某普通股目前市价为 30 元,预期年增长率为 6%,本年发放股利 2 元,请计算该留存收益的资金成本率。

$$K_e = \frac{D_1}{P_0} + G = \frac{2 \times (1 + 6\%)}{30} + 6\% = 13.07\%$$

3. 综合资金成本(加权平均资本成本)

在实际工作中,企业筹措资金往往同时采用几种不同的方式。综合资金成本就是指一个企业各种不同筹资方式总的平均资金成本,它是以各种资金所占的比重为权数,对各种资金成本进行加权平均计算出来的,所以又称加权平均资金成本(WACC)。其计算公式为:

$$K_w = \sum_{j=1}^{n} K_j W_j \tag{2-12}$$

式中 K_w——综合资金成本(加权平均资金成本);

K_j——第 j 种资金的资金成本;

W_j——第 j 种资金占全部资金的比重(权数)。

【例 2-9】 某公司为某项目融资共计 1000 万元,其中银行借款占 50 万元,长期债券占 250 万元,普通股占 500 万元,优先股占 150 万元,留存收益占 50 万元;各种来源资金的资金成本率分别为 7%、8%、11%、9%、10%。请计算该项目综合资金成本率。

$$K_w = \sum_{j=1}^{n} K_j W_j = \frac{50 \times 7\% + 250 \times 8\% + 500 \times 11\% + 150 \times 9\% + 50 \times 10\%}{1000} = 9.7\%$$

上述综合资金成本率的计算中所用权数是按账面价值确定的。使用账面价值权数容易从资产负债表上取得数据,但当债券和股票的市价与账面值相差过多时,计算得到的综合资金成本会显得不客观。

计算综合资金成本也可选择采用市场价值权数和目标价值权数。市场价值权数是指债券、股票等以当前市场价格来确定的权数,这样做比较能反映当前实际情况,但因市场价格变化不定而难以确定。目标价值权数是指债券、股票等以未来预计的目标市场价值确定的权数,但未来市场价值只能是估计的。概括地说,以上三种权数分别有利于了解过去、反映现在、预知未来。在计算综合资金成本时,如无特殊说明,则要求采用账面价值权数。

4. 边际资金成本

边际资金成本是指资金每增加一个单位而增加的成本。当企业需要追加筹措资金时应考虑边际资金成本的高低。企业追加筹资,可以只采用某一种筹资方式,但这对保持或优化资金结构不利。当筹资数额较大,资金结构又有既定目标时,应通过边际资金成本的计算,确定最优的筹资方式的组合。

下面举例说明边际资金成本的计算和应用。

【例 2-10】 某公司一项目现有资金 1000 万元,其中长期借款 100 万元,长期债券 200 万元,普通股 700 万元。公司现考虑扩大项目规模,拟筹集新的资金。经分析,认为目前的资金结构是最优的,希望筹集新资金后能保持目前的资金结构。经测算,随筹资额的增加,各种资金成本的变动情况见表 2-3。

该公司筹资资料 表 2-3

资金种类	目标资金结构	新筹资的数量范围(元)	资金成本
长期借款	10%	0~50000	6%
		>50000	7%
长期债券	20%	0~140000	8%
		>140000	9%
普通股	70%	0~210000	10%
		210000~630000	11%
		>630000	10%

(资料来源:刘亚臣,包红霏. 工程项目融资 [M]. 2 版. 北京:机械工业出版社,2017)

(1) 计算筹资总额的分界点(突破点)

根据目标资金结构和各种个别资金成本变化的分界点,计算筹资总额的分界点。其计算公式为:

$$BP_j = \frac{TF_j}{W_j} \tag{2-13}$$

式中 BP_j——筹资总额的分界点;

TF_j——第 j 种个别资金成本的分界点;

W_j——目标资金结构中第 j 种资金的比重。

该公司的筹资总额分界点见表 2-4。

筹资总额分界点计算表 表 2-4

资金种类	目标资金结构	资金成本	新筹资的数量范围(元)	新筹资总额分界点(元)
长期借款	10%	6%	0~50000	0~500000
		7%	>50000	>500000
长期债券	20%	8%	0~140000	0~700000
		9%	>140000	>700000
普通股	70%	10%	0~210000	0~300000
		11%	210000~630000	300000~900000
		10%	>630000	>900000

(资料来源:刘亚臣,包红霏. 工程项目融资 [M]. 2 版. 北京:机械工业出版社,2017)

在表 2-4 中,新筹资总额分界点是指引起某资金种类资金成本变化的分界点。如长期借款,筹资总额不超过 50 万元,资金成本为 6%;超过 50 万元,资金成本就要增加到 7%。那么筹资总额约在 50 万元时,就尽量不要超过 50 万元。然而要维持原有资金结构,必然要多种资金按比例同时筹集,单考虑某个别资金成本是不成立的,必须考虑综合的边际资金成本。

(2) 计算各筹资总额范围的边际资金成本

根据表 2-4 的计算结果,可知有 4 个分界点,应有 5 个筹资范围。计算 5 个筹资范围的边际资金成本，结果见表 2-5。

边际资金成本计算表　　　　　　　　　　表 2-5

序号	筹资总额范围（元）	资金种类	资金结构	资金成本	边际资金成本
1	0~300000	长期借款	10%	6%	0.6%
		长期债券	20%	8%	1.6%
		普通股	70%	10%	7%
	第一个筹资范围的边际资金成本为 9.2%				
2	300000~500000	长期借款	10%	6%	0.6%
		长期债券	20%	8%	1.6%
		普通股	70%	11%	7.7%
	第二个筹资范围的边际资金成本为 9.9%				
3	500000~700000	长期借款	10%	7%	0.7%
		长期债券	20%	8%	1.6%
		普通股	70%	11%	7.7%
	第三个筹资范围的边际资金成本为 10%				
4	700000~900000	长期借款	10%	7%	0.7%
		长期债券	20%	9%	1.8%
		普通股	70%	11%	7.7%
	第四个筹资范围的边际资金成本为 10.2%				
5	900000 以上	长期借款	10%	7%	0.7%
		长期债券	20%	9%	1.8%
		普通股	70%	12%	8.4%
	第五个筹资范围的边际资金成本为 10.9%				

（资料来源：刘亚臣，包红霏. 工程项目融资 [M]. 2 版. 北京：机械工业出版社，2017）

2.4　建设工程项目资金结构

2.4.1　资金结构的基本概念

建设工程项目融资的资金结构是指在项目融资过程中所确定的项目的股本金与债务资金的形式、相互间的比例关系及相应的来源。资金结构是由项目的投资结构和融资结构决定的，但反过来又影响项目整体融资结构设计。项目融资重点要解决的是项目债务资金问题，但在整个项目融资结构中也需要适当数量和形式的资本金和准资本金作为项目融资的信用支持。项目的资金结构很大程度上受制于项目的投资结构、融资模式和信用保证结构。通过恰当地安排项目的资金构成比例，选择适当的资金形式，可以达到减少项目投资者自身资金的直接投入和提高项目综合经济效益的双重目的，进而取得项目融资资金成本和风险的合理平衡。

建设工程项目融资的资金结构按照收益与风险可以分为股本金形式、债务资金形式以及准股本金形式,其中股本金和准股本金可以称为权益资金。股本金形式是指项目投资者直接投入资金作为股本金,或者第三方通过在资本市场上购买优先股或普通股的形式作为股本金,或者通过贷款担保和其他信用保证形式作为股本金,抑或通过无担保贷款或可转换债券或零息债券作为准股本金投入。准股本金是指项目投资者或与项目利益有关的第三方所提供的一种从属性债务,它是相对股本金而言的,既有股本金的性质,又有债务资金的性质。作为投资者来讲,它又是债务资金的性质,最明显的特点是可以把这部分从属性债务的利息计入成本,冲抵所得税。债务资金的形式是通过银行借款、资本市场上发行债券、融资租赁等。

2.4.2 股本金与债务资金比例关系的确定

股本金与债务资金的比例不仅决定着项目的资金成本和运营期间财务风险的大小,而且也影响着项目利益相关者之间的利益均衡机制,因此是项目资金结构中非常重要的一个问题。客观地讲,项目融资没有标准的债务资金或股本金比例可供参照,可以依据以下几个方面的因素来确定。

1. 项目自身因素

(1) 行业因素

不同行业由于其资本规模、资产的流动性以及行业风险的不同形成了不同的行业资本结构。如果行业的资产规模很高,就必然会提高债务的比例来满足投资总额的要求。而高流动性资产可以在一定程度上为高负债的风险提供保障,因此,资产流动性高的项目可以高负债。一般情况下,高经营风险与高财务风险的组合会加大项目的总风险,因此对高风险行业而言,负债水平不宜过高。

(2) 经营风险

项目的总风险由经营风险和财务风险组成,在保持项目总风险基本不变的条件下,如果项目经营风险加大,承担财务风险的能力就会下降,此时必须降低财务风险,也就是要降低项目的负债比例,反之则可以提高项目负债比例。

(3) 项目规模

大规模的项目在实施多元化投资或一体化投资时可以分散经营风险,降低市场交易成本,获得稳定收益,提高整体效益。同时,大规模项目的财力雄厚,信用较小规模项目要好,资本来源比小规模项目广泛,因而更有可能通过发行债券融资。所以,规模大的项目可能比规模小的项目有更多的负债。

2. 制度环境因素

(1) 项目参与各方的利益平衡

项目投资者希望投入较少的资本金,获得较多的债务资金,尽可能降低债权人对股东的追索。而提供债务资金的债权人则希望项目能够有较高的资本金比例,从而降低债权人的风险。若资本金比例过低,债权人可能拒绝提供贷款。因此需要恰当安排股本金和债务资金的比例,实现项目风险的合理分配。

(2) 税收和利润分配政策

国家对项目间的税收和利润分配政策不断进行调整,对不同融资方式也有很大影响。项目利润留成多,可以减少外部融资数量,降低负债比例。这也是项目在选择融资方式时必须考虑的。

(3) 资金供求关系和竞争状况

项目融资所需要的债务资金基本上来自资本市场，所以，资本市场上的资金供求关系和竞争状况是确定债务资金或股本金比率的一个重要因素。当资金市场的资金比较短缺时，投资者在借贷双方的谈判中会处于不利的地位，筹集债务资金的难度比较大，筹资成本也相对较高，债务资金的比例可能要相对低一些。当资本市场上供求基本平衡或供大于求时，资本市场竞争则相对比较激烈，在借贷双方的谈判中，投资者将会处于比较有利的地位，筹集债务资金的难度相对较小，筹资成本也相对较低，债务资金的比例要相对高一些。

2.4.3 杠杆原理

杠杆原理是物理学中的概念，财务管理中用杠杆原理来描述一个量的变动会引起另一个量的更大变动。财务管理中的杠杆有经营杠杆、财务杠杆、综合杠杆。

1. 经营杠杆

(1) 经营杠杆效应

企业在生产经营中会有这么一种现象：在单价和成本水平不变的条件下，销售量的增长会引起息税前利润以更大的幅度增长。这就是经营杠杆效应。经营杠杆效应产生的原因是，当销售量增加时，变动成本将同比增加，销售收入也同比增加，但固定成本总额不变，单位固定成本以反比例降低，这就使得单位产品成本降低，每单位产品利润增加，于是利润比销售量增加得更快。

考察某集团连续 3 年的销售量、利润资料，见表 2-6。

该集团盈利情况资料（单位：元） 表 2-6

项目	第一年	第二年	第三年
单价	150	150	150
单位变动成本	100	100	100
单位边际贡献	50	50	50
销售量	10000	20000	30000
边际贡献	500000	1000000	1500000
固定成本	200000	200000	200000
息税前利润（EBIT）	300000	800000	1300000

（资料来源：刘亚臣，包红霏．工程项目融资 [M]．2 版．北京：机械工业出版社，2017）

由表 2-6 可见，从第一年到第二年，销售量增加了原来的 100%，息税前利润增加了原来的 166.67%；从第二年到第三年，销售量增加了原来的 50%，息税前利润增加了原来的 62.5%。利用经营杠杆效应，企业在可能的情况下适当增加产销会取得更多的盈利，这就是经营杠杆利益。但也必须认识到，当企业遇上不利情况而销售量下降时，息税前利润会以更大的幅度下降，即经营杠杆效应也会带来经营风险。

(2) 经营杠杆系数及其计算

经营杠杆系数，也称经营杠杆率（DOL），是指息税前利润的变动率相对于销售量变动率的倍数。其定义公式为：

$$\text{经营杠杆系数}(DOL) = \frac{\text{息税前利润变动率}}{\text{销售量变动率}} = \frac{\frac{\Delta EBIT}{EBIT_0}}{\frac{\Delta x}{x_0}} \quad (2-14)$$

按表 2-6 中的资料可以算得第二年经营杠杆系数为 1.667，第三年经营杠杆系数为 1.25。

利用上述 DOL 的定义公式计算经营杠杆系数必须掌握利润变动率与销售量变动率，这是事后反映，不便于利用 DOL 进行预测。为此，设法推导出一个只需用基期数据计算经营杠杆系数的公式。

以下标"0"表示基期数据，下标"1"表示预测期数据，推导过程为：

$$DOL = \frac{\frac{\Delta EBIT}{EBIT_0}}{\frac{\Delta x}{x_0}} = \frac{EBIT_1 - EBIT_0}{EBIT_0} \times \frac{x_0}{x_1 - x_0}$$

$$= \frac{x_1(P-V) - F - x_0(P-V) - F}{x_0(P-V) - F} \times \frac{x_0}{x_1 - x_0}$$

$$= \frac{x_0(P-V)}{x_0(P-V) - F} = \frac{x_0 \times cm}{x_0 \times cm - F}$$

$$= \frac{Tcm_0}{EBIT_0} = \frac{\text{基期边际贡献}}{\text{基期息税前利润}}$$

式中　P——单位销售价格；
　　　V——单位变动成本；
　　　F——固定成本；
　　　cm——单位边际贡献（cm＝P－V）；
　　　Tcm——边际贡献。

用 DOL 计算公式不仅可以算出第二年、第三年的经营杠杆系数，而且第四年的经营杠杆系数也可算出，根据表 2-6 中的资料，第四年的经营杠杆系数为：

$$DOL = \frac{1500000}{1300000} = 1.1538$$

2. 财务杠杆

（1）财务杠杆效应

企业在核算普通股每股利润时会有这么一种现象：在资金构成不变的情况下，息税前利润的增长会引起普通股每股利润以更大的幅度增长。这就是财务杠杆效应。财务杠杆效应产生的原因是，当息税前利润增长时，债务利息不变，优先股股利不变，这就使得普通股每股利润比息税前利润增加得更快。

假设某集团年债务利息 100000 元，所得税率 30%，普通股 100000 股，连续 3 年普通股每股利润资料，见表 2-7。

该集团普通股每股利润资料（单位：元）　　　　　表 2-7

项目	第一年	第二年	第三年
息税前利润（EBIT）	300000	800000	1300000
债务利息	100000	100000	100000
税前利润	200000	700000	1200000
所得税	60000	210000	360000
税后利润	140000	490000	840000
普通股每股利润（EPS）	1.4	4.9	8.4

（资料来源：刘亚臣，包红霏. 工程项目融资 [M]. 2 版. 北京：机械工业出版社，2017）

由表 2-7 可见，从第一年到第二年，EBIT 增加了 166.67%，EPS 增加了 250%；从第二年到第三年，EBIT 增加了 62.5%，EPS 增加了 71.43%。利用财务杠杆效应，企业适度负债经营，在盈利条件下可能给普通股股东带来更多的收益，这就是财务杠杆利益。但也必须认识到，当企业遇上不利情况而盈利下降时，普通股股东的得益会以更大幅度减少，即财务杠杆效应也会带来财务风险。

(2) 财务杠杆系数及其计算

财务杠杆系数，也称财务杠杆率（DFL），是指普通股每股利润的变动率相对于息税前利润变动率的倍数。其定义公式为：

$$财务杠杆系数(DFL) = \frac{普通股每股利润变动率}{息税前利润变动率} = \frac{\frac{\Delta EPS}{EPS_0}}{\frac{\Delta EBIT}{EBIT_0}} \tag{2-15}$$

按表 2-7 中的资料，可以算得第二年财务杠杆系数为 1.5，第三年财务杠杆系数为 1.1429。利用上述 DFL 的定义公式计算财务杠杆系数必须掌握普通股每股利润变动率与息税前利润变动率，这是事后反映，不便于利用 DFL 进行预测。为此，设法推导出一个只需用基期数据计算财务杠杆系数的公式。推导如下：

$$财务杠杆系数(DFL) = \frac{\frac{\Delta EPS}{EPS_0}}{\frac{\Delta EBIT}{EBIT_0}}$$

$$= \frac{\frac{(EBIT_1 - I) \times (1-t) - E}{n} - \frac{(EBIT_0 - I) \times (1-t) - E}{n}}{\frac{(EBIT_1 - I) \times (1-t) - E}{n}} \div \frac{EBIT_1 - EBIT_0}{EBIT_0}$$

$$= \frac{(EBIT_1 - EBIT_0) \times (1-t)}{(EBIT_0 - I) \times (1-t) - E} \times \frac{EBIT_0}{EBIT_1 - EBIT_0}$$

$$= \frac{EBIT_0}{EBIT_0 - I - \frac{E}{1-t}}$$

$$= \frac{基期息税前利润}{基期息税前利润 - 债务利息 - \dfrac{优先股股利}{1 - 所得税税率}}$$

式中 I——债务利息；

t——所得税税率；

E——优先股股利；

n——普通股股数。

对于无优先股的股份制企业或非股份制企业，上述财务杠杆系数的计算公式可简化为：

$$DFL = \frac{EBIT_0}{EBIT_0 - I} = \frac{基期息税前利润}{基期税前利润} \tag{2-16}$$

用 DFL 计算公式不仅可以算出该集团第二、第三年的财务杠杆系数，而且第四年的财务杠杆系数也可算出。根据表 2-7 中的资料，第四年的财务杠杆系数为：

$$DFL = \frac{1300000}{1300000 - 100000} = 1.0833$$

3. 综合杠杆

（1）综合杠杆效应

由于存在固定的生产经营成本，会产生经营杠杆效应，即销售量的增长会引起息税前利润以更大的幅度增长。由于存在固定的财务成本（债务利息和优先股股利），会产生财务杠杆效应，即息税前利润的增长会引起普通股每股利润以更大的幅度增长。一个企业会同时存在固定的生产经营成本和固定的财务成本，那么两种杠杆效应会共同发生，会产生连锁效应，形成销售量的变动使普通股每股利润以更大幅度变动。综合杠杆效应就是经营杠杆和财务杠杆的综合效应。

（2）综合杠杆系数及其计算

综合杠杆系数，也称复合杠杆系数，又称总杠杆系数（DTL），是指普通股每股利润的变动率相对于销售量变动率的倍数。其定义公式为：

$$综合杠杆系数(DTL) = \frac{普通股每股利润变动率}{销售量变动率} = \frac{\dfrac{\Delta EPS}{EPS_0}}{\dfrac{\Delta x}{x_0}} \tag{2-17}$$

根据综合杠杆系数可以推导出它的计算公式为：

$$综合杠杆系数(DTL) = \frac{\dfrac{\Delta EPS}{EPS_0}}{\dfrac{\Delta x}{x_0}} = \frac{\dfrac{\Delta EBIT}{EBIT_0}}{\dfrac{\Delta x}{x_0}} \times \frac{\dfrac{\Delta EPS}{EPS_0}}{\dfrac{\Delta EBIT}{EBIT_0}}$$

$$= DOL \times DFL = \frac{Tcm_0}{EBIT_0} \times \frac{EBIT_0}{EBIT_0 - I - \dfrac{E}{1-t}}$$

可见，综合杠杆系数可以由经营杠杆系数与财务杠杆系数相乘得到，也可以由基期数据直接计算得到。考察该集团表 2-6、表 2-7 中的资料，计算各年 DTL 为：

第二年：
$$DTL = 1.667 \times 1.5 = 2.5 \text{ 或 } DTL = \frac{500000}{300000-100000} = 2.5$$

第三年：
$$DTL = 1.25 \times 1.1429 = 1.4286 \text{ 或 } DTL = \frac{1000000}{800000-100000} = 1.4286$$

第四年：
$$DTL = 1.1538 \times 1.0833 = 1.25 \text{ 或 } DTL = \frac{1500000}{1300000-100000} = 1.25$$

2.4.4 项目资金结构优化

1. 最优资金结构

最优资金结构指在一定条件下使项目综合资金成本最低，同时项目价值最大化的资金结构。根据债务资金占总资金的比重，可以将资金结构分为以下3种类型：

（1）保守型资金结构，指债务资金占总资金的比重偏小。在这种资金结构下，项目的还贷付息的压力较小，从而降低了项目的风险，但因为回报率要求较低的债务资金比重较小，资本金的盈利水平因而降低。因此，项目的风险和资本金收益水平都较低。

（2）风险型资金结构，指债务资金占总资金的比重偏大。在这种资金结构下，项目的还贷付息的压力较大，从而提高了项目的风险，但因为回报率要求较低的债务资金比重较大，资本金的盈利水平因而提高。因此，项目的风险和资本金收益水平都较高。

（3）中庸型资金结构，指介于保守型资金结构和风险型资金结构之间的资金结构。

从综合资金成本而言，由于债务利息较低且在企业所得税前支付，有抵税作用，因而债务资本的资金成本较低，但当债务资金的比例超过一定限度时，项目的财务风险越来越大，权益资金成本将上升，同时，债权人也会要求提高债务利息率，从而使得项目的综合资金成本提高，如图2-7所示。

在 D 点之前，债务资金的比例越高，项目的综合资金成本越低，属于财务杠杆的正作用区域；在 D 点之后，债务资金的比例越高，项目的综合资金成本越高，属于财务杠杆的负作用区域。因此要保证项目价值最大化就必须使资金结构保持最佳水平（D点）。

2. 最优资金结构的确定方法

理想的最优资金结构是一个具体的数值，而不是一个区间。在现实生活中，要实现最优资本结构是比较困难的，一般只是实现次优资金结构，一个包含理想最优资金结构的区间。目前学术界尚未形成成熟的资金结构优化方法，已有的研究也主要从企业传统融资的角度来

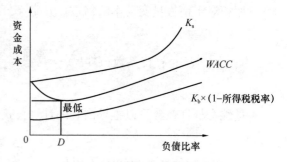

图2-7 资金结构决策图

（资料来源：刘亚臣，包红霏. 工程项目融资 [M]. 2版. 北京：机械工业出版社，2017）

图中 $WACC$——加权平均资金成本；
K_b——税前债务资金成本，$K_b \times$（1－所得税率）；
K_s——权益资金成本；
D——最优资本结构。

确定最佳资金结构,因此本教材只重点介绍两种常用的方法。

(1)比较资金成本法

当项目企业对不同筹资方案作选择时可以采用比较综合资金成本的方法选定一个资金结构较优的方案。比较资金成本法是通过计算各方案加权平均资金成本,并根据加权平均资金成本的高低来确定最优资金结构的方法。项目融资可以分为创立初始融资和发展过程中追加融资两种情况。与之相适应,项目最优资金结构的确定也可以分为初始融资的资金结构决策和追加融资的资金结构决策。

【例 2-11】某公司项目欲筹资 600 万元,有两种方案可供选择,相关资料见表 2-8。

筹资方案   表 2-8

筹资方式	A 方案		B 方案	
	筹资额（万元）	单项资金成本	筹资额（万元）	单项资金成本
长期借款	100	6%	300	10%
长期债券	200	8%	200	8%
普通股	300	10%	100	15%
合计	600		600	

(资料来源:刘亚臣,包红霖. 工程项目融资 [M]. 2 版. 北京:机械工业出版社,2017)

要求:确定公司初始筹资时的最优资金结构。

确定该公司的资金决策,可分为以下两个步骤:

第一步:计算两种方案的综合资金成本。

$$A 方案的综合资金成本 = \frac{100}{600} \times 6\% + \frac{200}{600} \times 8\% + \frac{300}{600} \times 10\% = 8.67\%$$

$$B 方案的综合资金成本 = \frac{300}{600} \times 10\% + \frac{200}{600} \times 8\% + \frac{100}{600} \times 15\% = 10.17\%$$

第二步:比较两个方案的综合资金成本,作出选择。

由上述计算结果可以看到,A 方案的综合资金成本小于 B 方案。因此,在其他因素大体相同的条件下,A 方案所形成的资金结构就是该公司初始筹资时的最优资金结构。

如果该公司欲在上述选择 A 方案的基础上,追加筹资 100 万元,两个备选方案的有关资料见表 2-9。

追加筹资方案   表 2-9

筹资方式	原资金结构		追加筹资方案 A		追加筹资方案 B	
	筹资额（万元）	单项资金成本	筹资额（万元）	单项资金成本	筹资额（万元）	单项资金成本
长期借款	100	6%	20	12%	80	15%
长期债券	200	8%	30	13%	20	12.5
普通股	300	10%	50	16%		
合计	600		100		100	

(资料来源:刘亚臣,包红霖. 工程项目融资 [M]. 2 版. 北京:机械工业出版社,2017)

要求：确定公司追加筹资时的最优资金结构。

追加筹资方案的综合资金成本分别为：

$$K_1 = \frac{\frac{100+20}{700} \times (100 \times 6\% + 20 \times 12\%)}{120} + \frac{\frac{200+30}{700} \times (200 \times 8\% + 30 \times 13\%)}{230}$$

$$+ \frac{\frac{300+50}{700} \times (300 \times 10\% + 50 \times 16\%)}{350} = 9.47\%$$

$$K_2 = \frac{\frac{100+80}{700} \times (100 \times 6\% + 80 \times 15\%)}{180} + \frac{\frac{200+20}{700} \times (200 \times 8\% + 20 \times 12.5\%)}{220}$$

$$+ \frac{\frac{300}{700} \times 300 \times 10\%}{300} = 9.5\%$$

比较两个追加筹资方案追加筹资后的综合资金成本，应采用方案 A。

比较资金成本法通俗易懂，计算简单，是确定项目资金结构常用的一种方法，但是因所拟定的方案数量有限，因此有可能会把最优方案遗漏掉。

(2) 每股收益无差别点法（EBIT-EPS 分析法）

该方法是利用每股税后收益无差别点来进行资金结构决策的方法。每股税后收益无差别点，又称每股盈余无差别点或每股利润无差别点。它是指普通股每股税后收益不受筹资方式影响的销售水平。根据每股税后收益无差别点，可以分析判断在不同的销售水平下，采用不同的筹资方式来安排和调整资金结构。从普通股股东的得益这一角度考虑资金结构的优化可以采用每股税后利润无差别点法。

在每股利润无差别点上，无论采用负债筹资，还是采用权益筹资，每股利润都是相等的。即：

$$EPS_1 = EPS_2$$

$$\frac{(EBIT - I_1)(1-T) - D_1}{N_1} = \frac{(EBIT - I_2)(1-T) - D_2}{N_2} \tag{2-18}$$

式中 $EBIT$——两种筹资方式无差别时的息税前盈余；

I_1，I_2——两种筹资方式下的债务利息；

D_1，D_2——两种筹资方式下的优先股股息；

T——表示所得税率；

N_1，N_2——两种筹资方式下流通在外的普通股股数。

【例 2-12】某项目企业原有资本 1000 万元，其中债务资本 300 万元，每年负担利息 27 万元，权益资本（普通股 14 万股，每股面值 50 元）700 万元。该公司所得税率 25%。由于扩大业务，需追加筹资 200 万元，有两个方案可供选择：

1) 全部发行普通股，增发 4 万股，每股面值 50 元；
2) 全部筹措长期债务，债务年利率 9%，利息 18 万元。

要求：运用每股收益无差别点分析法进行筹资决策。

解：增发普通股方案：全年债务利息为 27 万元

普通股股数＝14＋4＝18万股

筹措长期债务方案：全年债务利息＝27＋18＝45万元

普通股股数＝14万股

$$\frac{(EBIT-27)(1-25\%)-0}{18}=\frac{(EBIT-45)(1-25\%)-0}{14}$$

解得：$EBIT=108$万元　$EPS=3.375$元

上述每股收益无差别点的分析可绘图，如图2-8所示。

从图2-8可以看出，当$EBIT$高于108万元时，采用长期债务融资比发行普通股融资可以获取更高的利润，对项目企业更为有利；当$EBIT$低于120万元时，发行普通股融资可获得较高的每股利润。

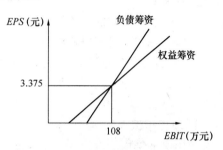

图2-8　每股收益无差别点分析图

$EBIT$-EPS方法简单明了，在企业的融资决策中有着广泛的应用，特别是在非上市公司中，由于无法按照资本资产定价模型和股票价格对企业价值进行测算，只能以EPS作为决策的标准。但该方法没有考虑企业债务比例变化引起的财务风险的增加，从而影响企业的价值。

2.5　建设工程项目信用保证结构

2.5.1　信用保证结构的基本概念

建设工程项目的信用保证结构是指项目融资中所采用的一切担保形式的组合。对于银行和其他债权人而言，项目融资的安全性来自两个方面：一方面来自项目本身的经济强度；另一方面来自项目之外的各种直接或间接的担保。项目本身的经济强度与项目的信用保证结构是相辅相成的。项目的经济强度高，融资所要求的信用保证结构就相对简单，保证条件相对宽松；反之，要求的信用保证相对复杂和严格。

建设工程项目融资的信用保证结构是以各种担保关系为主体结构的，这些担保关系，有的属于法律意义上的担保范畴，如项目资产抵押，有的则是非法律意义上的担保，如长期供货协议、政府安慰函等意向性担保等。项目融资的信用保证种类繁多，体系庞杂。这些担保可以是直接的财务保证，如完工担保、成本超支担保、不可预见费用担保；也可以是间接的或非财务性的担保，如长期购买项目产品协议、技术服务协议、以某种定价公式为基础的长期供货协议等。所有这一切担保形式的组合，就构成了项目的信用保证结构。值得注意的是，在以我国为代表的发展中国家进行的项目融资的保证结构中，有时政府对项目某些事项的支持函起着非常重要的作用。

2.5.2　项目担保及项目担保人

1. 项目担保的定义及作用

项目担保是以法律形式作出的一种承诺，按照这种承诺担保人向债权人承担一定的义务。项目担保在建设工程项目融资结构中起到至关重要的作用，在一定程度上可以说是项目融资结构的生命线。因为项目融资的根本特征体现在项目风险的分担上。而项目担保正是实现风险分担的一个关键所在。项目融资结构以被融资项目本身的经济强度作为保障成功的首要条件，债务偿还的来源主要限制在项目的现金流量和资产价值上，但是许多项目风险是项目本身无法控制的，并超出其承受范围。银行在决定一项贷款活动时的基本前提是不承担风险，因此对于超出项目本身承受能力的风险因素必须要求项目的投资者或者项目利益有关的第三方提供附加的债权担保。因此通常选用合适的项目担保结构是采用项目融资方式融资成功的前提条件。

具体来说，项目担保在项目融资中有两方面的作用：首先，项目的投资者可以避免承担全部的和直接的项目债务责任，项目投资者的责任被限制在有限的项目发展阶段之内或者有限的金额之内。其次，采用项目担保形式，项目投资者可以将一定的项目风险转移给第三方。

2. 项目担保人

信用保证结构的设计在一定程度上可以说是无追索或有限追索权项目融资的生命线，项目融资的根本特征体现在项目风险的分担和缓释上，而信用结构正是实现这种风险分担和缓释的关键所在。项目信用保证结构的核心是融资的债权担保，用于支持贷款的信用结构安排是灵活和多样化的，一个成功的项目融资，可以将贷款的信用支持分配到与项目有关的各个参与方。在项目融资中，可为项目提供第三方保证的保证人主要有项目投资者（股东）、与项目有直接或间接利益关系的机构、商业担保人等。债权人会对担保人的担保能力进行审查。若保证人能力不足，债权人可能不会接受这种担保，或要求附加其他保证措施。具体内容将在第 6 章进行介绍。

2.5.3　项目融资信用担保形式的分类

1. 按法律范畴分类

项目融资信用保证结构的核心是对债务的担保。债务担保按其所属的法律范畴可分为物的担保和人的担保两种基本形式。

（1）物的担保

物的担保是指借款人或担保人以自己的有形资产或权益作为履行债务设定的担保物权。如果借款人到期不能履行债务而违约，享有担保权益的贷款人可以取得对担保条件下的资产的直接占有，或者将这些项目资产出售来优先清偿贷款人的债务。物的担保形式有财产抵押和质押等。

（2）人的担保

人的担保是指担保人以自己的资信向债权人保证债务人履行债务责任，因此，亦称为信用担保。在项目融资中，当债权人认为项目物的担保不够充分时往往会要求提供人的担保，这为项目正常运行提供了附加保障，同时也降低了债权人在项目融资中的风险。人的担保包括借款人或股东承诺、安慰信与支持信、项目合同保证等形式。人的担保包括以下两种情况：

1）担保人的担保义务依附于债权人和债务人的合约之上。在债权人和被担保人约定的条件下，当被担保人不履行其对债权人所承担的义务时，担保人必须承担起被担保人的合约义务。

2) 担保人的担保义务相对独立于债权人和债务人之间的合约。在担保受益人的要求之下，不管债务人是否真正违约，担保人应立即支付给担保受益人规定数量的资金。

2. 按承担的经济责任分类

按所承担的经济责任不同，融资信用担保可分为直接担保、间接担保、意向性担保和或有担保。

（1）直接担保

直接担保是指以直接的财务担保形式向项目提供的一种财务支持。在项目融资中，这种直接保证所承担的直接经济责任不是无限的，而是有限的，可以体现在时间上的限制和金额上的限制，主要包括完工担保、资金缺额担保等。

（2）间接担保

间接保证是指担保人不以直接财务担保形式向项目提供财务支持，而是采取项目合同保证和借款人（股东）承诺形式取得间接的支持。间接担保多以商业合同和政府特许协议形式出现。

（3）意向性担保

意向性担保是指担保人虽然具有对项目提供一定支持的意愿，但这种意愿不具备法律上约束力，更不需体现在担保人公司的报告中。因此这种担保类型得到了担保人的偏爱，在项目融资中应用较为普遍，比如安慰信、交叉担保等。

（4）或有担保

或有担保是针对一些由于项目投资者不可抗拒或不可预测因素所造成项目损失的风险所提供的担保。项目的建设运营过程中，存在着不可抗力造成的风险、国家政治稳定及政策变化等方面的风险，这些风险主要通过商业保险公司和国际上的一些特殊政治机构的政治保险来降低。国际上提供政治保险的机构主要有：多边投资担保机构（MIGA）、国际金融公司（IFC）、世界银行（IBRD）、亚洲开发银行（ADB）、美洲开发银行（IDB）以及美国海外私人投资公司（OPIC）。

在不同的项目中，以风险分担的原则，选择合适的人通过合适的保证形式承担合适的风险，多种信用保证形式的结合就构成了项目融资中独特而多样的信用保证结构。具体的信用担保形式将在第6章中详细介绍。

2.5.4 信用担保定价

当担保人向贷款人提供了全部或部分担保时，贷款人的信用风险就降低了，借款人支付的利率也随之降低。研究表明，融资担保的价值往往是很大的，信用风险越大则担保价值越大、担保期限越长则其价值越大。下面主要介绍三种担保的定价方法：市场估价法、期权定价法以及基于经验的定价方法。

1. 市场估价法

市场估价法是选择正在公开市场交易的两个可比的金融工具，其中一个有担保而另一个无担保，两个证券的价格差就是担保的价值。如果同一证券在担保前后的市场价格都可以获得，也可以使用市场估价法。

2. 期权定价法

债权人拥有按约定价格将债务卖给担保人的权利。担保具有与看跌期权相同的财务性质。银行为了拥有这项权利，以降低贷款利率的形式付出了期权费。但是如何计算期权费，期权定价模型则提供了强有力的方法体系。1973年，Black和Scholes给出了欧式期权定价的解析模型，成为金融定价理论的划时代著作。在Black-Scholes模型中，应用可观察的历史数据就可以直接得到期权的价值。Black-Scholes模型的理论基础是无套利均衡，其中无套利均衡指具有相同未来现金流和风险特性的两个资产应该具有同样的现值。Black-Scholes模型的基本方法是在一个特定时刻用期权和期权对应的基本资产构造一个无风险组合，无套利均衡的理论指出这样的组合将获得无风险利率。这个无风险的组合通过买基本资产或期权中的任何一个同时卖出另外一个来获得。

与传统方法不同，期权定价法在对融资担保估价时基于担保背后公司资产的基本动态变迁过程。因此，应用期权定价法首先应了解企业资产的市场价值、企业负债的账面价值、标的资产和负债的波动性以及担保的时间。相关研究表明，担保的价值对企业的风险和贷款的期限非常敏感。当风险低而期限短时，担保的价值就低；但随着风险的增加和期限的延长，担保的价值会上升到一个相当显著的水平。另一个影响担保价值的因素是企业的负债率，高的财务杠杆提高了担保的价值，因为高杠杆意味着次级债券的违约概率提高了。

与市场估值法相比，市场估值法虽然计算简单易行，然而必须有市场交易数据，期权定价法只需要有关资产价值特性的信息，并不需要市场交易数据，因此应用领域要广泛得多。

3. 基于经验的定价方法

当前国内信用担保定价主要依据国家经济贸易委员会《关于建立中小企业信用担保体系试点的指导意见》规定，"中小企业信用担保机构的担保收费标准一般控制在同期银行贷款利率的50%以内"，据对全国担保公司收费标准调查，担保公司的费率一般为1%～3%，全国平均在2.5%左右。

对于定价的依据，主要是基于经验判断，通行的做法是：

$$担保定价 = 担保总额 \times 担保费率 \tag{2-19}$$

依据（2-19）算出基价后再进行微调。基于经验的定价方法有一定的实用性，但经验定价只能说明"定什么样的价"。而不能解释"为什么这样定价"缺乏令人信服的依据。随着担保业的发展，市场竞争的日趋激烈，这种定价方法的随意性和其高昂的协商成本必将限制其在未来担保业中的应用。

除此之外，对于担保定价的方法还有信用违约互换定价模型、信用度量术定价模型、VaR定价模型，这些模型均是从风险的角度对担保进行定价。

本章小结

本章主要介绍建设工程项目融资组织与结构，包括建设工程项目融资的参与者、投资结构、融资结构、资金结构和信用保证结构。在第1节中，主要识别了建设工程项目融资的参与者有哪些，分析他们各自的角色和责任；第2节中，主要介绍了投资结构的基本概念和常见的投资结构，并对常见的投资结构进行对比分析；第 3 节中，主要介绍了融资结构的概念，分析了融资结构设计中需考虑的因素；第 4 节中，主要介绍了资金结构的基本概念和杠杆原理，分析了股本金和债务资金的比例关系；在第 5 节中，主要介绍了信用保证结构的概念、担保人和担保的分类，分析了担保定价的方式。

本 章 思 考 题

1. 简述建设工程项目融资框架结构的 4 个模块及模块间的关系。
2. 建设工程项目融资的参与者有哪些？分别承担哪些责任？
3. 简述 4 种常见的投资结构并分析其优缺点。
4. 对比分析合伙制投资结构与公司型合资结构的区别。
5. 建设工程项目的融资结构主要包括哪些类型？
6. 何为资金成本？资金成本有什么作用？
7. 如何理解最优资金结构？
8. 建设工程项目融资的担保人有哪些？项目担保的主要形式有哪些？

3 传统融资模式

【本章提要】 本章主要阐述各类传统融资模式的特点，以期与现代融资模式形成对比。为此，本章分别介绍直接融资、银行贷款、股票融资、债券融资、项目公司融资和杠杆租赁融资，分析不同传统融资模式的特点和分类等内容。通过本章的学习应主要掌握各种传统融资模式的特点和分类，银行贷款、股票和债券的发行条件和方式以及项目公司融资和杠杆租赁融资模式的运作程序。

3.1 直接融资

3.1.1 直接融资的定义

直接融资模式是指由建设工程项目投资者直接安排项目的融资，并直接承担起融资安排中相应的责任和义务的一种方式。从理论上讲它是结构最简单的一种项目融资模式。当投资者本身的企业财务结构良好并且合理时，这种模式比较适合。对于资信状况良好的投资者，采用直接融资方式可以获得成本相对较低的贷款，因为资信良好的企业名称对贷款银行来说就是一种担保。但在投资者使用直接融资模式的过程中，需要注意的是如何限制贷款银行对投资者的追索权问题。由投资者申请贷款并直接承担其中的债务责任，在法律结构上会使实现有限追索变得相对复杂，并使项目贷款很难安排成为非公司负债型的融资。

3.1.2 直接融资的优点

(1) 选择融资结构及融资方式比较灵活。这种灵活性表现在三个方面：①选择融资结构及融资方式上比较灵活，投资者可以根据不同需要，在多种融资模式、多种资金来源方案之间充分加以选择和合并；②债务比例安排比较灵活，投资者可以根据项目的经济强度和自身资金状况，较灵活地安排债务比例；③可以灵活运用发起人在商业社会中的信誉，同样是有限追索的项目融资，信誉越好的发起人就可以得到越优惠的贷款条件。

(2) 由于采用投资者可以直接拥有项目资产并控制项目现金流量的投资结构，投资者直接安排项目融资可以比较充分地利用项目的亏损（或税务优惠）条件组织债务，降低融资成本。

(3) 融资安排在有限追索的基础上，追索的程度和范围可以在项目不同阶段之间发生变化。

3.1.3 直接融资的缺点

(1) 如果组成合资结构的投资者在信誉、财务状况、市场销售和生产管理能力等方面不一致，就会增加项目资产及现金流量作为融资担保抵押的难度，从而在融资追索的程度和范围上会显得比较复杂。

（2）在安排融资时，需要注意划清投资者在项目中所承担的融资责任与投资者其他业务之间的界限，这一点在操作上更为复杂。所以，在大多数项目融资中，由项目投资者成立一个专门公司来进行融资的做法比较受欢迎。

（3）通过投资者直接融资很难将融资安排成为非公司负债型的融资形式，也就是说，在安排成有限追索的融资时难度很大。

3.1.4 直接融资的适用条件

直接融资模式在投资者直接拥有项目资产并直接控制项目现金流量的非公司型合资结构中比较常用，这种融资模式有时也是为一个项目筹集追加资本能够使用的唯一方法。因为大多数非公司型的合资结构不允许以合资结构或管理公司的名义举债。当投资者本身的财务公司财务结构良好并且合理时，这种模式比较适合。

3.1.5 直接融资的类型

从结构安排角度，项目利用直接融资通常有集中化和分散化两种形式。

1. 集中化形式

集中化形式即由投资者面对同一贷款银行和市场直接安排融资。其操作程序如下：

（1）投资者根据合资协议组成非公司型合资结构，并按照投资比例组成一个项目管理公司负责项目的生产和经营，项目管理公司同时也作为项目发起人的代理人负责项目产品的销售。项目管理公司的这两部分业务分别通过项目的管理协议和销售代理协议加以规定和实现。

（2）根据合资协议的规定，发起人分别在工程项目投入相应比例的自有资金，并统一筹集项目的建设资金和流动资金，但是由每个发起人单独与贷款银行签署协议。在建设期间，项目管理公司代表发起人与公司签订建设合同，监督项目的建设，支付项目的建设费用；在生产经营期间，项目管理公司负责项目的生产管理，并作为发起人的代理人销售项目产品。

（3）项目的销售收入将首先进入一个贷款银行监控的账户，用于支付项目的生产费用和资本再投入，偿还贷款银行的到期债务，最终按照融资协议的规定将盈余资金返还给项目发起人。

2. 分散化形式

分散化形式即由投资者各自独立地安排融资和承担市场销售责任。在融资过程中，两个投资者组成非公司型合资结构，投资于某一项目，并由投资者而不是项目管理公司组织工程产品的销售和偿还责任。其操作程序如下：

（1）项目发起人根据合资协议投资合资项目，成立项目管理公司负责项目的建设生产管理。

（2）发起人按投资比例，直接支付项目的建设费用和生产费用，根据自己的财务状况自行安排融资。项目管理公司代表发起人安排项目建设和生产，组织原料供应，并根据投资比例将项目产品分配给项目发起人。

（3）发起人以"或付或取"合同的规定价格购买项目产品，其销售收入根据与贷款银行之间的现金管理协议进入贷款银行的监控账户，并按照资金使用优先序列的原则进行分配。

3.2 银行贷款

3.2.1 银行贷款概述

1. 银行贷款融资的定义

银行贷款也称银行放款，指银行以一定的利率，在一定的期限内，把货币资金提供给需要者的一种经济活动。对于建设工程项目来说，银行贷款所提供的资金大部分都是作为债务资金进入工程项目的。但随着金融工具的发展以及工程项目数量和规模的日益增长，作为准股本，甚至直接采取股本形式进入工程项目融资的银行贷款也并不少见。

一个工程项目所需资金绝大部分来源于银行贷款。项目投入生产运营以后，在生产经营活动中与作为经营货币资金的银行之间，是相互依存、相互支撑的密切关系。工程项目所取得的借入资金中，主要以银行贷款为主。银行贷款除了可以保证工程项目的正常投资建设活动外，还可以为工程项目建成投产以后的生产经营活动，以及企业的发展创造条件，有利于再生产活动的顺利进行。

2. 银行贷款的对象

贷款对象的选择对银行的信贷资产质量具有深远影响，影响银行的盈利能力，因此银行会规定其贷款接受者的范围。经济发展的不同时期和不同阶段，由于贷款的目的和经济发展政策的不同，贷款对象也有所不同。经济体制改革以后，我国实行了以国有经济为主体、多种所有制经济形式并存的所有制结构，银行贷款对象的范围较于以前有很大扩展。一切从事生产经营业务，有收入来源的经济实体，即依法成立的各类工商企业、中外合资企业、个体工商户以及具备偿还能力的居民个人等都是银行贷款的对象。

3. 银行贷款的条件

在我国，借款单位要取得银行贷款，必须具备如下条件：

（1）具有合法性。借款单位必须是经县级以上工商行政管理部门批准设立，进行登记、注册，持有营业执照的生产经营单位。

（2）具有独立性。借款单位必须是实行独立核算、自负盈亏，能够独立自主地对外签订经济合同的经营单位。保证借款单位的独立性，有助于真正落实债权债务关系，便于银行及时了解资金使用情况，有效地发挥银行贷款的作用。

（3）具有一定数量的自有资金。自有资金是保证借款单位独立进行正常经营活动的基础，其在全部资金中所占比例，标志着该借款单位承担风险和处理意外损失能力的大小。

（4）具备经营能力，并在银行开设账户。这是银行进行信贷监督，保证贷款按期归还的必要条件。

一般来说，银行是否向借款人提供贷款的重要依据之一是借款人的资信等级。这包括对借款人过去和将来的收益状况、借款人的负债率、借款人的短期负债比率等方面的具体考察。如果借款人资信等级高、影响大，则不但可以从银行取得贷款，而且可以把借来的款项和其他资金混合使用。反之，取得银行贷款就会有一定难度。

4. 银行贷款的分类

银行贷款可以按照不同的标准进行分类。

（1）按照期限划分，可以分为短期、中期与长期贷款。一般短期是指1年以内，中期为1~5年，长期为5年以上。

（2）按照贷款是否需要提供担保，可以分为信用贷款和抵押贷款。信用贷款是凭借借款单位的信用或保证人的信用，而没有实物作为担保的贷款；抵押贷款是由借款单位提供一定实物资产作为抵押品的贷款。

（3）按照贷款的经济领域划分，可以分为工业贷款、商业贷款、农业贷款、消费贷款及不动产贷款等。工业、农业、商业贷款又可以分别细分为固定资产投资贷款和流动资金贷款。

（4）按照贷款对象的经济性质划分，可以分为国有企业贷款、集体企业贷款、乡镇企业贷款、合资企业贷款和个体私营企业贷款等。目前我国银行贷款的种类主要有：固定资产投资贷款、工业流动资金贷款、商业流动资金贷款、科技开发贷款、农业贷款、城乡个体经济贷款、外汇贷款等。

按照股本资金、准股本资金的类别来区分贷款的话，贷款的用途又会出现下面的几种情况。

（1）以贷款担保形式出现的股本资金

这是建设工程项目融资中一种特殊的股本资金注入方式，将贷款担保作为工程项目股本资金的一种替代形式。这种形式的股本资金不需要投资者直接投入股本资金，而是由投资者提供贷款银行能够接受的固定金额的贷款担保作为替代。在这种投入方式下，建设工程项目中没有发生实际的股本资金占用，因此，对于项目投资者来说，这是股本资金投入的最好形式。这样几乎接近百分之百的债务融资，其资金成本是最低的。

但从贷款银行的角度来看，这种间接的股本资金投入方式要比投资者直接的股本资金注入风险更高。因为银行在工程项目的风险之外，还担负了投资者自身的风险因素。因此，采用贷款担保形式替代投资者全部股本资金投入的工程项目是比较少见的，多数情况下，只是把贷款担保作为实际投入项目中的股本资金的一种补充。

只有工程项目本身具备良好的经济状况，同时项目责任方本身能够在商业信誉，乃至政治方面提供足够的承诺担保，才有可能以贷款担保形式在较高的比例上替代项目投资者实际的股本资金投入。贷款担保替代股本资金投入的形式主要有两种。

1）担保存款

在担保存款中，贷款方（例如银团）会指定某一家具备资质的银行，要求项目投资者向该银行存入一笔固定数额的定期存款。存款账户和存款所获得的利息都属于项目投资者，但存款资金的使用权却由贷款方控制。一旦建设工程项目出现资金短缺，贷款方可以调用担保存款，如图3-1所示。

2）备用信用证担保

比起担保存款，备用信用证担保的形式对工程项目投资者更为有利。在这种情况下，项目投资者可以不动用公司的任何资金，而是利用本身的资信作为担保。但这种情况下，贷款方要承担投资者的信用风险，因此，贷款银行一般会要求第三方的独立银行开具备用信用证，以转移风险。

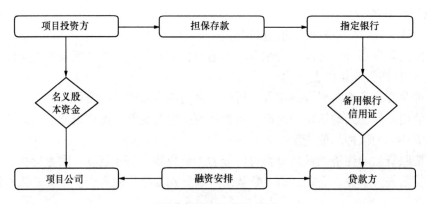

图 3-1　担保存款示意图
(资料来源：郑立群．工程项目投资与融资［M］．上海：复旦大学出版社，2011)

(2) 作为准股本资金的银行贷款

准股本资金是从属性债务，它在本金偿还的顺序上先于股本资金但后于高级债务和担保债务。这类资金主要用于支付工程项目建设中超支的成本、生产费用，以及其他被贷款银行要求投资者承担的资金责任。

在建设工程项目融资中，作为准股本资金投入的贷款主要有两种形式：

1) 无担保贷款

无担保贷款是一种信用贷款，没有任何项目资产作为这种贷款抵押和担保。在形式上，这种贷款和商业贷款是类似的，贷款协议中包括了贷款金额、利率、期限、利息支付和本金偿还等条款，但没有担保条款。

大多数情况下，无担保贷款是由股东提供的。而无担保贷款作为"种子资金"的属性，使得股东非常愿意以这样的方式提供资金，进而吸引有担保贷款和其他融资。由于准股本资金作为债务的属性，可以通过利息支付抵免税款，股东因而可以进一步享受利息减税和利用债务杠杆提高其资金报酬等好处。

广义上的无担保贷款还能够以其他的形式，由其他的项目参与方提供，例如设备供应商可能以商业信用的方式为工程项目提供机器设备，这也就相当于供应商为工程项目提供了无担保贷款。

在实施无担保贷款的过程中，无担保贷款的提供方实际上承担了比其他贷款形式更高的风险，因此在操作上会有一些特殊的规定：

① 消极担保条款。根据该条款的规定，如果项目公司抵押的流动性较强及高价值资产，对贷款方的贷款回收安全造成威胁时，项目公司就不得抵押此类财产。

② 加速还款条款。在贷款期间，工程项目所得净现金流量的一定比例将被用于偿还贷款的本息。如果出现工程项目财务状况恶化的情形，根据该规定，将提高用于还款的净现金流量比例，甚至可以要求将项目的全部净现金流量用于还款，以保证无担保贷款的完整偿还。

③ 新债务限制条款。这一条款也是为了保证无担保贷款方的资金安全，对工程项目再筹措新债务的行为作出限制。

2) 以贷款担保形式出现的准股本资金

准股本资金在工程项目融资过程中有多种形式,其中一种就是将贷款担保作为准股本资金的替代。这一种类型的贷款融资形式和作为股本资金替代的贷款担保是类似的,都表现为担保存款和备用信用证担保两种形式。这部分资金将作为从属性债务存在于整个融资结构之中。

5. 银行贷款的利率

贷款利率通常是指利息同贷款额在数量上的比例,包括年利息率、月利息率和日利息率。贷款利率随贷款对象、用途、期限的不同而有所不同。在市场经济条件下,利率由资本市场上借贷资本的供求关系直接决定,市场利率是不断变动的。

3.2.2 贷款提供方

建设工程项目融资所具有的多元化特征,不仅体现在除银行贷款以外各式各样的筹资渠道上。单就银行贷款这一方式,按照提供贷款的金融机构主体或资金提供者性质的不同,贷款融资又可具体分为商业银行贷款、银团贷款、出口信贷、多边金融机构贷款和外国政府贷款。提供贷款的金融机构,广义上都可以包含在银行范畴中,但也可能有少许不同。下面分别对这些融资渠道进行具体的介绍。

1. 商业银行贷款

商业银行一直都是建设工程项目融资中债务资金最主要的来源,同时也是工程项目融资的重要途径。商业银行贷款可以由一家银行提供,也可以由几家银行联合提供;可以向国内商业银行申请贷款,也可以向国外商业银行申请贷款。商业银行贷款一般都是有担保贷款。

(1) 商业银行贷款协议

商业银行贷款是建设工程项目融资的重要来源,这一方面是由于商业银行具备评估项目贷款风险的能力,同时也是因为大量贷款相关法律规定的存在,保证了贷款协议的公平有效。

商业银行贷款需要遵循相关的法律规定,必须按照规范的贷款程序来进行。这就涉及贷款合同的协商和签订。准确地说,商业银行贷款的基本法律文件包括两个部分:贷款协议和担保协议(也称资产抵押协议)。

贷款协议至少应该包含以下内容:①贷款目的。②贷款金额。③贷款期限。④还款方式和计划。⑤贷款利率。⑥提款程序和提款的先决条件。⑦借款方在提款时需要作出的保证,具体有:正确使用贷款资金;借款方的财务状况;公司资产所有权的证明;借款方所具有的法律地位和签署贷款协议的授权等。⑧保证性及财务性条款,包括:借款方所从事的商业活动将遵守所在国的法律;依法纳税;办理项目资产保险;获得必要的政府批准;具体约定的对公司经营、利润分配及资产管理方面的限制;对各项财务指标的要求如负债率等。⑨违约定义及对违约的处理,包括:技术性违约、一般性违约及交叉违约(其含义是如果本合同项下的债务人在其他贷款合同项下出现违约,则也视为对本合同的违约);违约情况下的补救措施;违约条件下贷款人可以行使的权利。⑩其他,例如:贷款成本;双方在贷款关系下涉及的其他权利和义务等。

而商业银行贷款的担保协议或资产抵押协议也是建设工程项目贷款融资中一个重要的法律文件。商业银行贷款的担保协议或资产抵押协议的形式及内容与各国法律法规有直接的关系，因此在不同国家，不同项目的文件形式会有很大的差别，这需要参考各国的法律及相关的商业实践。

（2）几种常见的商业银行贷款形式

1）基建贷款。基建贷款是在工程项目建设中商业银行向工程建设发放的不动产贷款。贷款资金一般按实际需要支付，也可以预先拟定分期支付计划。工程完工以后，再用抵押贷款的资金或是竣工项目的运营收入来偿还工程贷款。这种贷款一般数额比较大，时间比较长，利率可能也会偏高。

2）抵押贷款。这是一种以借款方某项资产的留置权作为还款抵押的银行贷款。留置权是法律规定为了确保债务履行而设立的一种担保物权。当债务人不履行债务时，债权人依法留置已经合法占有的债务人的动产，并就该动产享有优先受偿的权利。在建设工程项目融资中，一般会以项目公司的资产和现金流量作为抵押来与银行签订长期贷款协议。

3）双货币贷款。双货币贷款是指对贷款本金和利息进行计算支付时分别采取了不同币种的货币。一般情况下，双货币贷款选用低利率货币作为计算利息的货币，而采用高利率货币作为本金计算的货币。但在实际操作过程中，货币利率的高低一直在保持着相对的变化。

4）商品关联贷款。商品关联贷款是指贷款本金或利息的支付与商品市场价格波动相关。这一类型的贷款主要有两种，即贷款本金商品价格参与类型和贷款利息商品价格参与类型。

① 贷款本金商品价格参与类型的商品关联贷款，是将贷款的本金和申请该贷款的工程项目所生产商品的价格相联系，一般来说，这种贷款的利率水平要比同等条件下的商业贷款稍低。在实际操作中，如果到还款日时，该种商品的价格低于贷款协议中预先约定的价格，那么借款方只需要按贷款本金的原值进行偿还；而如果该商品的价格高于约定价格，那么就需要对还款数额作出相应的改变，一般来说，针对这一调整会预先约定计算的公式。因为在商品价格上升时，生产该商品的工程项目会有增加的经济收益，借款方也具备了承受较高债务的能力。

② 贷款利息商品价格参与类型的商品关联贷款，是预先约定贷款人所申请的贷款利率水平与某种商品在贷款期限内的价格变化水平相联系。如果在贷款期限内该商品的价格变化与预测的商品价格变化相一致或接近，那么借款方就可以根据协议获得较低的贷款利率；反之，借款方就需要承担较高的利率。

一般是那些国际流通性较强，并且根据国际统一的质量标准和定价规则生产流通的商品，例如石油、天然气、金属、农产品等，才能够安排商品关联贷款。申请这类贷款的项目或者是直接进行此类产品的生产流通，或者是与这类产品关联较为紧密。受理这类贷款需要银行不仅了解国际金融市场，还需要对相关的国际商品市场有比较充分的认识。因此，这类贷款的应用范围比较窄。

2.（辛迪加）银团贷款

尽管各大国际商业银行拥有大量的金融和项目分析人才，能够通过他们的工作清楚地分析项目存在的各类风险，并恰当地构建项目融资结构。但随着工程项目的扩大，所需的建设资金越来越多，项目风险也日渐增长。无论从风险还是从资金实力上考虑，仅仅靠一家商业银行已经无法满足项目的资金需要。而且从政府和法律的角度看，各国银行法很少允许一家商业银行向同一借款方提供的贷款数额超过一定比例。例如，《中华人民共和国商业银行法》中就规定这一限制比例为银行资本余额的10%。因此出现了国际银团贷款，这样既可以使借款方获得数额巨大的借款，又保证了银行不至于承担太大风险甚至违反法律。

这种贷款提供方式，是由一家或一家以上的银行牵头，联合多家银行，共同对某一个建设工程项目提供贷款。银行的数量根据贷款规模而定，少则几家，多则数十家，甚至上百家。从国际借贷的实践来看，一般发展中国家超过3000万美元，发达国家超过1亿美元的债务资金，就需要通过银团贷款方式解决。对企业提供的银团贷款期限一般在7年左右，对政府机构提供的银团贷款则一般为12年左右。

(1) 计息方式

大部分银团贷款的利率都参考伦敦银行同业协会拆借利率，部分则按美国商业银行优惠利率计算。通过银团提供的贷款，除去利息支付外，作为借款方的项目（公司）还需支付：①附加利率、管理费，这两者一般在1%左右；②代理费，费率一般在0.25%～0.5%，可以一次收取，也可以每年按费率收取；③杂费，包括为签订贷款协议而发生的准备性的费用，例如成立银团及对项目进行评估的费用、律师费等；④承担费，这是在签订贷款协议后，借款方对尚未提取的贷款余额所需要支付的费用，一般按0.25%～0.5%的费率计算。

(2) 银团组成

银团中有三种基本成员：牵头行、代理行和参加行。牵头行主要负责银团的组织工作，包括相关文件的准备、认购与推销贷款份额、安排贷款进度、与借款方谈判等。代理行的主要职能是查证贷款协议文书的合法有效，从各成员行募集资金，进行利率计算、贷款发放和已偿还的贷款本金、利息及费用的分配等实际操作，代理银团对贷款业务进行处理，并能够行使贷款人的权利。代理行的存在主要是为了方便银团贷款的进行而把原属各银行的贷款人权利集中起来，使贷款业务更具备可操作性。参加行的主要职能是和牵头行共同按协议承担自己的贷款份额。

(3) 银团贷款的类型

借款方通过多种方式联系从事这种业务的大型国际银行，委托它作为牵头银行（也称管理银行）组织银团。联系的方式包括：邀约邀请书方式、公开招标方式、私下商谈方式等。这些不同的联系方式造成了银团贷款模式的区别，一种是直接参与型，另一种是间接参与型。牵头银行通过各种招募方式组织一定规模的银团。银团成员之间的关系类似证券发行过程中主承销商和承销团成员的关系。

银团贷款协议签订后，牵头银行的工作即告结束，它可以转变为银团的代理人角色，也可以在银团中重新选择新的银行作为代理人，代表银团同借款人联系贷款的划拨、使用和监督管理以及还款。下面就对两种参与类型的特色作分析。

1) 直接参与型

这种类型是指银团内的各成员行直接与项目借款方签订贷款协议，并按贷款协议中统一规定的条件向项目借款方提供贷款。其中，贷款的具体发放工作由协议中规定的代理行进行统一管理。在这一类型的银团贷款中，各成员银行仅对自己的贷款份额承担责任，如果银团中的任何一家银行不能够履行议定的贷款义务，则项目借款方只能向该银行追究其违约责任,而不能要求银团中的其他成员行对此负责。

2）间接参与型

这种类型是指一家牵头银行负责为项目借款方提供贷款,由该牵头行把贷款权转让给其他参加行,然后各参加行再按照各自承担的贷款份额供应贷款。具体的贷款工作由牵头行负责管理和实施。在牵头行和项目借款方签订贷款协议以后,牵头行可以根据法律采取不同的方式把贷款权授予其他银行,常见的方式有代理、从属贷款、转让和让与。

① 代理方式

这种方式主要在英、美、法等国家中得到认可。具体的做法是,银团在签署贷款协议之前就确定牵头行为代理行,并授予该牵头行作为银团其他成员代理人的权利,由该行同借款方签订相关的贷款合同。

一般情况下,牵头银行与成员银行之间虽然存在代理关系,但是在同借款方的合同中并不表明其作为成员银行代理人的身份。从表面上看牵头行就是唯一的贷款人,由它向借款方提供贷款。如果不进入司法程序,则保持隐名代理,不揭示银团成员的身份。进入司法程序后,这些代理文件可以向司法部门和借款人明示。当然,如果借款方了解代理关系,也可以直接向银团成员申请贷款。在代理模式下,为了保护被代理的成员银行的利益,代理行应该为各成员银行开设信托账户,以免代理行破产时牵连其他成员银行。

② 从属贷款方式

从属贷款的操作方式是参加行直接贷款给牵头银行,再由牵头银行向借款方提供贷款。这一方式的重点在于牵头银行发挥中介作用,以及限制成员银行提出让牵头银行用借款人还贷以外的资源偿还他们的贷款。

参加行收回的贷款,是来自项目贷款方偿还的本金和利息,而不是牵头银行。而参加行也没有对项目借款方的直接请求权,项目借款方直接从牵头银行获得贷款,直接向牵头银行还本付息。当借款方向牵头银行还款后,牵头银行应立即向成员银行还款。

这种间接参与的方式从表面上看是两份独立的合同,但成员银行的风险比直接参与更大。因为直接参与型中,参加行只承担借款人破产的风险;而间接参与情况下,参加行还需要承担牵头银行破产的风险。因此,成员银行需要在收入分配中占据更大的份额。

③ 转让方式

牵头银行与借款方签订贷款协议后,经过借款方的同意,牵头银行将贷款的相关权利及义务转让给其他成员银行。这意味着原有的项目借款方和牵头行之间的债权、债务关系终止,实际上由间接参与型变为直接参与型,债权、债务关系转化为参加行与项目借款方之间的直接关系。从表面上看这是贷款合同的主体变更,实际上是为了节省谈判成本事先商谈好的程序。

但某些情况下,这种转让方式的成本要高于直接参与,而且间接参与所秉承的宗旨无法实现,即无须通知借款方或者无须借款方的参与就可以完成相关贷款权转让。因此这种方式在银团贷款中并不多见。不过在原有的银团贷款安排出现问题时,如无法提供足额贷款等,转让债权是一个很好的补救方法。

④ 让与方式

这种间接参与方式是牵头银行将与项目借款方签订的贷款协议中一部分贷款义务及权

利让与其他成员银行，例如债权等收益请求权。通过让与方式取得参加贷款权的银行可以取得对项目借款方的直接请求权，但由于债权的让与是外来应收利益，所以成员银行要获得实际的收益需要等到借款人偿还牵头银行贷款之后。让与和转让的区别在于，债权让与协议可以在实际贷款发放给借款人之前签订。因此，让与可以是既存的债权，也可以是未来的债权。

（4）银团贷款的特点

银团贷款方式和其他贷款的区别就在于需要协调银团内部的成员关系。银团成员相互的法律地位是由合同确定的，它们不是组成一家公司，也不是合伙，又不是联合企业。银团本身并没有法人地位，因此，相对于一般的公司来说，银团的法律关系有一定的独特性。例如，成员之间不承担连带责任，它们各自的地位和责任是相互独立的，它们的权利也是独立和平等的。但是，考虑到银团成员基于共同贷款合同之上的相关利益，它们有采取一致行动的驱动力。所以，成员行在行使权利的时候，需要协商一致，或者经过民主程序依据多数银行的选择行动。

在一般问题上可以采用民主程序，但是对于涉及银团利益的重大问题，为了避免银团成员中多数派侵害少数派的利益，就不能采用少数服从多数的民主程序了。此时就需要采用合同约定的方式，提前对这样的情况作出强制性约定，目的是保护少数银团成员的利益不受多数银团成员的影响。例如，在处理涉及银团重大利益的问题时，需要在银团成员之间取得一致同意。常见的涉及银团重大利益的事件包括：调整贷款数额和利息；延长还款期限；调整贷款银行的义务；减少借款方的义务；改变还款货币的种类；调整借款费用；银团成员增加或退出等。

1）银团贷款的优点

① 借款货币的选择余地较大。项目借款方可以根据项目的性质、项目现金流量的估算以及货币种类，事先计算货币风险，编制工程成本预算，并据之设计出最恰当的借款货币结构向银团提出贷款申请。

② 筹款能力巨大。根据参与行的多少和实力，银团贷款可以为巨型项目筹集足够的资金。

③ 抗拒风险能力强。由于参与银团贷款的银行通常都是在国际上资信良好的银行，能够理解并参与复杂的项目融资结构，并承担其中潜在的风险。

④ 操作灵活。银团提供的贷款，其提款方式和还款方式都比较灵活，可以根据议定的时间与工程建设的需要，随时提取资金。特别是无须当地政府批准这一点提供了很大的方便。

⑤ 这类贷款在使用方面也没有任何限制。项目方可以将贷款用于向第三国购买原材料、机器设备、商品或劳务，也可以支付国际性招标发生的款项。

2）银团贷款的缺点

① 贷款成本相对较高。银团贷款除去按市场利率收取利息以外，还需要收取其他费用，包括按一定比例支付的管理费、代理费、承担费和杂费等，从而提高了总的借贷成本。

② 工作繁复。银团贷款过程包含了大量的参与行，需要对各行之间的工作以及银行与借款方的关系进行广泛的协调，再加上银团贷款大多采用浮动汇率制，每半年要对利率

作一次调整，带来了繁杂的计息工作。

需款量较大的项目筹款方式虽然有多种方式，包括银团贷款、出口信贷、政府贷款，以及向世界银行等国际金融组织申请贷款等，但银团贷款仍然是比较受欢迎的方式。因为其耗时较短，完全商业银行化的运作手段，和多边金融机构2~3年、政府贷款2年左右的申请时间相比，银团贷款具有较强的竞争力。

3. 出口信贷

出口信贷作为一种国际信贷方式，是项目融资来源的重要渠道。出口信贷是一国为支持和扩大本国大型设备的出口，对本国出口给予的利息贴补并提供信贷担保，鼓励本国银行对本国出口商或外国进口商（或其银行）提供优惠利率的贷款，以解决本国出口商资金周转困难，或满足外国进口商向本国出口商支付货款需要的一种融资方式。其中，出口国官方机构、商业银行为支持本国出口而向本国出口商提供的信贷不属于国际出口信贷范围。

世界上许多国家都采用出口信贷的办法来获得资金融通，引进资金和技术，引进大型或成套的技术设备，促进本国项目建设及整个国民经济的发展。由于出口信贷需款量较大，又有不同于商业银行贷款的特点，因此大部分出口信贷都由政策性银行或专设金融机构提供。不过随着现代银行制度的发展，商业银行也开始提供出口信贷服务。

（1）出口信贷的主要类型

根据发放对象不同，出口信贷可以分为买方信贷与卖方信贷。另外，还有福费廷、信用安排限额、签订存款协议等几种其他的出口信贷形式。

1）买方信贷

买方信贷是指在大型机器设备或成套设备出口贸易中，由出口商所在地银行或信贷公司向进口商所在地银行或进口商提供贷款，以扩大本国商品出口的一种出口信贷形式。如果出口商所在地银行直接向进口商提供贷款，则称为企业买方信贷，这种买方信贷通常需要进口商一方的银行进行担保；如果出口商所在地银行把贷款直接发放给进口商所在地银行，然后由该银行把资金转贷给进口商，称为银行买方信贷。从国际实践来看，总体上买方信贷的应用比较广泛，特别是后者——银行买方信贷的应用最为广泛。

2）卖方信贷

卖方信贷是指银行对本国出口商提供信贷，再由出口商向进口商提供延期付款信贷的一种出口信贷方式。出口商通过卖方信贷使资金得到融通，获得了接受进口商延期付款的能力。这种延期付款一般包括了资金的利息，有的还需要进口方银行的担保。具体的做法是：进出口商双方签订合同后，进口商先支付10%~15%的定金；在分批交货通过验收以及度过保证期后，进口商再分期给付10%~15%的货款；其余的部分，大约70%~80%的货款根据协议在全部货物交割完毕后的若干年中分期偿还，并需要支付延期付款期间的利息。卖方信贷实际上是出口厂商从出口方银行取得中、长期贷款后，再向进口方提供的一种商业信用。

3）福费廷（Forfeiting）

福费廷是指出口方银行对经进口方银行承兑或担保付款的票据进行无追索权的贴现，使出口商得以提前获得货款的贸易项目融资方式，是重要的广义项目融资途径。

福费廷业务主要提供中长期的贸易融资，出口商通过这一融资方式同意进口商以分期付款的方式支付货款。除非包买商同意，否则债权凭证必须由包买商接受的银行或其他机构无条件地、不可撤销地进行保付或提供独立的担保。因此，对项目借款方来说，货物一出手，可立即拿到货款，方便地将远期收款变为当期现金流入，有利于改善项目财务的状况和清偿能力，从而避免资金占用，进一步提高筹资能力；而且不再需要承担远期收款可能产生的利率、汇率、信用以及国家政策等方面的风险。另一方面，福费廷业务是一项高风险、高收益的业务，对银行来说，既可带来可观的收益，风险也比较大。因此，银行在从事此类业务的时候，必须选择资信记录好的进口地银行。

4) 信用安排限额

出口商所在地的银行为了扩大本国一般消费品或基础工程设备的出口，给予进口商所在地的银行以中期融资的便利，并与进口商所在地银行配合，组织较小金融业务的成交。

5) 签订存款协议

出口商所在地银行在进口商银行开立账户，在一定期限之内存入一定金额的款项，并在期满之前保持约定的最低限度，以供进口商在出口国购买设备。西方国家政府或金融机构向我国的工程项目提供的出口信贷以买方信贷居多。买方信贷的特点是利率低、期限多样、贷款数量与购买金额挂钩，一般贷给我国的国家银行或经担保直接贷给工程项目。

(2) 出口信贷的特点

出口信贷的贷款条件和原则有相关的国际性准则规范，主要是经济合作与发展组织（OECD）的《官方支持的出口信贷指导原则协议》等。在协议中对出口信贷的利率作了约定，出口信贷的利率一般参考 OECD 成员国五年期政府债券的收益率。这种五年期的政府债券收益率，叫作商业参考利率（Commercial Interest Reference Rate）。实际的出口信贷利率一般低于国际金融市场上的利率。而银行提供低利息贷款出现的与市场利率的差额，由出口国政府机构或官方出口信贷机构补贴。除去利率以外，项目借款方还需要支付管理费、承担费和信贷保险费三种主要费用。对于项目融资而言，出口信贷的成本要低于银团贷款。

出口信贷一般为中长期信贷。具体的期限一方面根据签订的贷款协议，另一方面则需要参考国际通行的标准，通常发达国家为中期出口信贷，而发展中国家则为长期出口信贷。每半年偿还贷款一次，每次偿还的数额均等。如果是买方信贷，则从进口商所购买的设备运抵口岸后的 6 个月开始偿还（称为 Start Point）。相对于银团贷款中借贷双方自由商定宽限期和偿还方法，出口信贷灵活度较低，但期限较长。另外，买方信贷并不是全额信贷，出口商所在地银行最多只能向进口商提供相当于其购买设备价值 85% 的贷款，其余的 15% 需要进口商以定金的方式用现汇支付。对于项目借款方而言，买方信贷在这一方面不如国际租赁提供的全额信贷。但出口信贷保险的存在，降低了进出口项目原本较高的政治和商业风险，有助于项目融资的顺利完成。

出口信贷在贷款使用方面的限制，正好符合工程项目融资的要求，满足了工程项目对大中型机械设备等资本品的需求。但是，利用买方信贷就意味着只能从提供买方信贷国家的厂商购买设备，这就导致购买设备的技术标准不一定是国际标准，其质量不一定能达到项目要求，而且设备价格也可能会高于向第三国购买或是通过国际性的招标购买（从商业银行贷款获得的资金可以用于国际招标的支付）。加上出口信贷相对复杂的申请批准程序，在一定程度上抵消了出口信贷利率低的优势。

4. 多边金融机构贷款

（1）多边金融机构

世界银行等多边金融机构是广义上的银行贷款提供方，也是项目融资的一个重要资金来源。常见的多边金融机构贷款方有：世界银行（国际复兴开发银行）、国际货币基金组织等全球性的金融机构，欧洲复兴开发银行、亚洲开发银行、非洲开发银行和泛美开发银行等区域性金融机构。

在国际多边金融机构中，世界银行是最主要的贷款提供方。世界银行向成员国发放公共事业、农村发展、环境保护，以及能源、交通等重点基础工程的项目开发建设贷款。我国的大型工程项目，特别是基础设施的项目融资，得到的国际性开发贷款主要来自世界银行和亚洲开发银行。世界银行在多年的国际贷款实践中形成了一整套实施和监督国际性项目贷款的规范化程序，并对项目借款方及项目本身实施监督。

（2）世界银行贷款

1）世界银行的贷款管理

世界银行将贷款发放程序与典型的项目周期（Project Cycle）结合起来，整个贷款项目的管理过程分为 6 个阶段，包括项目的选定（Identification of Project）、项目的准备（Preparation of Project）、项目评估（Appraisal of Project）、项目谈判（Negotiation of Project）、项目执行（Implementation of Project）和项目后评价（Evaluation of Project）。每一阶段都对项目借款方有严格的规定和要求，以降低风险，保证项目的圆满完成。世界银行贷款可以根据借款方的需要而提供相应币种的贷款，以方便项目的完成。贷款利率实行浮动利率，比市场利率稍低，并收取一定的附加利率。对已订立借款协议而未提取的贷款，世界银行按年收取 0.75% 的手续费。

2）世界银行提供的多种贷款

世界银行集团包括国际复兴开发银行及两个附属性的机构——国际开发协会和国际金融公司。具体的贷款安排方面，与世界银行的不同部门相关。国际复兴开发银行提供的贷款是硬贷款，贷款对象为成员国政府，或者是获得本国政府担保的国有企业和私人企业，贷款期限为 15~20 年；国际开发协会提供的贷款是软贷款，贷款对象为欠发达国家的政府，一般不允许将贷款下放到直接负责实施项目的主体，贷款期限为 20~30 年；国际金融公司提供的贷款基本上属于商业银行贷款范畴，按商业利率收取利息，主要向成员国特别是发展中国家的私营企业提供，不需要政府担保，贷款期限为 5~15 年。

硬贷款是指用于基本建设和技术改造等特定的开发性项目用途的贷款，是国际复兴开发银行提供的主要贷款类型。硬贷款分为基本建设贷款和技术改造贷款，基本建设贷款又分为差别贷款、专项贷款和一般贷款。其记账单位为美元。

软贷款分为股本贷款和特别贷款，是向政府或国有企业提供的，允许作为资本金或股本投入用于国家确定的重点建设项目的贷款。这一点是软贷款与商业银行硬贷款的最大区别。另外，软贷款利率低于市场水平，还款期限比一般银行贷款长，还设有宽限期，在宽限期内只需支付利息或服务费。

国际复兴开发银行具体提供以 LIBOR（伦敦同业拆借率，下同）为基础的单一货币贷款和固定利率的单一货币贷款。提供多种贷款方式的目的在于加大借款方在选择时的灵活性，使之与借款方的债务管理战略相一致，并符合借款方还本付息的能力。

合格的世行借款人可以为新的贷款项目申请单一货币贷款，贷款利率或者以 LIBOR 为基础，或者是约定的固定利率。世行所能筹集到的有足够需求的币种，都可以作为单一货币贷款提供。目前世行提供的单一货币贷款包括美元、欧元、日元等。借款方如果需要申请其他币种的贷款则要经过评估。特别的是，单一货币贷款不能以借款方本国货币提供。

单一货币贷款根据借款方选定的货币订立承诺和完成偿还。借款方也可以根据自己的意愿取得多种单一货币的贷款。如果发生了无法筹集到贷款货币的情况，世行有权以其他货币来暂时代替，直到重新筹集到所需要的货币。其间出现的汇率损益和替换成本由协议双方分担。

① 以 LIBOR 为基础的单一货币贷款

以 LIBOR 为基础的单一货币贷款的基本利率是以每种货币 6 个月的 LIBOR 为基础，每半年变动一次。实际的贷款利率则是基本利率加上总的贷款利差，综合起来就是银行筹措贷款资金的成本。具体来说，总的贷款利差是世行筹集以 LIBOR 为基础的单一货币贷款资金的加权平均成本与 6 个月 LIBOR 之间的差额，再加上贷款利差。

② 固定利率单一货币贷款

固定利率单一货币贷款每半年一次，按固定日期确定适用于前一期支付额的利率。该利率将一直保持到适用部分的贷款额全部偿还为止。因此，固定利率单一货币贷款利率实际上是一个固定利率的序列，根据这一序列可以将原贷款划分为一系列固定利率的子贷款。各子贷款额为每半年的累计支付额。

固定利率将当期支付额以及根据对应该支付额偿还期的 6 个月 LIBOR 计算的等值固定利率为基础。固定利率并不完全是世行筹集贷款资金的成本，它还包括为弥补世行筹资时发生的市场风险所应支付的风险补贴。除去半年固定的利率外，固定利率的特点还在于，贷款实际支付日和利率确定日之间的利率，与同期以 LIBOR 为基础的单一货币贷款的利率相同。

3) 世界银行贷款的共同特征

世行贷款协议一经生效，贷款总额的 1% 将作为先征费立即支付，这部分费用可以从贷款全额中扣除。对于贷款协议进行中尚未支付的贷款余额，世界银行将每年征收 0.75% 的承诺费，起征时间从贷款协议签字开始 60 日后计算。还款日期统一为每半年一次，一般是贷款开始月的 1 日或者 15 日。另外，需要在贷款协议中对提前还款的贴息安排作出说明，有些情况下贴息可以减免。

(3) 亚洲开发银行

1) 亚洲开发银行的建立及其宗旨

亚洲开发银行（Asian Development Bank）是根据联合国亚洲及太平洋社会委员会专家小组会建议，经 1963 年 12 月在马尼拉举行的第一次亚洲经济合作部长级会议决定，于 1966 年 11 月正式成立的、面向亚太地区的、区域性政府间的金融开发机构。总部设在菲律宾首都马尼拉。

除去联合国亚洲及太平洋社会委员会的成员国和亚太地区的其他国家或地区，还有部分亚太地区以外的国家或地区也加入了亚洲开发银行。亚洲开发银行的宗旨是通过向亚太地区的发展中成员国提供贷款以及其他的金融性手段，致力于促进亚洲及太平洋地区发展中成员国社会和经济发展。这些贷款主要用于农业、能源、运输、通信、供水以及农村建设等部门。我国加入亚洲开发银行以后,积极参与亚洲开发银行事务,与亚洲开发银行及各成员之间的交流合作不断深化。从亚洲开发银行获得的开发性贷款及技术援助赠款,用于农业、能源、运输、通信和供水等基础设施和国家重点项目等方面,对支持我国的经济建设起到了积极的推动作用。

2) 亚洲开发银行的任务

① 为亚太地区发展中成员国或地区成员的经济发展筹集和提供资金。

② 促进公、私资本向亚太地区的各成员国或地区成员投资。

③ 帮助亚太地区各成员国或地区成员协调经济发展政策,以更好地利用自己的资源在经济上取长补短,并促进该成员对外贸易的发展。

④ 在拟定和执行发展项目与规划方面,向成员国或地区成员提供技术援助。

⑤ 以亚洲开发银行认为合适的方式,会同联合国及其附属机构在亚太地区发展基金投资的国际公益组织,并与其他国际机构、各国企业实体进行合作,向他们展示投资与援助的机会。

⑥ 开展其他符合亚洲开发银行宗旨的活动与服务。

3) 亚洲开发银行提供的贷款

亚洲开发银行提供的贷款,相对于商业贷款来说具有一定的优惠性。这些优惠性主要体现在贷款时间长、利率低、其他费用少。亚行贷款分为普通贷款和优惠贷款。

① 普通贷款

普通贷款期限为10~30年,宽限期为2~7年。利率是浮动利率,根据亚行的平均借款成本加0.4%的手续费计算,每半年浮动一次。普通贷款自贷款协定正式签字2个月后按贷款承诺额全额的一定百分比计收承诺费,第一年的基数是15%,第二年是45%,第三年是85%,3年过后就按承诺余额的全额进行收取。每年的基数减去已经累计支付的金额,就构成承诺的计收基数。年承诺费率为0.75%。承诺费按天计算。

② 优惠贷款

优惠贷款期限为40年,混合贷款的期限为35年,含10年的宽限期。优惠贷款不收取利息,只收取1%的手续费。优惠贷款是由亚洲开发基金提供的贷款,仅面向人均国民收入低于670美元而且还款能力有限的发展中成员。

上面所说的普通贷款和优惠贷款,一般都直接贷给发展中成员的政府或是在成员政府担保下贷给成员国的其他机构。在我国,亚洲开发银行将贷款直接贷给中国人民银行,再由中国人民银行转贷给其他机构。

(4) 多边金融机构贷款的特点

1) 国际性的多边金融机构贷款,一般来说对项目公司有以下好处:

① 贷款利率低于市场利率,并且可以根据工程项目的需要制定比较有利的偿还办法,并且有较长和较宽松的宽限期。

② 贷款的期限一般会比其他贷款来源更长。

③ 多边金融机构在提供贷款时,操作更为规范。一般会采用国际招标的形式,最大限度地降低项目建设成本,并能够保证项目采用最先进的技术。

④ 多边金融机构所提供的贷款,主要是面向有利于东道国经济发展的行业或项目。

某些情况下会附有对东道国产业结构进行调整的建议，以使该国的经济发展更符合世界银行和国际货币基金组织的指导方向。

⑤ 多边金融机构参与贷款能够吸引其他金融机构或投资者加入项目，或到类似领域进行投资。特别是国际性的项目融资，多边金融机构的参与能够大大降低其政治和商业风险。

⑥ 通过多边金融机构与东道国政府的往来，有助于完善东道国与项目相关的法律法规，加强周边性的基础设施及机构建设。

2）尽管多边金融机构贷款有诸多好处，但相比商业银行贷款，其限制条件更为严格。

① 对于非政府性的项目贷款申请方，必须获得该国政府的担保。

② 工程项目本身必须经过严格的可行性分析，特别是对环境及社会影响方面要有科学全面的评价，才有可能通过多边金融机构的评估。

③ 一般来说申请多边金融机构贷款的手续都比较繁杂，从项目设计到最终获得投资需要较长的时间，有时需要 3～5 年。

另外，由于多边金融机构的贷款申请一般会涉及东道国政府，牵涉到较多的政治性因素，甚至可能在一定程度上影响东道国政府的经济自主性安排。因此，对于工程项目的国际性融资途径，需要作出综合性的考虑。

5. 外国政府贷款

外国政府贷款（Foreign Government Loan）是指一国政府向另一国政府提供的，具有一定赠与性质的优惠贷款。由于具有政府间开发援助或部分赠与的性质，在国际统计上又叫双边贷款，与多边贷款共同组成官方信贷。它在形式上是一种主权外债，是政府对外借用的一种债务。经国家财政部、发展和改革委员会审查确认，一般由项目业主偿还并且多数由地方政府财政担保。这就从根本上决定了外国政府贷款的项目必须带有明显的公益性，这是它与商业贷款最本质的区别。其资金来源一般分为软贷款和出口信贷。软贷款部分多为政府财政预算内资金；出口信贷部分为信贷金融资金。双边政府贷款是政府之间的信贷关系，由两国政府机构或政府代理机构出面谈判，签署贷款协议，确定具有契约性偿还义务的外币债务。

（1）外国政府贷款的特点

1）利息低

外国政府贷款的利率普遍低于国内商业银行贷款，是目前贷款条件最好的贷款。外国政府贷款利率一般在 3% 以下，国内同期商业银行贷款利率在 5% 以上。在当今融资普遍困难的经济形势下，体量巨大的外国政府贷款无疑是解决一些不发达地区企事业单位资金困难的一个非常有效的途径。

2）贷款时限长

外国政府贷款周期一般较长（9～33 年），并且有多年的宽限期。而国内商业银行很少发放 5 年以上的长期贷款，宽限期要么较短要么需要收取高额的费用。而且外国政府贷款有不同的国别选择，其支持领域和还款时限要求也不一样。相比申请商业贷款有更长时间的还款期限，一些不发达地区的业主可以把有限资金投入更多能促进自身长远发展的项目上来。

3）免除设备进口关税与增值税

根据国家海关总署和财政部的有关规定,除《外商投资项目不予免税的进口商品目录》所列商品外,免征关税和进口环节增值税。即便部分税收政策已经略有调整,但从整体上看减免相关税费依然占大部分比重。这对一些需要引进先进进口设备的学校医院等事业单位来说,无疑可以节省一大笔资金,从而减轻其自身发展负担,最终使学生和患者受益。这种公益性的效益是传统商业贷款不具备的。

4)贷款金额大

外国政府贷款每一个项目的可贷款金额大,能够一次性满足项目所需资金,以保证设备的匹配性。但也因贷款金额大,导致很多采购类项目设备数量众多,为管理上带来了一定的风险和困难。

(2)外国政府贷款的分类

1)根据外国政府贷款类型,分为:①纯软贷款,也就是政府财政性贷款。一般无息或利率较低,还款期较长,并有较长的宽限期;②混合贷款,是各国普遍采用的贷款方式,包括:赠款加出口信贷、软贷款加出口信贷(大部分贷款属于这种类型)、优惠贷款等;③特种贷款。

2)根据不同的还款责任,分为:①一类项目由省级财政部门或者国务院有关部门作为债务人并承担还款责任;②二类项目由项目单位作为债务人并承担还款责任,省级财政部门或者国务院有关部门提供还款保证;③三类项目由项目单位作为债务人并承担还款责任,省级财政部门或者国务院有关部门不提供还款保证。

3.2.3 银行贷款融资的特点与方法

1. 银行贷款融资的特点

无论采用哪种项目融资方式,最重要的环节都是建立结构严谨的担保体系。与其他融资方式相比较,银行贷款融资中,贷款银行要求对项目的资产拥有第一抵押权,而对于项目的现金流量,则需要获得有效的控制权。从这样的担保体系的构造来讲,贷款银行一般都会要求项目投资者(或是借款方)转让其与项目有关的一切契约型权益。这些具体的权益包括了项目公司根据合同取得项目收入的权利、工程公司向项目公司提供的各种担保的权益等。

同时,要获得银行贷款的项目必须成为一个单一业务的实体,应该将项目的经营活动和投资者的其他业务尽量分开。除了已经议定的项目融资安排之外,应限制该实体通过其他方式筹措债务资金。这一点在股权式的项目资本结构中是比较容易实现的,而在非公司型的项目资本结构中,就需要恰当地设计项目的投资结构和融资结构。

信用担保体系还包括在项目的开发建设阶段,作为提供贷款融资的银行方要求项目发起人(或者项目的承建公司等)提供项目的完工及质量担保,以保证项目按商业标准完成。在项目经营阶段,还需要对支付、提货、销售等市场运营安排作出规定,以保证项目产生稳定的现金流量。除非贷款银行对项目产品的市场预期充满信心,否则,出于对项目产品未来不确定性的考虑,贷款银行应该提出上述的担保要求。

除去信用担保体系构造方面的差异,银行贷款融资和其他融资方式相比,还具有以下特点:

(1)任何一个借款单位利用银行贷款融资,都必须事先在银行开设账户,用于贷款的取得、归还和结存核算。

（2）出于对贷款安全性的考虑，银行对项目申请贷款融资审查比较严格，需要该项目提供详尽的可行性研究报告及财务报表。

（3）就整体来说，银行贷款融资的管理比较简单，按照规定的程序进行，并无更多的苛求。

（4）银行种类繁多、分布广泛，可以提供的贷款类型、期限等多种多样，因此利用银行贷款融资具有较为方便、灵活的优势。

（5）银行贷款融资风险适中，一般不涉及税务问题。

（6）作为经营货币资金的企业，考虑到利润最大化的目标，银行贷款利率相对较高。

（7）银行贷款融资就其本身来说，不涉及项目资产所有权的转移问题，但一旦项目经营不力，出现无力偿还贷款的情况，则可能使项目陷入困境，甚至导致项目建设的失败。

2. 贷款形式方面的特点

通过向银行申请贷款完成融资任务，有借必有还，这就涉及"追索权"的概念。追索权是指在金融活动和票据流通过程中，票据持有人在付款人拒绝付款时，向票据的背书人和出票人索回票款的权利。在建设工程项目融资的贷款方式中，所谓的追索权是指提供贷款的银行对于何时及如何收回相关款项如利息所拥有的权利。根据这一权利的安排，项目融资分为无追索权的项目融资与有限追索权的项目融资。其中，无追索权的项目融资，指贷款方对项目借款方没有任何追索权的融资，贷款方把资金贷给项目公司，以该项目产生的收益作为还本付息的唯一来源，并以该项目的资产作为担保，设定保障自身利益。除此之外，项目借款方不再提供其他任何担保。如果该项目中途停建或经营失败，即使项目资产或收益不足以还清全部贷款，贷款方亦无权向项目借款方追偿。这类项目融资的代表类型是 BOT 和 ABS。BOT 即建造（Build）—运营（Operate）—转让（Transfer），代表着一个完整的主要用于公共设施建设的项目融资模式。ABS 是资产支撑证券的简称，即 Asset Backed Securities，指以非抵押债权资产为担保发行的证券。有关 BOT 和 ABS 的具体内容见第 4 章。

目前国际上普遍采用的是有限追索权的项目融资。这种做法中，贷款方除去要求将贷款项目的收益作为还本付息的来源，并在项目公司资产上担保物权外，为了减少贷款的风险，还要求项目公司以外的、其他与项目有利害关系的第三方提供担保。这里所说的第三方包括项目主办方、项目产品的未来购买者、东道国政府或者其他保证人。当项目无法完工、经营失败或项目本身的资产或收益不足以清偿债务时，贷款方有权向上述各担保方追偿。但各担保方对项目债务所负的责任，仅以他们各自所约定的担保金额或按有关协议所承担的义务为限。

通常所说的项目融资，都是指这种有限追索权的项目融资。项目融资的发起方希望通过各种融资途径为项目筹集资金，但同时又不愿意贷款方拥有对其资产过大的追索权。而贷款方一般不从事具有资本风险的融资项目。因此经过双方博弈而形成的贷款形式中，追索权会根据具体的情况而有所差异，并随项目进展而作出调整。

（1）贷款方向借款方提供具备有限追索权或是无追索权的贷款，该贷款的偿还主要依靠的是项目的现金流量。

（2）通过远期购买协议或产品支付协议，贷款方一般要预先为购买项目的产品或是特定的资源储备支付一定的资金（这些产品或资源最终都会转化为销售收入）。

一般而言，贷款协议需要明确项目的开发建设阶段和投入经营阶段，追索权也会相应地随时间而变动。

（1）在项目开发建设阶段，贷款大多是具有完全追索权的

对于贷款银行来说，在项目开发建设阶段提供贷款融资，其风险是最高的。因此，在这个阶段银行所提供的贷款通常具有完全的追索权，并且要求项目发起人对此作出具有法律效力的担保。还有另外一种可用的策略，就是提高利率，并同时购买承建合同的担保及相关的履约担保，以分化风险。项目开发建设阶段的贷款发放通常随工程进度而逐步到位，但利息的偿还可以适当延迟。有两种方法可以推迟：把利息累积起来等项目投产有了现金流量以后再分期偿还；或者是向银行申请新的贷款以归还旧债。

一般来说，贷款的完全追索权会在确认项目正式完工后有所改变，或撤销或降格。这里的问题在于贷款合同的双方，或者说贷款提供方（主要是商业银行）和项目发起人需要事先在合同中规定好相应的标准，并在适当的时候邀请专家进行独立的审核，才能够确定项目的完工，然后根据这一判断作出对追索权的调整以及贷款利率的新安排。因为完工标志着项目投产经营阶段的开始，直到此时，项目开始有了现金流入，并能够偿还贷款。

（2）在项目的经营阶段，贷款可能被安排为有限追索或是无追索

进入项目的投产经营阶段之后，贷款方（这里主要是商业银行）会对担保提出进一步的要求，例如以项目产品的销售收入和项目的其他收入作为担保。贷款利息和本金的偿还速度通常和项目的预期产出、销售收入和其他应收款项相联系，合理的方法是将项目净现金流量中一个固定的比例用于债务偿还，这一安排通常会根据合同的规定自动运行。另外，还需要在贷款协议中对某些特殊情况作出相应的规定，例如，项目产品的需求或产量明显低于预期，或者贷款者有充分的理由认定项目的前景以及项目所在国的政治、经济环境发生了重大变化等，此时，可以适度提高用于偿还贷款的比例，甚至达到百分之百。

项目投产以后，偿还贷款的比例通常是根据税后净现金流量进行计算的，但项目发起方也可以根据情况的变化，要求按税前净现金流量进行计算。如果贷款银行是根据税前净现金流量提供贷款，则实际上贷款的提供额要比根据税后利润发放的贷款额高。在这样的情况下，贷款者就会相应升级他们对项目借款方或者担保方的追索权。

3. 银行贷款融资的方法

在我国，通过银行贷款融资的方法主要有以下三种：

（1）逐笔申请、逐笔核贷。项目借款时，应逐笔提出申请，银行逐笔进行审查，确定金额和期限，到期逐笔收回。

（2）活放活收（存贷合一）。项目贷款时不必逐笔申请，由银行根据项目在一定时期内的业务和资金周转情况，核定贷款额度。项目在核定的额度内，进货时贷款，销货时还款，进贷销还，不定期限，指标周转使用。

（3）一次申请，定期调整。项目在银行开立账户时办理一次贷款申请手续，用款时不再逐笔申请。银行根据贷款额度定期调整。

3.3 股票融资

3.3.1 股票的定义

股票（Stock）是股份公司筹资发行的凭证，是资本市场上流通的一种有价证券。作为一种所有权凭证，它有一定的格式；作为有价证券，它是股份有限公司签发的证明股东所持股份的凭证。股票实质上代表了股东对股份有限公司的所有权，股东凭借股票可以获得公司的股息和红利，参加股东大会并行使自己的权利，同时也承担相应的责任与风险。从股票发行历史来看，最初的股票票面格式既不统一，也不规范，由各发行公司自行决定。随着股份制度的发展和完善，许多国家对股票票面格式作了规定，提出票面应载明的事项和具体要求。

3.3.2 股票的类型

股票的种类很多，分类方法亦有差异。常见的股票类型如下：

1. 普通股和优先股

按股东享有权利不同，股票可以分为普通股和优先股。

（1）普通股。普通股是最基本、最常见的一种股票，其持有者享有股东的基本权利和义务。换言之，普通股是最核心的股份，地位也最高，拥有绝大部分的股东权益，在拥有众多权益的同时，也是承担的风险最大的股份。例如，普通股的股利完全随公司盈利的高低而变化，在公司盈利较多时，普通股股东可获得较高的股利收益，但是，在公司盈利和剩余财产的分配顺序上列在债权人和优先股股东之后，故其承担的风险也较大。与优先股相比，普通股是标准的股票，也是风险较大的股票。

1）普通股融资的优点

① 普通股融资支付股利灵活。普通股股利分配政策完全由公司决定，可以根据公司的经营状况和财务政策决定是否分配股利和分配的多少。公司没有盈利，就可以选择不支付股利；公司有盈利，并认为适合分配股利，就分配给股东；公司盈利较少，或虽有盈利但资金短缺或有更有利的投资机会，就可以少支付或不支付股利。

② 普通股一般不用偿还股本。利用普通股筹集的是永久性资金，普通股股东不可以退股，只可以进行转让。因此，普通股只有在公司清算时才需要偿还，这就大大节约了公司的成本。

③ 普通股融资风险小。由于普通股股本没有固定的到期日，股利支付与否和支付多少都可以视公司经营情况和财务政策而定，在股利分配上十分灵活，因此，不存在还本付息的压力，筹资风险较小。

④ 由于普通股的预期收益较高并可在一定程度上抵消通货膨胀的影响（通常在通货膨胀期间，不动产升值时普通股也随之升值），因此，普通股筹资更容易吸收资金。

2）普通股融资的缺点

① 不能获得财务杠杆带来的利益。利用债务融资时，如果债务的融资成本低于公司的收益率，公司股东就可以获得财务杠杆带来的好处。但是，若采用普通股融资进行分

红，就不能获得这部分比率差额（每股税后利润变动率相对于息税前利润变动率的倍数）带来的成本节约。

② 普通股股利不具备抵税作用。普通股股利是从税后利润中支付的，而债券利息则可以从税前支付，因此，采用普通股融资的资金成本较债券融资高了许多。

③ 增加普通股票发行量，将导致现有股东对公司控制权的削弱。增发股票可以使企业融入更多资金，但是，也导致了公司控制权的稀释。

普通股票融资的策略是在充分权衡风险和收益的情况下，合理确定普通股权益占企业总资金来源的比重，选择合适的发行时间和发行方式，使普通股权益收益率在可承受风险范围内最大化。

3) 股票的发行条件、发行价格以及发行方式

① 股票的发行条件

按照《中华人民共和国证券法》有关规定，股份有限公司发行新股必须具备以下条件：具备健全且运行良好的组织机构；具有持续盈利能力，财务状况良好；最近3年财务会计文件无虚假记载，无其他重大违法行为；经国务院批准的国务院证券监督管理机构规定的其他条件。

股票同其他任何商品一样，决定其价格的基础是该商品的价格，因此股票的发行价格应该以股票的价值为基础。股票的发行价格是股份公司发行股票时所使用的价格，也就是投资者认购股票时所支付的价格。股票发行价格通常由发行公司根据股票面额、股市行情和其他有关因素决定。在以募集设立方式设立公司首次发行股票时，由发起人决定；在公司成立以后再次增资发行新股时，由股东大会或董事会决定。

② 股票的发行价格

股票的发行价格通常有等价、时价和中间价三种形式：①等价。即股票的发行价格与其面额等价，亦称平价发行。等价发行股票一般比较容易推销，但是，发行公司不能取得溢价收入；②时价。即以本公司股票在流通市场上买卖的实际价格为基准确定的股票发行价格；③中间价。即以股票市场价格与面额的中间值作为股票的发行价格。

采用时价或中间价发行股票，股票的发行价格可能会高于或低于面额，前者被称为溢价发行，后者被称为折价发行。我国法律规定，股票发行时可以采取面值发行和溢价发行，不允许采用折价发行。溢价发行扣除发行费用后还有余额，计入公司的资本公积。

自2005年1月1日起，我国实施首次公开发行股票的询价制度。规定首次公开发行股票的公司及其保荐机构应通过向询价对象询价的方式确定股票发行价格。询价分为初步询价和累计投标询价两个阶段。通过初步询价确定发行价格区间，通过累计投标询价确定发行价格。但是，确定的发行价格不得低于股票的面值。

③ 股票的发行方式

股票的发行方式是指公司通过何种途径发行股票。发行方式可分为如下两类：第一，公开间接发行，是指通过中介机构，公开向社会发行股票。我国股份有限公司采用募集设立方式向社会公开发行新股时，需有证券经营机构承销，这就属于公开间接发行，这种发行方式的发行范围广、发行对象多，股票变现能力强，流通性好，并且有助于提高发行公司的知名度，扩大其影响力。但是，手续繁杂，发行费用较高；第二，不公开直接发行，指不公开对外发行股票，只向少数特定的对象直接发行，不需中介机构承销。股份公司采

用发起设立方式和不向社会公开募集方式发行新股的做法,属于不公开直接发行。这种发行方式的发行成本低,但是发行范围小、股票变现性差。

(2) 优先股。优先股是相对普通股而言性质特殊的一种股票。其特殊之处体现在优先股股息基本固定、股息可优先支付且股息免税或部分免税,可优先分配余产(当企业因破产、合并、解散等情况)。但其持有者的股东权利受到一定限制。

1) 优先股融资的优点

① 财务负担较大发行债券要轻。与债务融资相比,优先股财务负担较轻,这是因为优先股股利不是发行公司必须偿付的一项法定债务,如果公司财务状况恶化,优先股股利可以不付,从而减轻了企业的财务负担。

② 财务上较为灵活。由于优先股没有规定的最终到期日,它实质上是一种永续性借款。优先股票的回收由企业决定,企业可在有利条件下收回优先股票,具有较大灵活性。

③ 保持普通股股东对公司的控制权。因为优先股一般没有表决权,通过发行优先股,公司普通股股东可避免与新投资者一起分享公司的盈余和控制权。当公司既想向外筹措自有资金,又想保持原有股东的控制权时,利用优先股融资尤为恰当。

④ 有利于增强公司信誉。从法律上讲,优先股股本属于公司的自有资金,可以作为公司其他筹资方式的基础,并且可以适当增强公司的信誉,提高公司的借款举债能力。

2) 优先股融资的缺点

① 融资成本高。优先股必须以高于债券利率的股利支付率出售,其成本虽然低于普通股,但一般高于债券,加之优先股支付的股利要从税后利润中支付,使得优先股融资成本较高。

② 融资限制较多。发行优先股,通常有许多限制条款。

③ 可能加重公司的财务负担。优先股需要支付固定股利,但是,又不能在税前扣除,当公司盈利下降时,优先股的股利可能成为公司一项较重的财务负担,有时不得不延期支付,以致影响公司形象。

由此可见,依靠负债融资会过多增加企业风险,为增强企业负债能力并创造出更多的投资机会,以便解决由于债务导致的投资不足的问题,可选择发行优先股股票作为融资方案,既有利于企业的发展,又不会削弱企业的控制权。

3) 优先股的种类

① 累积优先股和非累积优先股

累积优先股是指如果公司因故不能按期发放优先股股利,则这些优先股股利将累积到以后年度一并发放,公司在发放完全部欠的优先股股利之前,不得向普通股股东支付任何股利。非累积优先股则无上述权利。

② 可转换优先股与不可转换优先股

可转换优先股指有权按照发行时的规定,在将来的一定时期内转换为普通股的优先股。不可转换优先股则没有上述权利。

③ 参加优先股与非参加优先股

参加优先股指其股东在获取定额股利后,还有权与普通股股东一起参与剩余利润的分配。非参加优先股则无此权利。

④ 有投票权优先股与无投票权优先股

某些优先股在公司一定时期内始终未能发放优先股股利时,可以被赋予投票权,参加公司董事的选举,以保证公司管理当局能够维护优先股股东的利益。有些优先股则不能获得这一权利,称为无投票权优先股。

2. 记名股票和无记名股票

股票按是否记载股东姓名,可以分为记名股票和无记名股票。

(1) 记名股票。所谓记名股票,是指在股票票面和股份公司的股东名册上记载股东姓名的股票。《中华人民共和国公司法》规定,公司发行的股票可以为记名股票,也可以为无记名股票。股份有限公司向发起人、法人发行的股票,应当为记名股票,并应记载该发起人、法人的名称或者姓名,不得另立户名或者以代表人姓名记名。公司发行记名股票的,应当置备股东名册,记载下列事项:股东的姓名或者名称及住所、各股东持有的股份数、各股东所持有的股票的编号、各股东取得股份的日期。记名股票的特点主要有:股东权利归属于记名股东;可以一次或分次缴纳出资;转让相对复杂或受限制;便于挂失,相对安全。

(2) 无记名股票。所谓无记名股票,是指在股票票面和股份公司股东名册上均不记载股东姓名的股票。无记名股票也称不记名股票,与记名股票的差别不是在股东权利等方面,而是在股票的记载方式上。无记名股票发行时一般留有存根联,它在形式上分为两部分:一部分是股票的主体,记载了有关公司的事项,如公司名称、股票所代表的股数等;另一部分是股息,用于进行股息结算和行使增资权利。《中华人民共和国公司法》规定,公司发行无记名股票的,应当记载其股票数量、编号及发行日期。无记名股票的特点主要有:股东权利属于股票的持有人;认购股票时要求一次缴纳出资;转让相对简便;安全性较差。

3. 有面额股票和无面额股票

股票按是否在股票票面上标明金额,可以分为有面额股票和无面额股票。

(1) 有面额股票。所谓有面额股票,是指在股票票面上记载一定金额的股票。这一记载的金额也称为票面金额、票面价值或股票面值。《中华人民共和国公司法》规定,股份有限公司的资本划分为股份,每一股的金额相等。

(2) 无面额股票。所谓无面额股票,是指在股票票面上不记载股票面额,只注明它在公司总股本中所占比例的股票。无面额股票也称为比例股票或份额股票。无面额股票的价值随股份公司净资产和预期未来收益的增减而相应增减。它与有面额股票的差别仅在表现形式上,也就是说,它们都代表着股东对公司资本总额的投资比例,股东享有同等的股东权利。但是,目前世界上很多国家(包括中国)的《公司法》规定不允许发行这种股票。

3.3.3 股票的特征

1. 收益性

股票的收益性是指持有者凭其持有的股票,有权按公司章程从公司领取股息和红利,获取投资收益的性能。认购股票就有权享有公司的收益,这既是股票认购者向公司投资的目的,也是公司发行股票的必备条件。股票收益的大小取决于公司的经营状况和盈利水平。正常情况下,投资股票获得的收益要高于银行储蓄的利息收入,也高于债券的利息收入。

股票的收益性还表现在持有者利用股票可以获得价差收入和实现货币保值。也就是说，股票持有者可以通过低进高出赚取价差利润；或者在货币贬值时，股票会因为公司资产的增值而升值，或以低于市价的特价或无偿获取公司配发的新股而使股票持有者得到利益。

2. 风险性

股票的风险性是与股票的收益性相对应的。认购了股票，投资者既有可能获取较高的投资收益，同时也要承担较大的投资风险。

在市场经济活动中，由于多种不确定因素的影响，股票的收益是一个事先难以确定的动态数值，它要随公司的经营状况和盈利水平而波动，同时，也受到股票市场行情的影响。公司经营得越好，股票持有者获取的股息和红利就越多。公司经营不善，股票持有者能分得的盈利就会减少，甚至无利可分。这样，股票的市场价格就会下跌，股票持有者就会因股票贬值而遭受损失；如果公司破产，则股票持有者连本金也保不住。由此可见，股票的风险性是与收益性并存的，股东的收益在很大程度上是对其所担风险的补偿。股票收益的大小与风险的大小成正比。

3. 稳定性

股东与发行股票的公司之间存在稳定的经济关系。通过发行股票筹集到的资金使公司有一个稳定的存续时间。股票是一种无期限的法律凭证，它反映着股东与公司之间比较稳定的经济关系；同时，投资者购买了股票就不能退股，股票的有效存在又是与公司的存续期间相联系的。对于认购者来说，只要其持有股票，公司股东的身份和股东权益就不能改变；同时，股票又代表着股东的永久性投资，他只有在股票市场上转让股票才能收回本金。对公司来说，股票则是筹集资金的主要手段，由于股票始终置身于股票交易市场而不能退出，因此，通过发行股票所筹集到的资金在公司存续期间就是一笔稳定的自有资本。

4. 流通性

股票具有很高的流通性。在股票交易市场上，股票可以作为买卖对象或抵押品随时转让。股票转让意味着转让者将其出资金额以股价的形式收回，而将股票所代表的股东身份及各种权益让渡给了受让者。

流通性是股票的一个基本特征。股票的流通性是商品交换的特殊形式，持有股票类似于持有货币，随时可以在股票市场兑现。股票的流通性促进了社会资金的有效利用和资金的合理配置。

5. 股份的伸缩性

股份的伸缩性是指股票所代表的股份既可以拆细，又可以合并。

(1) 股份的拆细，即是将原来的一股分为若干股。股份拆细并没有改变资本总额，只是增加了股份总量和股权总数。当公司利润增多或股票价格上涨后，投资者购入一股股票所需的资金增多，股票市场交易就会发生困难。在这种情况下，就可以将股份拆细，即采取分割股份的方式来降低单位股票的价格，以争取更多的投资者，扩大市场的交易量。

(2) 股份的合并，即是将若干股股票合并成较少的几股或一股。股份合并一般是在股票面值过低时采用。公司实行股份合并主要出于如下原因：公司资本减少；股票市价由于供应减少而回升。

6. 价格的波动性

股票价格的高低不仅与公司的经营状况和盈利水平紧密相关，而且与股票收益与市场利率的对比关系密切相连。此外，股票价格还会受到国内外经济、政治、社会以及投资者心理等诸多因素的影响。

7. 经营决策的参与性

根据有关法律的规定，股票的持有者即是发行股票的公司的股东，有权出席股东大会、选举公司的董事会、参与公司的经营决策。股票持有者的投资意愿和享有的经济利益，通常是通过股东参与权的行使而实现的。股东参与公司经营决策的权力大小，取决于其所持有的股份的多少。从实践中看，只要股东持有的股票数额达到决策所需的实际多数时，就能成为公司的决策者。

3.4 债券融资

3.4.1 债券概述

1. 债券融资的定义

债券是政府、企业等向社会公众筹措资金而发行的一种有固定收益的有价证券，是债务人承诺按一定利率和在一定日期支付利息，并在特定日期偿还本金的书面债务证书。也可以说，债券是一种金融契约，是政府、金融机构、工商企业等直接向社会借债筹借资金时，向投资者发行，同时承诺按一定利率支付利息并按约定条件偿还本金的债权债务凭证。当债券到期时，债券持有人可以持券要求偿还本金和利息。债券融资也是筹集负债资金用于建设工程项目投资的一种重要融资渠道和做法。

债券的票面一般应载明下列内容：发行者的名称和地址；债券票面额；债券票面利率；还本期限和还本方式；利息支付方式；债券发行日期和编号；发行单位的印证和法定代表人的签章；发售机关的印证和发售经办人签章；审批机关批准发行的文号和日期。

2. 债券融资的种类

债券的种类很多，按不同的标准，债券可区分为以下几类。

（1）按发行主体分类

债券根据发行者的不同，可分为政府公债、地方债券、金融债券、公司债券、项目债券等几大类。

1）政府公债，是指由国家中央政府或代理机构发行的债券。各国政府公债的名称虽然不尽一致，但发行的目的则都是为弥补国家预算赤字、建设大型工程项目、归还旧债本息等。政府公债可分为国家债券和政府机构债券两种。国家债券专指由各国中央政府、财政部发行的债券。如美国的国库券、日本的国债、英国的金边债券等。政府机构债券是由各国政府有关机构发行的债券，一般由各国政府担保，是具有准国家性质的信用较高的债券。

2）地方债券，是指由市、县、镇等公共机关发行的债券。发行目的在于进行当地开发、公共设施的建设等。如美国的市政府债券、日本的地方债券、英国的地方当局债券等。

3）金融债券，是指由银行等金融机构发行的债券。

4）公司债券，又称企业债券，是股份公司为筹措资金而发行的债券。发行债券的公司或企业向债券持有者作出承诺，在指定的时间，按票面额还本付息。公司债券的持有者是公司债权人，而不是公司的所有者，这是与股票持有者最大的不同点。发行公司债券用于项目投资是一般项目债务融资的重要渠道。

5）项目债券，是指为某一特定的工程项目而在金融市场（主要是国际金融市场）发行的债券，是20世纪90年代之后发展起来的项目融资渠道。与项目贷款相比，项目债券的特点是期限相对较长、利率稳定、融资渠道宽、谈判过程简单。发展中国家采用项目债券筹集资金较为普遍。发行者既可以在欧洲债券市场发行项目债券，也可以在亚洲或美国债券市场发行项目债券。

（2）按偿还期限的长短分类

根据偿还期限长短不同，可将债券分为短期债券、中期债券、长期债券三种。短期债券期限一般在1年以内，中期债券期限一般在1～5年，长期债券期限在5年以上。

（3）按债券票面是否记名分类

按债券票面可分为记名债券和不记名债券。记名债券是将债券购买人的姓名登记在债券名册上。到期时应偿还的本金和应支付的利息只能由债券记名人本人或其正式委托人、合法继承人、受赠人领取。债券持有人要转让该债券时，必须到债券发行人处办理转让手续。不记名债券是债券票面上不记名，只附有息票，发行者见票即付利息，认票不认人。这种债券一般不能挂失。

（4）按债券是否有抵押、担保分类

按债券是否有抵押、担保可分为抵押债券、担保信托债券、保证债券、信用债券。

抵押债券是指以土地、房屋等不动产或动产作为抵押品而发行的债券。债券到期如不能偿还本息，债券持有人可占有或拍卖抵押品作为抵偿。

担保信托债券是发行者以动产或持有的有价证券为担保发行的债券，是抵押债券的一种，也称流动抵押债券。

保证债券又称为担保债券，是以第三者作担保的债券。担保人可以是中央或地方政府、金融机构或其他企业。债券到期发行人不能偿还本息，担保人有代向债券持有人偿还本息的义务。

信用债券是无抵押、无担保的债券。此类债券发行者一般信用较高，通常是政府、金融机构、知名度较高的公司才有条件发行。

（5）按是否可参加公司分红分类

按是否参加公司分红可分为参加公司债券和非参加公司债券。参加公司债券指除了可按预先约定获得利息收入外，还可在一定程度上参加公司利润分配的公司债券；非参加公司债券指持有人只能按照事先约定的利率获得利息的公司债券。

（6）按筹集的方法分类

债券按其是否公开发行，分为公募债券和私募债券。

公募债券是指向社会公开销售的债券。这种债券不是向指定的少数投资者出售，而是通过证券公司向社会上所有的投资者募集资金。发行公募债券必须遵守信息公开制度，以保护投资人的利益。

私募债券是指只向与发行人有特定关系的投资人发售的债券。私募债券的发行范围很小，不采用公开呈报制度，债券的转让也受到一定程度的限制，流动性较差。一般说来，投资人认购私募债券的目的不是为了转卖，而是为了持有债券获取利息。

（7）按投资人的收益分类

债券投资人的收益可分为固定利率债券和浮动利率债券等。固定利率债券是指债券票面上已注明利息率的债券。浮动利率债券是指债券票面上利率不固定，而是按规定作定期调整。

（8）其他债券类型

1）分期偿还债券，是指规定在将来到期日分期、分次、分组还本付息的债券。

2）一次还本债券，是指在债券到期日一次还本付息的债券，这种债券最为普遍。

3）年金债券，是指每期偿付的本息用年金法计算确定后，连本带息每期支付同样金额，至若干年后本息两清。

4）通知债券，是指债券未到期前，发行者一般采用抽签方法确定提前偿还一部分或全部债券的一种债券。

5）偿债基金债券，是公司债券发行时的一种偿债基金，逐年积累，待债务到期时一次用于偿债。

6）可转换公司债券，是指依发行公司决定或债券持有人要求，可以转换为公司普通股票的债券。

3.4.2 债券的发行条件

所谓债券的发行条件，主要是指制约债券发行的诸要素，或者说是对债券发行的总要求，按照国际惯例，发行债券需要符合规定的条件，一般包括发行债券最高限额，发行公司自有资本最低限额、公司获利能力、债券利率水平等。

1. 债券发行的法定条件

依照《中华人民共和国证券法》规定，公开发行公司债券，应当符合下列条件。

（1）股份有限公司的净资产不低于人民币3000万元，有限责任公司的净资产不低于人民币6000万元。

（2）累计债券余额不超过公司净资产的40%。

（3）最近3年平均可分配利润足以支付公司债券1年的利息。

（4）筹集的资金投向符合国家产业政策。

（5）债券的利率不超过国务院限定的利率水平。

（6）国务院规定的其他条件。

公开发行公司债券筹集的资金，必须用于核准的用途，不得用于弥补亏损和非生产性支出。有下列情形之一的，不得再次公开发行公司债券：

（1）前一次公开发行的公司债券尚未募足。

（2）对已公开发行的公司债券或者其他债务有违约或者延迟支付本息的事实，仍处于继续状态。

（3）违反证券法规定，改变公开发行公司债券所募资金用途的。

除了法定条件以外，债券发行条件还主要包括债券发行的客观条件和债券发行的自身条件两个方面。

2. 债券发行的客观条件

（1）债券发行的社会环境

1）政治经济形势的影响。每个投资者都是分属不同的国家或地区，某个国家或地区的政治、经济形势的状况对债券投资者的投资行为有很大的影响，一般情况下，如果一个国家或地区政治稳定，经济形势看好，经济稳定增长，社会产品供应充足，投资者不会急于抢购商品。随着收入不断增大，手持现金和社会闲散资金增加，通过债券途径获取较高的收益便成了投资者追求的目标。相反，如果一个国家政治经济形势不稳定，一方面投资者难以获得稳定的收入；另一方面人们对债券投资前景渺茫，不愿置资金于风险之中。目前，我国经济韧性强，呈现稳定增长的势头，为债券发行奠定了基础。

2）巨额社会游资提供了保证。近年来，随着经济体制改革的深化，企业发展自主权逐渐扩大，打破了国民收入的原有的分配格局。突出表现为国家在国民收入分配中所占的比重下降，地方、企业尤其是居民个人在国民收入分配中所占的比重逐步提高。据统计，1979年国家在国民收入可分配额中所占的比重为39.7%，企业所得部分占10.6%，个人所得部分占49.7%，到1984年，国家所占部分为21.8%，6年下降了17.9%，而企业和个人所占份额则直线上升，分别占14.9%和63.3%，6年分别上升了4.3%和13.6%。根据《中国统计年鉴2021》可知，截至2020年，我国人民币居民存款余额为925986亿元，人均存款超过6万元。这些大量的社会闲散游资，为债券的发行提供了可靠的保证。

3）新的信用形式和金融商品的出现为债券发行提供了可能。在财政信贷双重资金供应体制下，单一的融资渠道和银行信用形式存在，使人们不同的投资愿望难以实现，除用于扩大消费外，只能是被迫储蓄。近年来，随着金融体制改革的深化，特别是随着金融市场的逐步发育，新的信用形式和金融商品多样化，融资多渠道，使债券、股票等新的金融商品的出台和迅速发展成为现实。

4）金融财税政策的制约。一个国家的财政金融、税收财务政策，从宏观上决定了债券的结构，如我国对债券发行债种、数额管理都很严格，都要事先得到批准。对债券数额实行指标管理，未经许可不准发行。在利率政策上由于不实行复利计息办法，且一般都是固定利率确定之后就不再调整，因而从客观上增加了投资者债券收益的风险，使债券发行量受到制约，在财务税收政策上规定以负债方式取得的资金不能作为资本金，从而影响长期债券的发行。

（2）不断强化的公众金融意识

债券发行主要是由投资人主导，投资者的多寡、投资能力的强弱决定着债券发行市场的规模，而投资者及其投资能力主要取决于其金融意识的变化及对于金融知识的掌握上。近年来，我国公众的金融意识不断增强，债券作为金融市场中重要的金融商品，由于其有较高的收益，变现能力强，因而对投资者有较强的吸引力，从而为债券的发行展示了广阔的前景。

3. 债券发行的自身条件

债券发行除了受宏观社会环境的约束外，其自身条件的优劣，对债券的发行起着重要决定意义。概括起来，债券发行的自身条件主要有以下几种：

(1) 债券的资信评级

债券的资信评级（Credit Rating）是指证券评级机构按一定的标准、方法和程序对债券发行者的信用、历史和偿债能力等所进行的公正评价。债券评级作为债券市场发展的必要组成部分，是评估并公示债券按约偿还能力可靠性的一项活动，有利于增强债券市场的透明度，确保债券市场的秩序稳定。这种评价实际上是对企业的社会信用度高低的确认。质量高低的标志是债券的级别。一般说来，质量高的，级别就高；质量差的，级别就低。债券的级别评得高，发行时的价格就可定得高一些；级别低的，价格就要相应低一些。对投资者来说，要想得到较高质量的风险小的债券，就应付出较高的代价，即只能得到较低的收益，对债券发行者来说，债券信用等级直接影响债券发行人的融资成本，等级越高，成本越小。

按国际惯例，债券的等级一般可分为三等九级，即 A，B，C 三等，具体为 AAA，AA，A；BBB，BB，B；CCC，CC，C 九级，各等级有着不同含义。当然，评估机构不同，等级规定也有一些差异。

(2) 发行额

发行额是指一次债券发行的资金总筹集额。债券的发行额的大小是根据发行者所需资金的数量、发行者的信誉、债券的种类以及市场的承受能力等因素决定的。发行额一般是最早确定的，但也可以在临近发行时，根据市场的变化有所增加或减少。

(3) 票面利率

票面利率是发行固定利率债券的重要条件之一，是印在债券票面上的固定年利息与票面金额的比率，即票面上所载明的利率，又称之为债券的名义利率。一般来讲，债券的票面利率水平，取决于以下因素。

1) 银行利率水平。由于债券风险比银行存款风险大，所以息票利率总是略高于银行存款利率水平，而低于银行贷款利率水平。

2) 发行者的承受能力。如果承受能力强，利率定得高一些可吸引投资者；如果承受能力弱，票面利率定得过高，虽然可以暂时吸引购买者，但利息负担沉重，最后可能导致不能按期还本付息。

3) 发行者的资信。国内债券市场上社会知名度高或资信级别高的发行者，由于债券投资安全性可以大量吸引投资者，所以票面利率可以定得略低一些；如果是资信级别低的发行者，就要依靠较高的票面利率来吸引投资者。

4) 利息支付方式和计息方式。由于单利、复利和贴现利率对发行者的筹资成本和投资者的收益率有不同的影响，因此，在实际收益率为一定的情况下，按单利计息的债券票面利率应定得高于复利计息和贴现计息债券的票面利率。

5) 投资者的接受程度。在确定债券票面利率时，还要考虑投资者的接受程度，发行者往往是争取在多数投资者能够接受的限度内，以最低的票面利率来发行债券。

6) 债券的偿还期。在通常情况下，期限长的债券，票面利率应定得高些，期限短的债券，票面利率低些。

(4) 票面金额

票面金额是指债券券面上所载明的金额，又称为面值。债券面值的确定应着重考虑以下 3 个因素。

1) 市场情况。如果认购者的购买能力较强，可以把面值定得高一些，反之，则应定得低些。

2) 发行方式。不同的发行方式，面值的大小不同。通常情况下，公募债券的面值要低于私募债券的面值。

3) 成本测算。如果票面金额过高，会影响推销；如果票面金额过低，则会增加印刷费用和发行负担。

(5) 债券的偿还期限

债券的偿还期限通常是指债券的到期年限，发债者必须在这个期限内按规定还清本息。偿还期限的长短，与资本市场变化、投资者及发行者的选择有关。我国目前债券偿还期限一般在3～5年，5年以上的中长期债券相对较少。在其他条件相同的条件下，受市场风险机制的影响，投资者一般偏好期限短的债券。债券的偿还方式一般可以分为期满偿还和期中偿还两类。期满偿还是指在规定偿还债券本金的最后一日偿还；期中偿还是指在规定的最终偿还期以前的偿还。此外，债券发行的自身条件还包括债券发行的价格、付息方式以及认购利益率等。

3.4.3 债券的发行程序

债券的发行程序是指发行债券过程中所要经历的先后工作顺序。由于债券的种类、性质、范围等各异，导致债券发行程序也不尽相同，一般说来债券的发行程序要经过以下4个步骤：一是债券发行的准备；二是债券发行的申请；三是债券发行的审查；四是债券的发行。

1. 债券发行的准备

由于我国债券发行工作起步较晚，经验不多，因此债券发行的准备工作尤为重要，对于债券能否取得发行资格以及能否顺利发行有着举足轻重的作用，根据不同的债券，发行的准备工作主要有以下几个方面。

(1) 债券的信用评级

债券的信用评级是由投资服务机构对债券发行人的基本经营情况分析评级。一般情况下，国家债券不存在资信评级机构的审查评议，这主要是因为政府债券是政府的直接债务，而政府又掌握国家的资源和税收。因此，债券的安全可靠性高，一般被认为是几乎没有信用方面的违约风险问题。债券信用评级多出现在国债以外的其他发债者身上，诸如企业债券评级，在这种债券级别的评定过程中，评级机构主要考察发行者及债券以下几个方面的情况。

1) 发行者的概况。主要考察发债者的法律性质、资产规模和以往业绩，考察发债者所在行业的发展状况与前景；考察发债者在行业中的经济地位、业务能力和商业信誉等。

2) 发债者的财务状况。主要考察发债者的获利能力、资产价值、收入的安全性与稳定性，考察其资产负债表、收益表等会计报表，考察其营运资金，债务与股本比率、流动负债等经济指标，考察其偿债能力及财务计划等。

3) 发债者的经营管理水平、人员素质以及公司的特许经营权、专利等无形因素。经过考察确定相应的符号代表其等级。较高的信誉等级对发债者来说既是一个很好的广告宣传，同时对进一步的筹贷，甚至产品的销售都会有很大帮助。对投资者来说，信用评级可以起到保护他们利益的作用,级别越高,越将成为吸引投资者的投资热点。

(2) 成立专门班子,掌握债券发行所要求的工作

这包括债券发行所需要的有关文件资料、报批手续、发行机构、发行成本核算、债券的发行市场情况、债券的印制和债券的纳税等工作。

(3) 全面研究、拟定关于债券发行所必需的各种书面文件和必须提供的书面资料

这主要包括债券的可行性报告、债券的发行额度、发行范围、筹贷的使用方向及效益情况、债券的发行章程和宣传资料等。

(4) 对债券市场进行综合调研

特别是从法律方面对发债者的权利、义务、责任和风险进行全面分析比较。

2. 债券发行的申请

(1) 债券发行的申请

任何拟以债券方式筹措资金者必须在发行前首先提出正式发债申请,报中国人民银行审查批准。具体表现为:中国人民银行根据国家宏观经济政策和申请者的实际情况,决定是否批准发行,优先批准哪一家发行以及决定其发行量的多少等。由于债券发行的数量、范围各有差异,为便于管理,中国人民银行总行及其分支机构行使审批权。

(2) 申请发债对应提供的文件

债券发行者在依法定程序,于发债前向债券主管机关中国人民银行或其分支机构提出发债申请,并按规定报送有关文件,按计划发行总额的一定比例支付发行注册申请费。需报送的有关文件有以下几类。

1) 债券发行申请书。

2) 债券发行章程或说明书。这是申报的关键,应力求详细。如属于公开发行的债券,必须予以公布,以便使投资者了解、分析和进行选择,一般章程或说明书应载明下列内容。

① 发行者的全称、地址和法人代表。

② 发行者的企业性质、注册资本、经营范围和近3年(含当年)来的资产负债情况。

③ 发行债券的目的、用途和经济效益预测。

④ 发行债券的总额、种类、方式、票面金额和发售价格等。

⑤ 债券的利率和其计算方式。

⑥ 债券的还本付息方式和日期。

⑦ 债券发行的起止日期。

⑧ 债券承销者的全称、地址、承销方式、金额和价格。

⑨ 债券发行的范围和购债者的权利与义务。

⑩ 其他需要说明的问题。

3) 营业执照。这是指由工商行政管理部门正式颁发的营业证书,主要看其是否为符合发行条件的合法的盈利性企业。

4) 经会计事务所或审计事务所核查签证的上两个年度和上一个季度连续盈利的财务报表,以确证发行者近3年来连续盈利的真实性和合法性。

5) 如发行债券筹资用于固定资产投资,还应提供有关批准部门准予进行固定资产投资的批准文件,防止计划外固定资产投资项目。

6) 公开发行债券，还应提供中国人民银行及其分支机构指定的资信评级机构出具的债券等级证明，债券等级达到 A 级以上才能批准发行。这一等级证明，提供比较可靠的企业偿债资信依据，也为中国人民银行提供了审批的前提条件。

7) 公开发行债券，还应提供发债者与承销证券的证券公司或其他经过批准可经营证券业务的金融机构签订的债券承销合同，通过合同建立双方的法律关系，明确发行风险债券承销合同一般应载明以下内容。

① 合同当事人的全称，法定地址和法人代表。
② 采取的承销方式和当事人各自的权利与义务。
③ 承销证券的名称、总金额和展销价格。
④ 债券的起止日期。
⑤ 债券发行的起止日期。
⑥ 承销债券后款项划付日期和方式。
⑦ 承销债券费用的计算、支付方式和日期。
⑧ 剩余债券退还日期和方法。
⑨ 违约责任。
⑩ 其他需要约定的内容。

8) 中国人民银行或其批准的金融机构所需的其他文件。

3. 债券发行的审查

无论从维护经济秩序的稳定，维护企业金融机构的信誉，确保债券的顺利发行的角度来讲，还是从保护投资者利益的角度来讲，发行债券都要慎之又慎，作为证券发行的管理部门必须对发债者和债券进行严格的审查。

4. 债券的发行

债券的发行包括发行形式、发行价格的确定以及债券发行的决策。

(1) 发行形式和发行价格的确定

1) 发行形式。主要包括：内部发行，必须记名并限于向发行企业职工发行；定向发行，限于向协作单位、联营单位及其职工发行；公开发行，不限对象，自由认购。

2) 发行价格。详见 3.4.4 的介绍。

(2) 债券发行的决策

企业在决策发行债券前，应充分分析自身条件并对照国家有关发行债券的金融法规进行全面决策。

1) 发行额的决策。主要考虑资金需求量，用于项目的资金应当是批准项目投资总额减去自筹资金及已经解决的资金来源，不足部分为项目的资金数，其流动资金需求量则可根据生产发展和银行借款额度不足部分来确定。

2) 债券利率的决策。主要根据国家宏观利率调控需要而定。

3) 债券发行期限的决策。就是债券自身发行日到还本日的时间。

4) 发行方式的决策。主要包括以下几类。

① 包销，代理发行机构在委托协议规定期内，不管债券是否全部认购完毕，必须将筹资款划付发行企业；

② 全额包销，亦称助销，即至规定的发行期结束，未售出的债券余额部分，由代理

发行机构一次买进，在协议规定期内将筹款金额一次划归发行单位；

③ 代销，亦称推销，代理发行期结束后，在协议规定期内，将已发行新筹款项和未发行的债券一并划付、归还发行企业。

3.4.4 债券的发行价格

1. 概念

债券的价格也叫债券行市，是债券在证券市场上以其自身独立的运动形态进行自由买卖的市场价格。债券与其他虚拟资本之所以有价格，是因为它们能给持有者（投资者）带来收入，相应构成发行者（筹资者）的成本支出。

债券价格通常有以下几种不同含义。

（1）票面价格

票面价格指券面注明的发行者到期偿还的金额。

（2）发行价格

发行价格指筹资者每张债券实得金额，也就是投资者对确定票面价格的债券所支付的购买金额。债券的发行金额往往与票面价格不一致，分为三种情况。

1）等价发行，即按债券票面价格发行，发行价格等于票面价格；

2）折价发行，即按低于债券票面金额发行，发行价格低于票面价格；

3）溢价发行，即按高于债券票面价格发行，发行价格高于票面价格。此外，贴现发行可视为低价发行的一种特殊形式。即贴现债券在发行时，发行者就按一定的贴现率将投资者在债券期限内应得利息支付给投资者。

（3）市场价格

市场价格即债券发行后在流通市场上的买卖价格，购进价叫买进价格，卖出价叫卖出价格。人们通常所说的债券价格是指债券的市场价格。

在这一小节里，主要讨论的是第二种，也就是债券的发行价格。

2. 影响债券发行价格的因素

企业发行债券时，由于市场利率可能与票面利率相同，也可能不同，因而其发行价格可能与面值相等，也可能与面值不等，进而会出现溢价发行或者折价发行的情形。所以，债券的发行价格必然要根据有关因素计算确定。理论界公认的债券发行价格的计算方法是：债券的发行价格等于债券到期本金偿还额按市场利率计算的现值加上债券利息按市场利率计算的现值。计算公式如下：

$$P = \sum_{t=1}^{n} \frac{I_t}{(1+i)^t} + \frac{M}{(1+i)^n} \tag{3-1}$$

式中　P——债券发行价格；

　　　I_t——债券第 t 期的利息；

　　　M——债券面值；

　　　i——折现率；

　　　n——计息次数。

根据式（3-1）不难看出，债券发行价格的大小取决于五个基本要素：债券的面值

（即本金偿还额）、票面利率、市场利率、计息方式、折现方法。

(1) 债券的面值

债券的面值是标在债券上的名义价值。它既指债券到期时的本金偿还额，即不管以何种方式发行债券，到期时均以标明的面值偿还；也是计付利息的基础，即企业向投资者计付利息是以债券的面值和票面利率为准计算的。

债券面值对债券发行价格的影响表现在：在其他因素不变的情况下，债券面值越大，发行价格越高；反之，债券面值越小，发行价格就会越低。

(2) 票面利率

票面利率是标在债券上的名义利率，可能与市场利率一致，也可能不一致。票面利率是企业向投资者计付利息的标准。在我国，票面利率的确定必须考虑如下因素。

1) 国家对债券利率的限制。

2) 企业的承受能力和经济效益状况。

3) 企业信誉的等级。信誉卓著的企业，利率可适当低一些；反之，则必须高一些才能吸引投资者。

4) 付息方式。若债券到期一次还本付息，利率就要高一些，而分期付息时，利率则可低一些，而贴水发行时利率则可更低。

票面利率对债券发行价格的影响表现在：在其他因素相同的情况下，票面利率越高，债券的发行价格就越大；反之，则越小。

(3) 市场利率

市场利率就是企业发行债券时，金融市场上所通行的借贷利率，它是金融市场上资金供求矛盾运动的结果。市场利率的大小与企业债券的发行没有直接关系，是企业所不能控制的因素。

市场利率对债券发行价格的影响表现在：在其他因素相同的情况下，市场利率越大，则债券发行价格越低；反之，市场利率越小，发行价格就会越高。这是因为，投资者会在利益动机的驱动下，决定自己的投资行为。市场利率较高时，投资者就会把资金转向其他投资领域而放弃债券的购买，迫使企业降低债券的发行价格以吸引投资者；而市场利率较低时，投资者就会把资金转向购买债券，造成债券供给的紧张。这时，企业就算再按面值发行债券，也会导致筹资成本的增加，故企业就会以较高的价格发行债券。

(4) 计息方式

计息方式是债券发行者向投资者计付利息的时间和形式。因为货币具有时间价值，计息方式的不同也会引起债券发行价格的变化。

1) 若债券到期一次还本付息，利息的支付是在最后一次完成的，投资者获取利息的时间最晚。为了弥补投资者晚收利息的损失，债券的发行价格要低一些。

2) 若债券是分次付息的，投资者比较及时地得到了利息，因而债券发行价格可适当高一些。

3) 在债券发行时就扣除利息的情况下（即俗称的"贴现发行"），投资者获取利息最为及时，债券发行价格也应最高。

债券的计息方式一般由企业自行确定，并在债券上标明，国家对此并不作统一规定。目前，我国企业发行的债券大多是采取到期一次还本付息的方式。

(5) 折现方法

因为债券发行价格实质上是本金现值与利息现值之和,因而必然涉及现值的计算方法,即折现方法问题。折现方法不同,计算结果也不相同。

要确定计算债券发行价格的折现方法,必须注意两个问题。

1) 单利与复利。单利法与复利法迥然不同。单利法只假定"本能生利",而复利法则假定"本能生利,利亦能生利"。很显然,用两种不同的方法计算的现值是不同的,因而债券的发行价格也是不同的。到底用何种方法计算债券的发行价格,我国并没有统一的规定。大多数教科书都是运用复利法计算债券的发行价格。

2) 折现频率。既然使用复利法计算债券的发行价格,由此涉及的是折现频率的确定。折现频率又称复利频率,意指在一个期间内的复利次数。复利的间隔时间越短,复利频率越高,据以计算的终值越大,而计算的现值却越小。复利的间隔时间越长,复利频率越低,据以计算的终值则较小,而计算的现值却越大。

折现频率一般可分为三种情况进行探讨:

第一,债券到期一次还本付息的情形。若债券到期一次还本付息,应按照复利法和一年复利一次的方式进行折现,求出债券的发行价格。

第二,每年付息、到期还本的情形。这种情况比较简单,把本金和每年支付的利息按市场利率分别折现后求和,即得债券的发行价格。

第三,每年付息若干次、到期还本的情形。首先必须明确,因为货币有时间价值,增加付息次数会导致提前付息,在名义利率不变的情况下,也会增加企业的负担,因而企业必然要求提高债券的发行价格。若仍按每年复利一次的方法进行计算,结果却不能增加债券的发行价格,因此,在每年付息若干次的情况下,就必须按换算后的市场实际利率进行利息的折现。

3.5 项目公司融资

项目公司融资模式是指投资者通过建立一个单一目的的项目公司来安排融资的一种模式。它具体有单一项目子公司和合资项目公司两种基本形式。

3.5.1 项目公司融资的特点

(1) 项目公司统一负责项目的建设生产和市场安排,并整体使用项目资产和现金流量为建设工程项目融资抵押和提供信用保证,在融资结构上容易被贷款银行接受,在法律结构上也比较简便。

(2) 项目公司融资模式使项目投资不直接安排融资,只是通过间接的信用保证形式来支持项目公司的融资,如提供完工担保、"无论提货与否均需付款"或"提货或付款"协议等,使投资者的债务责任相较直接融资更为清晰明确,也比较容易实现优先追索的工程项目融资和非公司负债型融资的要求。

(3) 该模式通过项目公司安排融资,可以更充分地利用投资者中的大股东在管理、技术、市场和资信等方面的优势,为项目获得优惠的贷款条件。在获得融资和经营便利的同时,共同融资也避免了投资者之间为了安排融资而可能出现的无序竞争。

(4) 在税务结构的安排和债务形式的选择上缺乏灵活性，难以满足不同投资者的各种要求，使对资金安排有特殊要求的投资者面临一定的选择困难等。

3.5.2 项目公司融资的种类

1. 单一项目子公司模式

所谓单一项目子公司模式，是指为了减少投资者在项目中的直接风险，在非公司型合资结构、合伙制结构甚至公司型合资结构中，项目的投资者通常通过建立一个单一的项目子公司的形式作为投资载体，以该项目子公司的名义与其他投资者组成合资结构安排融资的一种建设工程项目融资模式。

这种融资模式的特点是项目子公司将代表投资者承担项目中的全部或者主要的经济责任。采用单一项目子公司形式安排融资，对于其他投资者和合资项目本身而言，与投资者直接安排融资没有多大区别，但对投资者却有一定影响。这主要表现在：

(1) 该融资模式容易划清项目的债务责任，贷款银行的追索权也只能涉及项目子公司的资产和现金流量，其母公司除提供必要的担保以外，不承担任何直接责任，融资结构相较投资者直接安排融资更为简单清晰。

(2) 如果有条件，该融资模式也可以安排成非公司负债型融资，有利于减少投资者的债务危机。

该融资模式的主要不足在于：因各国税法对公司之间税务合并的规定有可能使税务结构安排上的灵活性相对较差，并有可能影响到公司经营成本的合理控制。

由于项目子公司是投资者作为一个具体项目而专门组建的，缺乏必要的信用和经营经验，有时也缺乏资金，所以有时需要投资者提供一定的信用支付和保证，如由投资者为项目子公司提供完工担保和产品购买担保等。

2. 合资项目公司模式

合资项目公司模式是指投资者共同投资组建一个项目公司，再以公司的名义拥有、经营项目和安排建设工程项目融资的一种模式。它是通过项目公司安排融资的形式，也是最主要的一种工程项目融资形式。具体而言，采用这种模式时，建设工程项目融资由项目公司安排，涉及债务主要的信用保证来自项目公司的现金流量、项目资产以及项目投资者所提供的与融资有关的担保和商业协议。对于具有较好经济强度的项目，这种融资模式甚至可以安排成投资者无追索的形式。

(1) 由项目投资者根据股东协议组建一个单一的项目公司，并注入一定的股本资金。然后，以项目公司作为独立的法人实体，签署一切与项目建设、生产和市场有关的合同，安排项目融资、建设、经营并拥有项目。

(2) 将项目融资安排在对投资者优先追索的基础上。需要说明的是，由于该项目公司除了正在安排融资的项目外，无其他任何财产，并且该公司也无任何经营经历，原则上要求投资者必须提供一定的信用担保，承担一定的项目责任，这也是项目公司安排融资过程中极为关键的一个环节。如在项目建设期间，投资者可为贷款银行提供完工担保。在项目生产期间，如果项目的生产经营达到了预期的标准，现金流量可以满足债务覆盖比例的要求，建设工程项目融资就可以安排成为对投资者的无追索贷款。

3.6 杠杆租赁融资

3.6.1 杠杆租赁的特点

对项目发起人及项目公司来说，采用租赁融资方式解决项目所需资金有利有弊，因为杠杆租赁融资具有以下特点：

(1) 项目公司仍拥有对项目的控制权。根据租赁协议，作为承租人的项目公司拥有租赁资产的使用权、经营权、维护权和维修权等。在多数情况下，杠杆融资租赁项目下的资产被认为是项目发起人所有，但由银行进行融资的资产。

(2) 可实现百分之百的融资要求。一般来说，在建设工程项目融资中，项目发起人总是要提供一定比例的股本资金，以增强贷款人提供有限追索权贷款的信心。但在杠杆租赁融资模式中，由金融租赁公司的部分股本资金加上银行贷款就可以全部解决项目所需资金或设备，项目发起人不需要再进行任何股本投资。

(3) 较低的融资成本。在多数情况下，项目公司通过杠杆租赁融资的成本低于银行贷款的融资成本，尤其是在项目公司自身不能充分利用税务优惠的情况下。因为在许多国家中，金融租赁可以享受到政府的融资优惠和信用保险。一般来说，如果租赁的设备为新技术、新设备，政府将对租赁公司提供低息贷款。

(4) 可享受税前偿租的好处。在金融租赁结构中，项目公司支付的租金可以被当作费用支出，这样就可以直接计入项目成本，不需缴纳税金。这对项目公司而言，就起到了减少应纳税额的作用。

(5) 债务偿还较为灵活。杠杆租赁充分利用了项目的税务好处，如税前偿租等作为股本参加者的投资收益，在一定程度上降低了投资者的融资成本和投资成本，同时也增加了融资结构中债务偿还的灵活性。据统计，杠杆租赁融资中利用税务扣减一般可偿还项目全部融资总额的 30%～50%。

(6) 融资的应用范围比较广泛。杠杆租赁融资既可以为大型建设工程项目进行融资安排，也可以为项目的一部分建设工程安排融资。这种灵活性进一步增强了其应用范围的广泛性。

(7) 融资模式比较复杂。由于杠杆租赁融资模式的参与者较多，资产抵押以及其他形式的信用保证在股本参加者与债务参加者之间的分配和优先顺序问题要比一般建设工程项目融资模式复杂，再加上税务、资产管理与转让等方面的问题，造成组织这种融资模式所花费的时间相对较长，法律结构及文件的确定也相对更为复杂，但其特别适合大型建设工程项目的融资安排。较于其他的传统融资模式，杠杆租赁较为复杂，其复杂性的体现在 3.6.3 进行阐述。

(8) 杠杆租赁融资模式一经确定，重新安排融资的灵活性以及可供选择的重新融资的余地就变得很小，这也会给投资者带来一定的局限。投资者在选择采用杠杆租赁融资模式时，必须考虑这种局限性。

3.6.2 杠杆租赁的运作过程

(1) 项目发起人设立项目公司,项目公司签订资产购置和建造合同,购买开发建设所需的厂房和设备,并在合同中说明这些资产的所有权将转移给金融租赁公司,然后再从其手中将这些资产转租回来。当然,这些合同的签署必须以金融租赁公司同意为前提。

(2) 成立一个特殊合伙制的金融租赁公司,其合伙人由愿意参与到该项目融资中的两个或两个以上的专业租赁公司、银行以及其他金融机构等构成。因为对于一些大的建设工程项目来说,任何一个租赁机构都很难具有足够大的资产负债表来吸引和获得所有的税务好处。因此,项目资产往往由许多租赁公司分别购置和出租,大多数情况下是由这些租赁公司组成一个新的合伙制金融租赁公司来共同完成租赁业务。这个合伙制金融租赁公司就是租赁融资模式中的"股本参与者",它的职责是:①提供项目建设费或项目收购价格的20%~40%作为股本资金投入;②安排债务资金用以购买项目及资产;③将项目及资产出租给项目公司。在这项租赁业务中,只有合伙制结构能够真正享受到融资租赁中的税务好处。它在支付银行债务、税收和其他管理费后,就能取得相应的股本投资收益。

(3) 由合伙制金融租赁公司筹集购买租赁资产所需的债务资金,也即寻找项目的"债务参与者"为金融公司提供贷款。一般来讲,金融租赁公司必须将其与项目公司签订的租赁协议和转让过来的资产抵押给贷款银行。这样,贷款银行在杠杆租赁中就享有优先取得租赁费的权利。

(4) 合伙制金融租赁公司根据项目公司转让过来的资产购置合同购买相应的厂房和设备,然后把它们出租给项目公司。

(5) 在项目开发建设阶段,根据租赁协议,项目公司从合伙制金融公司手中取得项目资产的使用权,并代表租赁公司监督项目的开发建设。在这一阶段,项目公司开始向租赁公司支付租金,租金在数额上应该等于租赁公司购置项目资产的贷款部分所需支付的利息。同时,在多数情况下,项目公司也需要为杠杆租赁提供项目完工担保、长期的市场销售保证及其他形式的信用担保等。

(6) 项目进入生产经营阶段时,项目公司生产出产品,并根据产品承购协议将产品出售给项目投资方或用户。这时,项目公司要向租赁公司补缴在建设期间内没有付清的租金。租赁公司以其收到的租金通过信托支付银行贷款的本息。

(7) 为了监督项目公司履行租赁合同,通常由租赁公司的经理人或经理公司监督或直接管理项目公司的现金流量,以保证项目现金流量在以下项目中按顺序进行分配和使用,这些项目包括生产费用、项目的资本性开支、租赁公司经理人的管理费、相当于贷款银行利息的租金支付、相当于租赁公司股本投入的投资收益的租金支付以及作为项目投资者投资收益的盈余资金。

3.6.3 杠杆租赁的复杂性

与上述几种融资模式相比,杠杆租赁融资模式在结构上较为复杂,主要体现在以下几方面:

(1) 上述几种融资模式的设计主要侧重于资金的安排、流向、有限追索的形式及其程度,以及风险分担等方面,并将项目的税务结构和会计处理问题放在项目的投资结构中加以考虑和解决。而杠杆租赁融资模式则不同，在结构设计时不仅需要以项目本身经济强度，特别是现金流量状况作为主要的参考依据，而且还需要将项目的税务结构作为一个重要的组成部分加以考虑。因此，杠杆租赁融资模式也被称为结构性融资模式。

（2）杠杆租赁融资模式中的参与者比上述融资模式要多。它至少需要有资产出租者、提供资金的银行和其他金融机构、资产承租者（投资者）、投资银行（融资顾问）等参与。

（3）杠杆租赁融资模式对项目融资结构的管理比其他项目融资模式复杂。一般项目融资结构的运作包括两个阶段：项目建设阶段和经营阶段。但是杠杆租赁项目融资结构的运作需5个阶段：项目投资组建（合同）阶段、租赁阶段、建设阶段、经营阶段、中止租赁协议阶段。杠杆租赁融资结构与其他项目融资结构在运作上的区别主要体现在两个方面：①在投资者确定组建一个项目的投资之后，就需要将项目资产及其投资者在投资结构中的全部权益转让给由股本参加者组织起来的杠杆租赁融资机构，然后再从资产出租人手中将项目资产转租回来；②在融资期限届满或由于其他原因中止租赁协议时，项目投资者的一个相关企业需要以事先商定的价格将项目的资产购买回去。

3.6.4　杠杆租赁存在的问题

我国以杠杆租赁为基础的杠杆租赁融资模式进行项目的投资建设较少，主要有以下几个原因。

（1）财税政策稳定性问题。由于杠杆融资租赁具有复杂性的特点，因而组织这种融资模式所花的时间较长。且该模式一旦确定，重新安排结构的余地比较小。因此必须有相对稳定的法律政策环境保证政策的连续性、可操作性，给投资者充分的法律环境支持和信心保证。该模式的出租人获益的方式是通过吸收项目融资结构中的税务亏损实现，不足部分从项目的现金流量中以租赁费形式支付。如果国家所得税率经常变动，作为项目税务扣减性质的支出项目经常变化，必然影响股本参与者的收益比例构成，增加对项目经济效益评估的难度。

（2）投资结构的法律形式问题。项目融资常用的投资结构形式有公司型合资、有限合伙制、非公司型合资和信托基金等几种形式。在杠杆租赁项目融资中常采用非公司型合资结构，这样可以使投资者灵活地进行税务安排和投资安排充分享受税收优惠、节约投资。很多成功的杠杆租赁项目融资案例都是以这种结构运作的。但是我国《境外进行项目融资管理暂行办法》第十条规定："项目在可行性研究报告经国家计委批准后，应在境内成立项目公司。项目公司负责融资相关的一切活动。"这项规定主张采取具有法人地位的公司型合伙，即中外合资经营企业的形式。这对非公司型合伙结构形式的运用空间产生了较大的影响，进而对杠杆租赁项目融资模式在我国的发展也产生一定的影响。

（3）专业人才的缺乏。杠杆租赁融资模式结构复杂，涉及的参与者多，关于项目资产的抵押以及其他形式的信用保证在股本参与者与债务参与者之间的分配和优先顺序问题也比一般建设工程项目融资模式复杂，再加上税务、资产管理与转让等问题，造成组织这种结构的时间长，法律结构及文件复杂，需要既懂杠杆租赁相关知识，又懂经济、政治、法律、财务合同和技术等各方面知识的人才，我国在这类综合性人才储备上需要不断提高。

本章小结

本章在第 1 节中介绍了直接融资的定义、优缺点、适用条件和分类；在第 2 节中，首先对银行贷款进行概述，介绍了各类银行贷款提供方提供贷款的方式；在第 3 节中，介绍了股票融资的定义，分析了股票的类型和特征，其中在介绍股票类型时对各类股票的优缺点进行分析；在第 4 节中，首先对债券的定义和分类进行概述；然后介绍了债券的发行条件，包括债券发行的法定条件、客观条件和自身条件；随后介绍了债券的发行程序，债券发行的程序包括准备、申请、审查和发行四个阶段；最后介绍了债券的发行价格，探讨了债券价格的分类，分析了影响债券价格的因素。在第 5 节中，介绍了项目公司融资的特点和种类；在第 6 节中，介绍了杠杆租赁融资的特点、运作过程，分析了杠杆租赁融资模式的复杂性和应用的障碍。

本 章 思 考 题

1. 直接融资的类型有哪些？
2. 银行贷款有哪些种类？不同种类有何特点？
3. 普通股和优先股各有何优缺点？
4. 股票的特征有哪些？
5. 债券融资的种类有哪些？
6. 影响债券发行价格的因素有哪些？
7. 杠杆租赁融资有何特点？
8. 杠杆租赁目前存在哪些问题？

4 现代融资模式

【本章提要】 本章主要介绍不同的现代融资模式，包括现代各种融资模式的定义、现状以及特点，分析各种模式下参与者的职责和各种模式的运作程序，总结各种模式在我国的应用，识别各种模式在应用中面临的问题。通过本章的学习重点掌握各种模式的特点、分类和运作程序，熟悉各种模式的参与者，了解各种模式在建设工程项目中的应用以及应用中存在的问题。

4.1 BOT 模式

BOT 是"Build Operate Transfer"的缩写，通常直译为"建设—运营—移交"，是指原本传统上由公共部门投资建设基础设施，现在由私营部门进行投资建设的一种模式。"项目融资"是 BOT 模式的基础，它意味着私营部门可以预期项目本身的资产和收益来偿还贷款，而不必依靠政府担保或项目发起的资产等其他担保形式。政府通过与社会资本签订协议，授予社会资本对某个工程项目融资、建造和运营的权利。在特许经营期内，项目公司可以按照合同约定，收取使用者的使用费，以回收项目建设中所需的成本，并可以获取一定的回报。在工程建设和运营期，政府对工程拥有一定的监督权。特许权合同到期后，政府将接管该项目，或通过支付较低的价格回收该项目。

BOT 模式的提出最早可追溯到 20 世纪 80 年代初的土耳其政府。为缓解土耳其连年的政治危机造成的经济重创和社会动乱，扭转日益衰败的经济，时任土耳其总理进行了由内向型经济模式向自由化外向型经济形式转变的一系列经济体制改革。BOT 模式正是在此时土耳其政府的经济改革中探讨公共项目私营化问题这样的背景下被提出来的。由于经济的转型以及 BOT 模式的应用使得当时的土耳其社会经济状况获得了明显的改善，经济增速明显。投融资模式的转型也带来了经济结构的调整和发展，为土耳其政府后来的政治稳定、文化发展奠定了基础。随后 BOT 模式引起了各国的广泛重视，被认为是代表国际工程项目融资发展趋势的一种新形式。

在国际上，从 20 世纪 80 年代开始，欧美开始积极倡导和鼓励私人部门参与公共基础设施的建设和运营，力图在私人部门和公共部门之间搭建伙伴关系，澳大利亚是运用 BOT 模式较多的国家，英法海底隧道工程是目前世界上较大的 BOT 项目，后来这一做法逐渐被亚洲许多国家所重视和运用。目前，具有代表性的 BOT 项目有：世界上第一个 BOT 项目——土耳其的火力发电厂；国际上公认的第一个成功的 BOT 项目——菲律宾的纳沃塔斯（Navotas）电厂；世界上第一个移交成功的 BOT 项目——我国的深圳沙角 B 电厂；世界上最大的 BOT 项目——英法之间的欧洲隧道；我国第一个国家批准的 BOT 项目——广西来宾 B 电厂；此外还有马来西亚的南北高速公路、泰国的曼谷公路和轻轨、澳大利亚的悉尼隧道和英国的曼彻斯特轻轨等。

4.1.1 BOT模式的特点

BOT融资模式实质上是一种债权与股权相混合的产权组合形式，整个项目公司对项目的设计、咨询、供货和施工实行一揽子总承包。与传统的承包模式相比，BOT融资模式的特点主要体现在以下方面。

1. 特许期内可销售给国有单位或直接向最终使用者收费

通常采用BOT融资模式的项目主要是基础设施建设项目，包括公路、桥梁、轻轨、隧道、铁路、地铁、水利、发电厂和水厂等。特许期内项目生产的产品或提供的服务可能销售给国有单位（如自来水厂、电厂等），或直接向最终使用者收取费用（如缴纳通行费、服务费等）。

2. 能减轻政府的直接财政负担和借款负债义务

所有的项目融资负债责任都被转移给项目发起人，政府无须保证或承诺支付项目的借款，从而也不会影响东道国和发起人为其他项目融资的信用，避免政府的债务风险，政府可将原来这些方面的资金转用于其他项目的投资与开发。

3. 有利于转移和降低风险

国有部门可以把建设工程项目风险转移给项目发起人，BOT融资模式通过将发起人的投资收益与其履行合同的情况相联系，从而降低项目的建设风险和运营风险。

4. 项目公司在特许期内拥有项目所有权和经营权

从项目公司融资建设开始项目公司便承担责、权、利三者之间的关系，直到经营过程中回收现金流为止。

5. 融资追索的有限性

BOT融资项目是以项目为主体进行融资，项目的风险与投资者的其他资产隔离，融资追索具有有限性。如果项目收益无力偿还借贷资金，贷款人只能获得项目的收入与资产，而对投资者的其他财产无追索权。

6. 有利于提高项目的运作效率

BOT融资模式多被视为提高基础设施运营效率的一种方式。一方面，因为BOT项目一般有巨额资本投入、项目周期长等因素带来的风险，同时由于社会资本方的参与，贷款机构对项目的要求会比政府更加严格；另一方面，为了减少风险，获得较多的收益，客观上促使社会资本方加强管理，控制造价。因此，尽管项目前期工作量较大，但是进入实施阶段，项目的设计、建设和运营效率会比较高，用户也可以得到较高质量的服务。

7. 可以提前满足社会和公众的需求

采用此模式可使一些本来急需建设而政府目前又无力投资建设的基础设施项目得以实施。由于其他资金的介入，可以在政府有能力建设前建成基础设施项目并发挥作用，从而加速社会生产力的提高，促进经济的发展。

8. 可能带来国外先进技术和管理经验

BOT项目如果有外国的专业公司参与融资和运营，可能会给项目所在国带来先进的技术和管理经验，既给本国的承包商带来较多的发展机会，也促进了国际经济的融合。

4.1.2 BOT模式的具体形式

在BOT融资模式发展过程中，根据建设工程项目的实际情况，BOT的具体结构发生一些变化,因此不但 BOT 的基本模式有几种变形而且也产生了很多派生形式。世界银行在《1994 年世界发展报告》中指出,BOT 至少有三种具体运作形式,即 BOT、BOOT 及 BOO。除此之外,它还有一些变通形式。

1. BOT 形式

标准 BOT,即建设—运营—移交(Build Operate Transfer,BOT),这是 BOT 最典型的形式。一国政府在授予项目公司建设新项目的特许经营权时,通常采取此种方式,其具体运作程序将在 4.1.4 专门分析。

2. BOOT 形式

建设—拥有—运营—移交(Build Own Operate Transfer,BOOT)形式,是指由社会资本方融资建设基础设施项目,项目建成后在规定的期限内拥有项目的所有权并进行经营,经营期满后,将项目移交给政府部门的一种融资形式。

BOOT 与 BOT 的区别主要有两个:①所有权的区别。BOT 形式的项目建成后,私人只拥有所建成项目的经营权,但 BOOT 形式在项目建成后,项目公司在特许期限内对项目既有所有权也有经营权。②时间上的差别。BOOT 模式的特许经营期(从项目建成到移交给政府的时间)比标准的 BOT 模式更长。

3. BOO 形式

建设—拥有—运营(Build Own Operate,BOO)形式,是指社会资本方根据政府所赋予的特许权,建设并运营某项基础设施。但是,最后项目并不一定移交给政府部门。

BOO 与 BOT 的区别在于所有权。在 BOO 项目中,项目公司有权不受任何时间限制地拥有并经营项目设施,而 BOT 项目在特许期后将仅拥有经营权。

4. BTO 形式

建设—移交—运营(Build Transfer Operate,BTO)形式,是指由于某些项目(如发电厂、机场、铁路等)的公共性很强,不宜让社会资本方在运营期间享有所有权,因而在工程项目完工后移交所有权,其后再由项目公司进行运营维护。

5. BLT 形式

建设—租赁—移交(Build Lease Transfer,BLT)形式,是指工程完工后在一定期限内出租给第三方,以租赁分期付款方式收回工程投资和运营收益,在特定期限之后,再将所有权移交给政府机构。

BLT 模式作为 BOT 模式的衍生模式,既有其相似之处,又更具灵活性,存在许多优于传统 BOT 模式的优势。下面就两者在主要参与方、融资方式、项目所有权归属、项目运营负责人、主体合同类型、项目收入来源、政府与私营部门的关系、运作程序及周期等方面进行对比分析,见表 4-1。

BOT 模式与 BLT 模式的区别 表 4-1

融资建设模式		BOT	BLT
主要参与方		项目公司、政府、承包商、银行等金融机构	项目公司、政府、银行等金融机构
融资方式		传统 BOT 融资	融资租赁
项目所有权归属	施工阶段	项目公司拥有	项目公司拥有
	运营或租赁阶段	项目公司拥有	项目公司拥有
	移交阶段	政府拥有	政府拥有

续表

融资建设模式	BOT	BLT
项目运营负责人	项目公司	政府
主体合同类型	BOT特许经营协议、EPC承建合同、经营管理合同、项目移交合同、贷款合同	BLT特许协议、融资租赁合同、EPC总承包合同、项目移交合同、贷款合同
项目收入来源	项目运营现金流，一般为使用者支付	经营性项目一般为使用者支付，非经营性项目一般为政府支付
政府与私营部门的关系	委托代理关系	委托代理关系
运作程序及周期	确立项目—招标投标—成立项目公司—项目融资—项目建设—项目运营管理—项目移交	确立项目—招标投标—成立项目公司—项目融资—项目建设—项目租赁管理—项目移交

（资料来源：刘晶晶. 基础设施项目BLT模式运行机制设计优化研究［D］. 天津：天津理工大学，2014）

6. BT形式

建设—移交（Build Transfer，BT）形式，是指投资者在工程项目建成以后以一定的价格将项目资产移交给政府，由政府负责项目的经营和管理。这种形式取消了投资者经营项目的工作，只负责建设和移交，大大降低了运营风险。

BT与BOT的区别在于：在BT形式下，政府只授予投资者项目建设权，而项目的经营权则属于政府。此形式适合任何基础设施开发项目，特别适合出于安全和战略的需要而必须由政府直接运营的关键设施。

7. TOT形式

移交—运营—移交（Transfer Operate Transfer，TOT）形式，是指政府将项目移交给投资者，投资者进行项目的经营和管理，特许期满后移交给政府。该模式经过市场化运作，盘活存量资产，为政府需要建设大型项目而又资金不足提供了解决途径，还为各类资本投资于基础设施开辟了新的渠道，同时也为大型施工企业提供了拓展经营新领域和经营新方式的机会。

BOT与TOT两种融资方式都是解决我国基础设施建设资金不足问题的途径。TOT模式与BOT模式相比，具有一定的相同点，但也有不同的特点。具体的对比分析见表4-2。

BOT模式与TOT模式的区别 表4-2

融资建设模式		BOT	TOT
短期内获得资金的难易程度		难	易
项目的所有权	施工阶段	项目公司拥有	项目公司拥有
	运营或租赁阶段	项目公司拥有	项目公司拥有
	移交阶段	政府拥有	政府可能部分或全部失去
融资成本		最高	一般
融资时间		最长	一般
融资对象范围		有长期、稳定现金流的项目	有长期、稳定现金流的已建成项目
融资风险		较高	较低
法律环境		要求较高	要求较低

（资料来源：朱立韬. 新型项目融资模式PPP与BOT、TOT模式的比较研究［J］. 金融经济. 2006（24）：122-123）

8. IOT 形式

投资—运营—移交（Investment Operate Transfer，IOT）形式，是指由社会资本收购现有的基础设施，然后根据特许经营协议运营，最后移交给公共机构。

9. DBFO 形式

设计—建设—融资—运营（Design Build Finance Operate，DBFO）形式，是指从项目的设计开始就特许由某一社会资本方进行，直到项目经营期收回投资，取得投资效益，但项目公司只有经营权，没有所有权。

10. FBOOT 形式

融资—建设—拥有—运营—移交（Finance Build Own Operate Transfer，FBOOT）形式，类似于 BOOT 形式，只是多了一个融资环节。也就是说，只有先融通到资金，政府才予以考虑是否授予特许经营权。

11. DBOM 形式

设计—建设—运营—维护（Design Build Operate Maintain，DBOM）形式，强调项目公司对项目按规定进行维护。

12. DBOT 形式

设计—建设—运营—移交（Design Build Operate Transfer，DBOT）形式，是指特许终了时，项目要完好地移交给政府。除此之外，还有建设—拥有—运营—补贴—移交（Build Own Operate Subsidize Transfer，BOOST）、建设—拥有—运营—出售（Build Own Operate Sale，BOOS）、建设—运营—转让（Build Operate Deliver，BOD）、修复—运营—拥有（Rehabilitate Operate Own，ROO）、建设—出租—移交（Build Rent Transfer，BRT）等形式。

在所有的形式中，虽然提法不同，具体操作上也存在一些差异，但它们在运作中与典型的 BOT 在基本原则和思路上并无实质差异，所以，习惯上将上述所有形式都看作 BOT 的具体形式。

4.1.3 BOT 模式的参与者

BOT 融资模式的参与者主要包括政府、项目发起人、项目公司、贷款银行、保险公司、承包商、运营商、产品购买商或服务接受者等。各参与者之间的权利义务关系依各种合同、协议而确立。

1. 政府

在 BOT 融资模式中，东道国政府或政府机构是项目的最初发起者也是最终所有者。政府在 BOT 项目运作中的作用至关重要。政府既是项目特许权的授予方，又是项目的最终所有者。从 BOT 项目运作的全过程来看，政府是 BOT 项目的控制主体，决定是否设立项目以及是否采用 BOT 融资模式进行建设。从项目所在国政府的角度考虑，采用 BOT 融资模式的主要吸引力在于：

（1）可以减少项目建设的初始投入。大型基础设施项目，如发电站、高速公路、铁路等公共设施的建设，资金用量大，投资回收期长，而资金紧缺和投资不足是发展中国家政府所面临的一个普遍性问题。利用 BOT 融资模式，政府部门可以将有限的资金投入更多的领域。

(2) 可以更好地吸收调动社会闲置资金,有效降低政府财政资金投入压力。

(3) 可以吸引外资,引进先进技术,改善和提高项目的管理水平。

2. 项目发起人

项目发起人是项目的股本投资者,即项目的实际投资者和主办人。项目发起人通过项目的投资活动和经营活动,以自身的财务资本承担风险,获取投资收益,实现投资的最终目标。由于 BOT 项目一般都是大型或特大型项目,具有投资大、收益相对稳定、风险大等特点,所以,项目发起人一般都是具有较高资信的机构,如跨国公司、外资企业、大型国企以及项目所在国政府指定的机构,有时也可以是由许多与项目有关的公司组成的投资集团,或者是政府指定的机构与社会资本方的混合体。

在 BOT 融资模式中,项目发起人与其他几种项目融资模式中投资者的作用有一定程度的区别。在 BOT 融资期间,项目发起人在法律上既不拥有项目,也不经营项目,而是通过给予项目某些特许经营权和一定数额的从属性贷款或贷款担保作为项目建设开发和融资安排的支持;在融资期满结束后,项目发起人通常无偿地获得项目的所有权和经营权。由于特许经营协议在 BOT 融资模式中处于核心地位,所以有时 BOT 融资模式也被称为特许权融资。

3. 项目公司

项目公司是项目的直接承办者,是项目发起人为建设、经营项目联络有关方面而组建的自主经营、自负盈亏的公司。在法律上,项目公司是一个独立的法律实体,具有独立的法人资格。项目公司是 BOT 项目的执行主体,拥有 BOT 项目的特许经营权,可直接参与项目的投资和管理,承担项目的债务责任和风险,并以业主身份直接与设计部门、承建商、制造商等产生业务联系。从程序上讲,项目公司由项目发起人负责组建。

4. 债权方

债权方是向项目公司提供债务资本的金融机构或者由多家银行组成的财团、其他组织或者个人。在 BOT 项目中,银行是 BOT 项目公司最主要的债权方。项目公司以项目自身的资产以及后期运营收益作为担保条件融资,债权方资本的介入使得银行和项目公司之间确立了信贷法律关系,这可以扩大项目资金来源,分散企业风险,银行由此也可以获益稳定丰厚。由于 BOT 项目资金投入较大,大部分 BOT 项目融资资金来源于银行的比重高达 70%~90%,银行的收益来源于从企业定期收到的本息,一旦项目本身出现任何问题,债权方都承担无法追索或有限追索的风险。因此,债权方在 BOT 项目中所承担的风险较大。为了降低这种风险,银行等金融机构作为债权方会全面调查项目的实际状况,根据项目规模、自身资金规模、经营者的各项能力来进行评估,并在后期签署合作协议时加入部分项目管理权作为风险分担的保证。

BOT 融资模式参与者的关系如图 4-1 所示。

4.1.4 BOT 模式的运作程序

不同国家和地区的 BOT 融资模式在具体运作过程中会有所不同,但总体来讲,BOT 项目的运作程序可分为项目确定、项目招标与审定、合同谈判与签订、成立项目公司、项目融资、项目建设、项目运营和项目移交等。

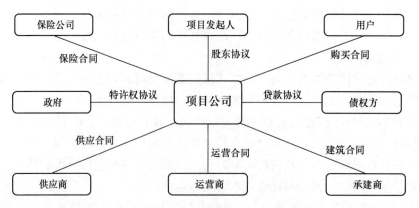

图 4-1　BOT 融资模式参与者的关系

(资料来源：宋永发，石磊. 工程项目投资与融资 [M]. 北京：机械工业出版社，2019)

1. 项目确定

一个项目是否采用 BOT 融资模式，是由政府委托咨询公司进行可行性研究，确定项目的技术参数并进行实施方案的比较。对是否采用 BOT 融资模式的决策依据是项目的经济效益，尤其是产品或服务的价格。经政府确定采用 BOT 融资模式后，政府需要成立项目委员会或全权委托一家机构代表政府运作项目。该机构的具体工作任务就是做好项目的准备工作：①按有关程序制订建设计划；②选择项目发起人，通常采用招标方式来选择项目发起人。

2. 项目招标与审定

项目招标与审定是项目提出并经政府同意后，政府有关部门（通常是招标委员会和招标办公室）对拟参与此项目的投标者进行深入对比，从中选择最合适招标者的过程。这一过程一般可分为以下 4 个步骤：

（1）投标意向登记

政府有关部门对拟采用 BOT 融资模式建设的项目，通过新闻媒体将项目的概要、建设资金和建设计划的安排设想，对意向登记者自身素质的要求，政府对意向登记者所提方案的评估程序及评估标准等向社会公布，邀请对项目感兴趣的投资者、经营者参与投标。投标意向登记的主要目的是考察和确定正式参加投标的候选者。

（2）资格审查

政府有关部门依据意向登记者的资信、所提交的初步方案进行资格审核和评价。确定邀请参加正式投标的候选者，列入候选名单。为筛选出最优秀的合格者，列入候选名单的被邀请者可以多一些，但为了尽可能减少招标评标的工作量，通过资格预审的投标人一般不宜超过 5 家，个别情况也可以多一些。

（3）邀请投标

投标资格预审后，政府有关部门邀请通过资格预审的投标者投标。投标标书中必须包括以下内容：①项目类型和所提供产品及服务的性能和水平；②项目竣工日期；③项目产品的价格或服务费用；④履约标准（产品的数量和质量、资产寿命等）；⑤所建议的融资结构和投资回报预测；⑥价格调整公式；⑦不可抗力事件；⑧外汇安排（如有外资参与）；⑨维修计划；⑩风险分析与分配。BOT 项目的标书准备时间较长，通常在半年以上。为使招标工作按计划顺利进行，投标人必须在规定的截止日期前向招标人呈交投标书。

（4）评标与决标

在邀请投标工作结束后，政府有关部门将按照标书规定的评估标准进行评标，以选择和确定最后的中标者。例如，在广西来宾 B 电厂项目的招标中，在资格预审合格的 12 家公司中最终确定法国电力联合体为中标单位。

3. 合同谈判与签订

政府有关部门在决标后应邀请被选定的中标者与政府有关机构进行合同谈判。在一系列合同谈判中，特许权协议是 BOT 项目的核心，它规定政府和项目公司的权利和义务，决定双方的风险和回报，具有法律效力并在特许期内有效。所以，特许权协议谈判是 BOT 项目谈判中的关键。为使谈判卓有成效，政府的谈判人员必须拥有足够的地位和权力代表政府或政府有关机构对特许权协议等有关条款及时作出承诺。参与谈判的人员应经过严格培训，熟悉 BOT 项目运作的全过程，并具有丰富的谈判经验。

因为项目涉及一系列合同及相关条件，故 BOT 项目的合同谈判时间较长，而且比较复杂。谈判的理想结果是使中标者能为项目筹集资金，并使政府能把项目交给最合适的投资者。在有关协议签订之前，政府和中标者都必须花费大量的时间和精力起草合同和进行谈判。如果不能与第一中标者签订协议，政府可转向第二中标者与之谈判，以此类推。

4. 成立项目公司

签订特许权协议并得到政府批准后，中标人将组建项目公司。如前所述，成立项目公司的主要目的是有一个责任主体具体承担该项目的建设与经营。原来的投标企业或称发起单位通常是由多个社会资本方组成的松散联合体，它不是一个独立的法人实体，不能独立承担相应的民事法律责任。因此，由项目发起人共同出资成立项目公司是十分必要的。项目公司成立后，BOT 项目的融资、建设和运营则完全由该公司负责。例如，广西来宾 B 电厂的中标单位是法国电力联合体，它根据我国的法律成立了项目公司——广西来宾法资发电有限公司。

5. 项目融资

项目融资是 BOT 项目实施的关键环节。BOT 项目融资的主要资金来源是商业银行、国际金融机构等提供的贷款。对发展中国家而言，外国政府机构的出口信贷也是 BOT 项目贷款的重要来源，一些出口信贷机构会直接为本国的成套设备出口安排融资。贷款人为减少贷款风险，有时会要求项目所在国政府提供一定的从属性贷款或贷款担保作为融资的附加条件。对项目公司，贷款人会要求将其特许权协议转让给贷款人作抵押，并且控制项目的现金流量，有时甚至贷款人还会要求公司股本所有者以其全部股票作为贷款人的依据。

6. 项目建设

在项目建设阶段，项目公司根据特许权或合同规定的技术和时间要求，组织项目的设计、施工和采购等工作。具体的工作是：项目公司聘请设计单位进行工程设计；委托建筑公司对项目建设总承包；建筑公司对项目进行施工等。BOT 项目的建设一般采用"交钥匙"模式，即固定价格总承包方式，工期提前可获得奖金，工期延误要缴纳罚款。

7. 项目运营

项目运营阶段极为重要，因为投资能否按期回收并归还贷款、回收成本、分得红利和上缴税款，都取决于项目运营状况的好坏。项目运营由项目公司全权负责，项目公司的运营管理水平越高，运营费用就会越低，项目的最终收益就越好。对项目的运营，既可以是项目公司本身，也可以是项目公司的股东。但在项目公司及其股东缺乏运营管理经验时，运营工作可以分包给独立的运营维护商。为确保运营维护工作的质量，运营维护商必须具有丰富的经验和良好的业绩，有较强的商业和合同管理能力，还要有较强的专业技术力量。项目公司要与运营维护商签订运营维护合同。

应当指出，项目的维护保养对政府具有重要的意义。因为BOT项目的最终所有权要移交给政府，若平时维修保养不善，移交时可能是一个即将废弃的项目。为防止上述情况发生，在项目公司与运营维护商签订运营维护合同及合同执行过程中，政府都要参与发表意见并加以监督。

8. 项目移交

BOT项目的特许经营期满后，项目公司必须按特许权协议中规定的项目质量标准和资产完好程度等，将项目的资产、运营期预留的维护基金和经营管理权全部移交给政府。这正是采用BOT融资模式与其他融资模式的最显著区别。BOT项目移交可以是无偿的，也可以是有偿的（我国BOT项目移交是无偿的）。究竟采用哪一种方式移交，需依据原特许权协议书的有关规定，或在项目的运营期通过谈判获得双方认可来决定。

项目移交的日期早在签订特许权协议时就已明确规定，但如果项目公司提前实现了其全部的股本收益，移交的日期也可提前。如果由于非股本投资者和非项目公司所能控制的因素作用，其预期的收益到期尚未达到，那么特许期也可适当延长，但这必须取得政府有关部门的批准。项目移交政府后，项目公司还可继续经营，但这时的经营是受政府委托代为经营，项目公司本身已不再享有原特许权协议中被授予的各项权利。项目移交给政府就意味着BOT项目运作过程的结束。

4.1.5 BOT模式的适用范围

BOT一般适用于那些竞争性不强的行业，通过对用户收费取得收益的设施和服务，才适合BOT投资方式。可以或潜在可以应用BOT投资方式的项目类型包括：电站、高速公路、铁路、地铁、桥梁、隧道、港口、码头、机场、给水排水系统、仓库等。这些基础设施项目尽管建设周期长、投资量大，但收益稳定、受市场变化影响小，对私人投资者也有一定的吸引力。

4.1.6 BOT模式存在的问题

由于实施BOT方式本身的复杂性以及BOT在中国尚属探索阶段，目前在推广实施过程中面临的困难和问题还很多。

1. 政策角度

（1）政策制定问题。采用BOT模式融资，涉及许多具体问题，如国家的产业政策、外汇政策和投资政策等。而目前我国既没有专门的机构对BOT融资项目进行管理，也没有完善的政策来规范和指导BOT项目的实施。

（2）担保问题。目前，中国经济正处于转型时期，实施BOT项目存在着较大风险，如汇率变动风险、利率风险、法律政策风险等。BOT项目投资者往往要求中国政府在特许授权的法律文件中作出种种担保,进而降低可能的风险。

(3) 外汇兑换问题。BOT 项目往往是基础设施项目,不能进行产品出口创汇,运营期间的收入多为不可兑换的人民币,资金必须通过交易中心进行兑换。投资方希望得到中方政府的必要保证,以确保其收入的外汇可自由兑换。因此,经营所得的当地货币能否兑换成外汇汇出就成为外国投资者获利的先决条件。

(4) 法律问题。由于 BOT 在我国是一种新的融资方式,我国目前尚没有成文的 BOT 法律法规。另外,我国的法律体系正处在快速发展和变化之中,相关的法律法规都有变动的可能性,这就有可能影响投资者的决策。

2. 参与者的角度

(1) 外商的要价问题。在有些项目的谈判过程中,一些外商由于对中国的市场风险估计过高,出于自身利益的考虑,对项目建成后运营过程中的产品或服务的要价过高,超过了正常的限度,使得我国政府对其谈判的诚意产生怀疑,导致谈判最终破裂。如何协调外商所要求的合理要价,就成了一个亟待解决的问题。

(2) 股权安排问题。在 BOT 项目中,一旦特许经营期满后,项目将移交给政府,不存在外商永远占有的问题,因此国家对外商投资基础设施项目的股权作出限制性规定原则上是正确的,无需过分敏感。同时,由于项目的建设运营效率直接决定了投资回报率的大小,所以投资者十分重视控股权的占有。因此,在 BOT 项目股权安排问题上,政府可以对 BOT 项目加强监控,并适当放开对控股权的限制。

(3) 风险分担问题。政府和项目公司都面临一定的项目风险。政府要承担的风险主要有:在一定的时期内失去对项目的直接控制权;建设工期延误,投资超支,筹资困难;承包商破产或不可抗力终止合同;承包商垄断项目。而项目公司要承担的风险有:设计缺陷等建设风险;市场竞争;汇率、利率的波动等经营风险;项目所在国政局动荡等政治风险。如何合理划分和规避风险是 BOT 项目双方关注的焦点。

(4) 价格或收费问题。投资方寻求的是项目运营期间的稳定的收入,而通货膨胀、汇率变更等具有很强的不可预见性,投资者希望项目运营期内的收费或价格能够与成本相关并在合同文件中以具体的标准进行规定。

3. 社会角度

(1) 公众的认知问题。BOT 融资模式作为一种全新的融资方式,人们对它缺乏全面的了解和清晰的认识,国内对要求 BOT 项目的发起人进行收益担保以及在政策上提供优惠等有时难以理解,因而 BOT 目前在我国实施过程中带来一定的困难。

(2) 专业人才问题。BOT 模式作为一种新兴的融资方式,在项目建设的资金筹措、合同的谈判、项目的实施、生产经营管理、收益计算与分配、资产的检测、合同纠纷的解决以及相应政策的制定等方面,都有一套独特的运行规则和方法,需要专业人员来实施,以确保项目的顺利进行。而我国引入 BOT 的时间不长,BOT 的专业人员相对匮乏。

4.1.7 BOT 模式取得成功的关键因素

BOT 项目作为建设工程项目融资的主要模式之一,其精髓在于有限追索权。所谓有限追索权,是指当债务人无法偿还银行贷款时,债权人只能就项目的现金流量和资产对债务人进行追索。其特点在于:债权人的追索权是有限的,也就是说发起人仅以投入项目中的资产为限，不能要求项目发起人承担项目举债的全部责任，债权人对项目发起人没有完全的追索权。这样，工程项目融资达到了合理配置风险的目的，同时还可以减轻政府担保的负担。

BOT工程项目融资获得成功的关键影响因素可以归纳为以下几点。

1. 项目立项前的充分论证

采用BOT方式融资最关键的因素是在项目立项前认真进行项目的可行性研究与评价，包括经济、建设、生产条件、法律、技术、市场、环境等。BOT项目的可行性研究和评价与一般项目不同，除法律环境允许外，最重要的是经济评价，包括财务评价和国民经济评价，只有评价结论和指标都是可行的，才能被政府批准立项。在可行性研究中，一般包括以下内容：

（1）经济可行性

1）要根据大量数据，衡量该项目的总效益与全面合理性。

2）根据该国经济发展战略要求，衡量该项目与国家各项计划之间的衔接程度。

3）对该项目的潜在市场进行充分、详尽的分析。根据市场条件与信息，核算项目的成本与费用，并对世界市场的价格趋势作出科学的预测与分析。只有销售市场得以保证，才能确保项目的收入和贷款的偿还。

（2）财务效益可行性

首先应对投资成本、项目建设期内投资支出及其来源，销售收入，税金和产品成本（包括固定成本和可变成本），利润，贷款的还本付息（即按规定利润和折旧费等资金归还项目贷款本息）5个方面进行预测；然后以预测数据为依据，以静态法和现值法分析项目的财务效益，从而判断项目的盈利能力。

（3）销售安排

由于BOT项目的产品销售有合同保证，减小了贷款到期不能归还的风险。这就保证了贷款人的资金安全，有利于项目公司的对外筹资。

（4）原材料与基础设施的安排

签订长期供应合同，要保证原材料供应可靠，并且合同条件与该工程的经济要求相适应。如果项目属于能源开发，必须使贷款人确信项目资源储藏量能保证足够在整个贷款期内开发。

（5）费用估计

对工程费用的估计要实事求是，尽可能精确，要考虑到建设期间的利息、投资后的流动资金需求以及偶然事件和超支问题，并充分考虑通货膨胀的发展趋势对费用的影响。同时，应安排一定数额的不可预见费用和应急资金。

（6）环境规划

选定工程项目的建设地域，要适应项目本身的发展；项目对周围环境的影响要在该地区所容许的范围内。如果考虑不周，或违反环境保护法，常常会导致工程建设时间的推迟，甚至半途而废。

2. 政府的立法保障

如果一个国家的中央政府和地方政府准备采用BOT方式进行基础设施的建设，就必须使外国投资人和贷款人了解，东道国政府是否有利用外资实施BOT项目的比较完整的法律和规章制度。

3. 政府的优惠政策

采用BOT方式的工程项目都是要对设施用户采取收费的方式,从而在特许期内收回资金成本和得到较高的股东利润,但是对公益事业设施的收费又不能太高,否则将遭到民众的反对。解决这一矛盾,一方面,要合理地计算和确定特许期;另一方面,政府要采用其他优惠政策帮助项目公司增加收入。

4. 风险的合理分担

BOT项目一般由项目公司承担大部分风险,政府承担政治风险和不可抗力风险。一般来说,BOT项目承担风险的原则是哪一方容易控制风险就由哪一方承担风险,对于不属于任何一方或任何一方都无法控制的风险则由双方承担。

5. 本国金融机构参与融资

由于BOT项目中,国外财团十分重视项目所在国家的风险,通常认为项目所在国银行和金融机构对本国政治风险的分析判断比外国银行要准确得多。因而在BOT工程项目融资中,如果能吸引本国金融机构的积极参与,则可起到事半功倍的作用。在广西来宾B电厂项目融资安排中,总投资的25%属于股本金投入,且作为项目公司的注册资本,由法国电力联合体与通用电气阿尔斯通按3:2的比例出资。股本以外的75%全部从境外贷款获得,贷款由法国的东方汇理银行、英国的汇丰银行和巴特莱银行联合承办。另外,项目公司以"特许权协议""燃料供应协议"和"购电协议"以及中央政府部门出具的支持信作为基础安排融资,以获得法国政府机构的出口信贷和商业银行的贷款,并以电力销售收入来偿还贷款。从项目的结果来看,在运营期中,投资方将收回投入并获得合理的回报。这为BOT融资模式在中国的推广提供了宝贵的经验。

6. 高水平的咨询公司和顾问

BOT项目周期长,开发过程和合同文件极其复杂,涉及金融、技术、法律、工程、保险、贸易、环保、管理等许多方面的专业知识,任何一个政府部门和发起人都不可能完全依靠自己的能力完成项目。因此,无论是政府还是项目发起人均需要聘请高水平的咨询顾问,包括法律顾问、技术顾问和财务顾问等。

对政府而言,咨询顾问能为政府做项目规划、可行性研究等工作,以帮助政府选定合适的项目。咨询顾问还能帮助政府制定合适的法律法规和政策,为项目的实施创造合适的法律环境。同时,咨询公司还可以参加评标过程,协助政府选定中标人。对项目发起人和项目公司而言,咨询顾问也会在整个项目周期中发挥积极的重要作用。

7. 创造性的技术方案

技术方案包括项目的规划、布局和设计。技术方案的创新能加快项目进度、减少施工干扰和降低工程造价,从而极大地增加项目的效益。

4.1.8 BOT模式在建设工程项目中的应用

BOT是一种项目建设模式,同时也是一种项目融资模式。运用BOT融资模式的项目具有规模大、资金需求量大等特点,运用BOT融资模式有利于解决项目建设过程中存在的一些问题。目前我国在公租房、公路工程、水利工程等项目中会运用BOT融资模式。

在公租房中运用BOT融资模式，有利于克服政府公租房建设资金不足的瓶颈，将风险分散至BOT的各投资方，而非政府一方。但在实际运用过程中存在以下几个问题：①公租房建设投资额大，项目投资成本回收时间长，项目的风险性较大，如果政府不出台优惠政策，民营企业或私人经济实体参与的积极性不高；②需要较高的管理水平，对政府和项目公司的要求都比较高；③在特许权内，政府机构对项目只有监督权没有控制权，不利于对工程质量的控制。因此，需要相关部门了解BOT融资模式，对公租房BOT项目提供政策支持，注重BOT专业人才的培养。

高速公路具有推动国家和地方经济的作用，但目前我国高速公路建设以银行贷款和政府自筹为主，导致财政资金严重不足，传统的融资结构不能满足其发展。BOT融资模式可以将国内外经济组织和私人资本吸引到公路建设领域，促进项目建设质量和运行效率的提高。在实际建设过程中，BOT融资模式面临一些障碍，例如缺乏专业人才、风险分担落实较难等。为推动BOT融资方式在公路建设项目中的应用，需建立公平合理的高速公路BOT项目风险分担机制，加快高速公路BOT人才的培养。

对于水利建设项目而言，由于其具有投资规模大、经营复杂等特点，采用BOT融资模式可以吸引非政府资本，有助于项目突破资金瓶颈，同时保护水资源的所有权。但在实践过程中，BOT融资方式的实施面临一定难度，例如特许权协议执行不到位、管理机制不健全以及权责划分不明确等。因此一些专家建议从法律层面加强特许权协议的执行力度，实行库区代管理付费制度。

总体来看，我国BOT项目主要应用于水利工程、公路建设等领域，这说明BOT方式在基础设施项目建设中逐渐展开。但在具体运作过程中，BOT模式在建设过程以及制度规范等方面都暴露出不少的问题，需在发展中不断完善，进一步推动BOT模式在中国的发展。

4.2 PPP模式

近年来，世界各国政府一直在使用公私伙伴关系（PPP）作为解决基础设施工程项目资金缺口的一种方式。PPP是Public（政府）、Private（私人资本）、Partnership（合伙）三个英文单词首字母的缩写，代表了公共部门实体和私营部门供应商之间的长期合同安排。私营部门供应商可参与设计、建造、融资、维护和运营基础设施资产和相关服务。在我国，众多的国有企业和融资平台公司也参与PPP项目中，因此我国的PPP模式中，Private被称为社会资本，即政府和社会资本的合作过程。在PPP模式中，国家或地方政府部门委托通过招标选定的社会资本方进行项目的融资、建造、运营和维护。与BOT模式不同，在PPP模式中，政府通常和社会资本方共同出资成立项目公司，在项目进行过程中根据出资股份拥有相应的决策权。

部分学者认为PPP是从BOT和PFI模式发展而来的，也有研究者认为PPP是在特许经营理念的基础上发展而来，这种模式可以应用的范围更为广泛，且特别适合于大型基础设施工程项目。目前，PPP模式无论在发达国家还是发展中国家都得到非常广泛的应用，具有提高基础设施项目建设效率、促进利益相关者之间风险合理分担的优势。欧盟、联合国、经济合作与发展组织、世界银行等国际组织正在将PPP的理念和经验在全球范围内大力推广，自 2013 年以来，我国也开始从 BOT 转向使用 PPP 模式，PPP 模式进入逐步规范的发展阶段，PPP 模式推到了空前的发展高度。

随着 PPP 的不断发展，其定义和内涵也逐渐产生变化。不同的国家、组织和学者对 PPP 的定义也不尽相同，目前还尚未形成一个统一的定义。表 4-3 归纳了国内外相关组织和机构对 PPP 的定义。这些 PPP 定义包含如下三个通用核心要素：公共部门与私人部门（社会资本方）之间的合作；长期契约关系；提供满足需求的公共产品和公共服务。根据上述核心要素，本教材将 PPP 定义为政府和社会资本为提供基础设施与公共服务通过契约实现的长期合作关系。这种长期合作关系意味着 PPP 模式更加注重运营阶段，可通过对工程项目全寿命周期的管理达到节省工程项目建设成本、提高项目运营效率的目的。

PPP 的定义 表 4-3

定义来源		定义描述
联合国培训研究院		(1) 为满足公共产品需要而建立的公共和私人倡导者之间的各种合作关系 (2) 为满足公共产品需要，公共部门和私人部门建立伙伴关系进行的大型公共项目的实施
世界银行	PPP 参考指南[①] 第 1 版（2012）	私人部门和政府机构之间为提供公共基础设施和服务的长期契约关系，在契约中私人部门需要承担较大的风险和管理责任
	PPP 参考指南 第 2 版（2014）	私人部门和政府机构之间为提供公共基础设施和服务的长期契约关系，在契约中私人部门需要承担较大的风险和管理责任，并根据项目绩效获得回报
	PPP 参考指南 第 3 版（2018）	私人部门和政府机构之间为提供公共基础设施和服务的长期契约关系，在契约中私人部门需要承担显著的风险和管理责任，并根据项目绩效获得回报
欧盟委员会		公共部门和私人部门之间的一种合作关系，其目的是提供传统上由公共部门提供的公共项目或服务
亚洲开发银行		公共机构（国家、州、省、市或地方机构）与私营实体间的契约关系，该契约关系以互补的方式分配公司机构的技能、资产和（或）财务资源，实现风险共担和利益共享，为公民提供最优服务和产品价值
加拿大公私合作协会		公共部门和私人部门之间的一种合作经营关系。它建立在双方各自经验的基础上，通过适当的资源分配、风险分担和利益共享机制，更好地满足实现清晰界定的公共需求
美国 PPP 国家委员会		介于外包和私有化之间并结合了两者特点的一种公共产品的提供方式，它充分利用私人资源对公共基础设施进行设计、建设、投资、经营和维护，并提供相关服务以满足公共需求
中国财政部		在基础设施及公共服务领域建立的一种长期合作关系。通常模式是由社会资本承担设计、建造、运营、维护基础设施的大部分工作，并通过"使用者付费"及必要的"政府付费"获得合理投资回报；政府部门负责基础设施及公共服务价格和质量监管，以保证公共利益最大化
中国国家发展和改革委员会		政府为增强公共产品和服务供给能力、提高供给效率，通过特许经营、购买服务、股权合作等方式，与社会资本建立的利益共享、风险分担及长期合作关系

① PPP 参考指南全称"政府和社会资本合作（PPP）参考指南。"

（资料来源：宋永发，石磊. 工程项目投资与融资［M］. 北京：机械工业出版社，2019）

4.2.1　PPP模式的特点

在PPP项目中，政府和社会资本方通过共同出资（或社会资本方单独出资）成立项目公司，通过签订PPP合同委托项目公司负责对项目的设计、建造、运营和维护基础设施的管理工作，在项目运营阶段政府根据项目运营绩效向项目公司支付政府补贴。

（1）PPP模式的本质是一种公私合作伙伴关系，具体为政府和社会资本合作伙伴关系。这里的社会资本包括私有企业和国有企业。在PPP模式的运营过程中，需要政府部门同私营管理部门，同时根据自身情况和实际建设目标调整一定的利益关系和自身的建设方案，明确各方的责权利，最终共同促进PPP项目的完美落地。

（2）PPP模式应用广泛、实施周期长。通常在轨道公共交通、环境综合治理、保障性安居、市政工程、教育培训、医疗养老服务保障、文体设备设施、能源、农业、林业、科技等多个领域都有广泛的应用，这些领域的建设与社会稳定、经济发展和民众需求密切相关，通常投资规模巨大，同时由于基础设施工程项目生命周期较长，PPP模式的项目周期也较长。

（3）PPP模式能利益共享。在PPP模式中，政府或其代建方，与民营资本并不是进行简单的利益分享，尤其是在市政公用基础设施工程建设方面，要控制民营资本可能的高额利润，以保证项目的公益性。由于建设融资的主体不同，民间资本追求高额利润，而政府则追求的是整体的社会效益，这就需要政府部门同私人资本之间达到一定的平衡，进而进行合理利益分配，使得各自的利益需求都能够得到满足。

（4）PPP模式能有效减少政府的直接财政负担。在PPP中，项目融资负债责任被转移给社会资本方或项目公司，政府无须保证或承诺支付项目的借款，不仅可以帮助政府减缓债务风险，也有助于政府有限的财政支出用于其他公共项目的投资与开发。

（5）PPP模式可以提高基础设施工程项目整体效率。由于社会资本方在运营期的收益取决于项目运营绩效，因此PPP可以激励社会资本方进行全寿命周期优化，通过提高项目设计、建设和运营的效率从而获得更多的回报。

（6）PPP模式合理的风险分担是政府和社会资本伙伴关系健康持续的基础。政府和社会资本方在充分识别、评估风险的前提下，根据自身的风险控制能力承担相应的风险。

4.2.2　PPP模式的具体形式

1. 新建项目的PPP运作形式

PPP模式新建项目适合采用BOT、PFI及其他变化形式。

（1）BOT形式。建设—运营—移交（Build Operate Transfer，BOT）是指由社会资本或项目公司承担新建项目融资、设计、建造、运营、维护和用户服务职责，合同期满后项目资产及相关权利等移交给政府的形式。合同期限一般为20～30年。在一般情况下，采用BOT形式开展的PPP项目由项目公司以其名义进行有限追索项目融资，同时项目公司负责招标设计、建造、运营维护等承包商，并负责向用户提供产品和服务，其在运营项目过程中行使管理职能和权力，但一般不具备项目资产的所有权。

（2）PFI形式。私人主动融资（Private Finance Initiative，PFI）是指政府部门根据社会对基础设施的需求，提出需要建设的项目，通过招标投标，由获得特许权的私营部门负责筹措项目资金，进行公共基础设施项目的建设与运营，并在特许期结束时将所经营的项目完好无债务地归还政府，而私营部门则从政府部门或接受服务方收取费用以回收成本的项目融资方式。

英国在发展PFI时，引入物有所值评价（Value for Money，VFM）来判断项目采用PFI形式是否比采用传统政府模式更加经济和有效率，而其他如BOT、BOOT等形式起初不需要进行物有所值评价，这也是两者之间的一大区别。现阶段，我国相关政策要求，不论是BOT、BOOT还是其他形式，PPP项目在识别或准备阶段也要开展物有所值评价，通过计算并比较项目全寿命周期内政府方净成本的现值（PPP值）和公共部门比较值（PSC值）的大小并结合全寿命周期整合程度、风险识别与分配、绩效导向与鼓励创新、潜在竞争程度、政府机构能力、可融资性等指标进行综合评价，判断是否采用PPP模式。

（3）其他形式。采用PPP模式进行融资的项目按照社会资本方或项目公司具体承担的工作还可以应用如下形式。

DBFO（Design Build Finance Operate），即设计—建设—融资—运营。这种方式是从项目的设计开始就特许给某一私营机构进行，直到项目运营期收回投资，取得投资效益，但项目公司只有经营权，没有所有权。

FBOOT（Finance Build Own Operate Transfer），即融资—建设—拥有—运营—移交。它类似于BOOT，只是多了一个融资环节，也就是说，只有先融通到资金，政府才予以考虑是否授予特许经营权。

DBOM（Design Build Operate Maintain），即设计—建设—运营—维护。这种方式强调项目公司对项目按规定进行维护。

DBOT（Design Build Operate Transfer），即设计—建设—运营—移交。主要强调特许经营结束时，项目要完好地移交给政府。

2. 存量项目的PPP运作形式

PPP模式存量项目适合采用O&M、MC、TOT、ROT、TBOT、ROO、TOO等形式。

（1）O&M形式。委托运营（Operations & Maintenance，O&M）是指政府将存量公共资产的运营维护职责委托给社会资本或项目公司，社会资本或项目公司不负责用户服务的一种政府和社会资本合作的项目运作方式。政府保留资产所有权，只向社会资本或项目公司支付委托运营费。合同期限一般不超过8年。

（2）MC形式。管理合同（Management Contract，MC）是指政府将存量公共资产的运营、维护及用户服务职责授权给社会资本或项目公司的项目运作方式。政府保留资产所有权，只向社会资本或项目公司支付管理费。管理合同通常作为转让—运营—移交的过渡方式，合同期限一般不超过3年。

（3）TOT形式。转让—运营—移交（Transfer Operate Transfer，TOT）是指政府将存量资产所有权有偿转让给社会资本或项目公司，由其追加投资并负责运营、维护和用户服务，合同期满后将资产及所有权等移交给政府的项目运作方式。合同期限一般为20～30年。

（4）ROT形式。改建—运营—移交（Rehabilitate Operate Transfer，ROT）是指政府在TOT模式的基础上，增加改扩建内容的项目运作方式。合同期限一般为20～30年。

此外，还可采用移交—建造—运营—移交（Transfer Build Operate Transfer，

TBOT)、修复—运营—拥有（Rehabilitate Operate Own，ROO）、转让—拥有—运营（Transfer Own Operate，TOO）等形式。

4.2.3 PPP模式的参与者

PPP模式的参与者主要包括政府、社会资本方、项目公司、融资方、承包商、产品或服务购买方、保险公司以及专业机构等。不同参与者之间的权利义务关系依托各种合同和协议。其中，政府与社会资本方或项目公司签订的PPP项目合同为核心合同。

1. 政府

政府在不同形式的PPP项目中承担的具体职责也不同，总体而言，主要角色为PPP项目合作者和监管者。其中，项目所在地县级（含）以上地方人民政府或委托实施机构负责项目准备、采购、监管和移交等工作；发改、财政等政府职能部门负责项目有关审查审批、物有所值评价、财政承受能力论证等工作。

2. 社会资本方

社会资本方是指依法设立且有效存续的具有法人资格的企业，包括民营企业、国有企业、外国企业和外商投资企业，但不包括项目所在地本级人民政府下属的政府融资平台公司及其控股的其他国有企业（上市公司除外）。社会资本方是PPP项目的实际投资人，但实践中社会资本方通常专门成立针对项目的项目公司，作为PPP项目合同及其他相关合同的签约主体，负责项目融资、建设和运营维护的具体实施。

3. 项目公司

项目公司是指依法设立的自主运营、自负盈亏的具有独立法人资格的经营实体。它是社会资本方专门为特定PPP项目设立的特殊目的公司，由社会资本方（一家企业或者多家企业组成的联合体）出资设立，也可由政府和社会资本方共同出资设立，以实现项目融资的无追索或有限追索。

4. 融资方

PPP项目的融资方是指为项目提供资金的机构，通常为商业银行、出口信贷机构、多边金融机构、信托公司以及相关基金等。根据PPP项目的融资规模，融资方可以是一两家，也可以是多家组成的财团，具体可以采用贷款、债券、资产证券化等多种融资形式。

5. 承包商

PPP项目中的设计、物资设备采购、施工等均可委托承包商具体实施。根据项目需求和规模，常见的承包商有EPC总承包商、DB总承包商、施工总承包商、原料供应商、采购承包商、设计承包商以及专业分包商等。项目公司有时也会将部分运营维护事务委托专业运营商负责。

6. 产品或服务购买方

在一些PPP项目运营阶段，如发电、污水处理等项目中，项目公司通常通过运营收入回收成本并获得合理利润。为了降低市场需求减少的风险，项目公司会在谈判阶段确定产品或服务购买方，通过购买协议保证项目未来稳定收益。一般情况下，我国PPP项目的购买方为政府事业单位等。

7. 保险公司

由于PPP项目投资巨大、周期较长、参与者多等特点，各参与者均面临较大的风险，因此需要向保险公司投保，实现风险分散和转移。此外，PPP项目风险发生后可能造成严重的经济损失，需要保险公司具有较高的资信。

8. 专业机构

PPP项目的复杂性高，几乎任何一方都不可能仅凭自身力量有效地完成全部工作。因此，还需要借助投资、法律、财会、税务、审计、技术、招标代理、保险代理等专业机构的力量。

4.2.4 PPP模式的运作程序

各种类型PPP项目的运作程序是不完全相同的。根据我国的管理体制，按照财政部的《政府和社会资本合作模式操作指南（试行）》，PPP项目的一般运作程序如下。

1. 项目识别

（1）PPP项目可以由政府或社会资本发起，以政府发起为主。由政府发起，行业主管部门可从国民经济和社会发展规划及行业专项规划中的新建、改建项目或存量公共资产中遴选潜在项目；由社会资本发起，社会资本应该以项目意见书的模式，向PPP中心举荐潜在的相互合作工程项目。

（2）PPP中心需同行业主管部门一起对潜在PPP合作项目进行评估与筛选，确定备选项目，随后应根据筛选结果制订项目年度和中期开发计划。对于列入年度开发计划的工程项目，工程项目发起方应按PPP中心的具体要求提交相关资料，新建、改建项目应提交可行性研究报告、项目产出说明和初步实施方案；存量项目应提交存量公共资产的历史资料、项目产出说明和初步实施方案。

（3）PPP中心会同行业主管部门，从定性和定量两方面对PPP项目开展物有所值评价工作。定量评价工作由各地根据实际情况开展。定性评价重点关注项目采用政府和社会资本合作模式与采用政府传统采购模式相比，能否增加供给、优化风险分配、提高运营效率、促进创新和公平竞争等。定量评价主要通过对政府和社会资本合作项目全生命周期内政府支出成本现值与公共部门比较值进行比较，计算项目物有所值的量值，判断政府和社会资本合作模式是否降低项目全生命周期成本。

（4）为确保财政中长期可持续性，财政部门应根据项目全生命周期内的财政支出、政府债务等因素，对部分政府付费或政府补贴的项目开展财政承受能力论证，每年政府付费或政府补贴等财政支出不得超出当年财政收入的一定比例。

2. 项目准备

（1）县级（含）以上地方人民政府可建立专门协调机制，主要负责项目评审、组织协调和检查督导等工作，实现简化审批流程、提高工作效率的目的。政府或其指定的有关职能部门或事业单位可作为项目实施机构，负责项目准备、采购、监管和移交等工作。

（2）项目实施机构应组织编制项目实施方案，应包括以下内容：①项目概况。主要包括基本情况、经济技术指标和项目公司股权情况等。基本情况主要明确项目提供的公共产品和服务内容、项目采用政府和社会资本合作模式运作的必要性和可行性，以及项目运作的目标和意义。经济技术指标主要明确项目区位、占地面积、建设内容或资产范围、投资规模或资产价值、主要产出说明和资金来源等。项目公司股权情况主要明确是否要设立项目公司以及公司股权结构。②风险分配基本框架。按照风险分配优化、风险收益对等和风险可控等原则，综合考虑政府风险管理能力、项目回报机制和市场风险管理能力等要素，在政府和社会资本间合理分配项目风险。③项目运作方式。PPP融资模式中新建项目与存量项目分别适合采用不同的项目运作形式，例如新建项目适合采用BOT、PFI等形式，存量项目适合采用O&M、MC、TOT、ROT、TBOT、ROO、TOO等形式，详见4.2.2。④交易结构。主要包括项目融资结构、回报机制和相关配套安排。项目融资结构主要说明项目资本性支出的资金来源、性质和用途，项目资产的形成和转移等。项目回报机制主要说明社会资本取得投资回报的资金来源，包括使用者付费、可行性缺口补助和政府付费等支付方式。相关配套安排主要说明由项目以外相关机构提供的土地、水、电、气和道路等配套设施和项目所需的上下游服务。⑤合同体系。主要包括项目合同、股东合同、融资合同、工程承包合同、运营服务合同、原料供应合同、产品采购合同和保险合同等。项目合同是其中最核心的法律文件。项目边界条件是项目合同的核心内容，主要包括权利义务、交易条件、履约保障和调整衔接等边界。权利义务边界主要明确项目资产权属、社会资本承担的公共责任、政府支付方式和风险分配结果等。交易条件边界主要明确项目合同期限、项目回报机制、收费定价调整机制和产出说明等。履约保障边界主要明确强制保险方案以及由投资竞争保函、建设履约保函、运营维护保函和移交维修保函组成的履约保函体系。调整衔接边界主要明确应急处置、临时接管和提前终止、合同变更、合同展期、项目新增改扩建需求等应对措施。⑥监管架构。主要包括授权关系和监管方式。授权关系主要是政府对项目实施机构的授权，以及政府直接或通过项目实施机构对社会资本的授权；监管方式主要包括履约管理、行政监管和公众监督等。⑦采购方式选择。采购方式包括公开招标、竞争性谈判、邀请招标、竞争性磋商和单一来源采购。项目实施机构应根据项目采购需求特点，依法选择适当采购方式。公开招标主要适用于核心边界条件和技术经济参数明确、完整，符合国家法律法规和政府采购政策，且采购中不作更改的项目。

（3）为提升工作效率，政府应该从项目投资建设的重要性及规范性、财务会计承担水平、PPP方式的经济性以及市场价格的科学性等多个方面，同外界研究学者对工程项目实施管理方案开展审核，通过定性或定量评价充分保障"物有所值"（与资金价值相比，物有所值中的"值"不仅包括资金，还包括为经济所作的贡献、为社会带来的效益等）。审核通过的由工程项目实施机构报政府管理机关审查，审查通过后根据实施管理方案实行。

3. 项目采购

（1）项目实施机构应根据项目需要准备资格预审文件，发布资格预审公告，邀请社会资本和与其合作的金融机构参与资格预审，验证项目能否获得社会资本响应和实现充分竞争，并将资格预审的评审报告提交财政部政府和社会资本合作中心备案。

（2）项目有3家以上社会资本通过资格预审的，项目实施机构可以继续开展采购文件准备工作；项目通过资格预审的社会资本不足3家的，项目实施机构应在实施方案调整后重新组织资格预审；项目经重新资格预审合格社会资本仍不够3家的，可依法调整实施方案选择的采购方式。

（3）资格预审公告应在省级以上人民政府财政部门指定的媒体上发布。资格预审合格的社会资本在签订项目合同前资格发生变化的，应及时通知项目实施机构。资格预审公告应包括项目授权主体、项目实施机构和项目名称、采购需求、对社会资本的资格要求、是否允许联合体参与采购活动、拟确定参与竞争的合格社会资本的家数和确定方法以及社会资本提交资格预审申请文件的时间和地点。提交资格预审申请文件的时间自公告发布之日起不得少于15个工作日。项目采购文件应包括采购邀请、竞争者须知（包括密封、签署、盖章要求等）、竞争者应提供的资格、资信及业绩证明文件、采购方式、政府对项目实施机构的授权、实施方案的批复和项目相关审批文件、采购程序、响应文件编制要求、提交响应文件截止时间、开启时间及地点、强制担保的保证金交纳数额和形式、评审方法、评审标准、政府采购政策要求、项目合同草案及其他法律文本等。

（4）项目实施机构应组织社会资本进行现场考察或召开采购前答疑会，但不得单独或分别组织只有一个社会资本参加的现场考察和答疑会。确认谈判完成后，项目实施机构应与中选社会资本签署确认谈判备忘录，并将采购结果和根据采购文件、响应文件、补遗文件和确认谈判备忘录拟订的合同文本进行公示，公示期不得少于5个工作日。合同文本应将中选社会资本响应文件中的重要承诺和技术文件等作为附件。合同文本中涉及国家秘密、商业秘密的内容可以不公示。公示期满无异议的项目合同，应经政府审核同意后，由项目实施机构与中选社会资本签署。需要为项目设立专门项目公司的，待项目公司成立后，由项目公司与项目实施机构重新签署项目合同，或签署关于承继项目合同的补充合同。

4. 项目执行

（1）社会资本应依法设立项目公司。政府可指定相关机构依法参股项目公司。项目实施机构和财政部政府和社会资本合作中心应监督社会资本按照采购文件和项目合同约定，按时足额出资设立项目公司。

（2）项目融资由社会资本或项目公司负责。社会资本或项目公司应及时开展融资方案设计、机构接洽、合同签订和融资交割等工作。财政部政府和社会资本合作中心和项目实施机构应做好监督管理工作，防止企业债务向政府转移。

（3）社会资本或项目公司未按照项目合同约定完成融资的，政府可提取履约保函直至终止项目合同；遇系统性金融风险或不可抗力的，政府、社会资本或项目公司可根据项目合同约定协商修订合同中的相关融资条款。政府有支付义务的，项目实施机构应根据项目合同约定的产出说明，按照实际绩效直接或通知财政部门向社会资本或项目公司及时足额支付。设置超额收益分享机制的，社会资本或项目公司应根据项目合同约定向政府及时足额支付应享有的超额收益。项目实际绩效优于约定标准的，项目实施机构应执行项目合同约定的奖励条款，并可将其作为项目期满合同能否展期的依据；未达到约定标准的，项目实施机构应执行项目合同约定的惩处条款或救济措施。社会资本或项目公司违反项目合同约定，威胁公共产品和服务持续稳定安全供给，或危及国家安全和重大公共利益的，政府有权临时接管项目，甚至启动项目提前终止程序。政府可指定合格机构实施临时接管。临时接管项目所产生的一切费用，将根据项目合同约定，由违约方单独承担或由各责任方分担。社会资本或项目公司应承担的临时接管费用，可以从其应获终止补偿中扣减。

在项目合同执行和管理过程中，项目实施机构应重点关注合同修订、违约责任和争议解决等工作。

1）合同修订。按照项目合同约定的条件和程序，项目实施机构和社会资本或项目公司可根据社会经济环境、公共产品和服务的需求量及结构等条件的变化，提出修订项目合同申请，待政府审核同意后执行。

2）违约责任。项目实施机构、社会资本或项目公司未履行项目合同约定义务的，应承担相应违约责任，包括停止侵害、消除影响、支付违约金、赔偿损失以及解除项目合同等。

3）争议解决。在项目实施过程中，按照项目合同约定，项目实施机构、社会资本或项目公司可就发生争议且无法协商达成一致的事项，依法申请仲裁或提起民事诉讼。

（4）项目实施机构应每3～5年对项目进行中期评估，重点分析项目运行状况和项目合同的合规性、适应性和合理性；及时评估已发现问题的风险，制定应对措施，并报财政部政府和社会资本合作中心备案。

5. 项目移交

移交（收尾）是指PPP合作期满时，项目公司把项目移交给项目所在地政府。BOT、BOOT、DBFOT、TOT、ROT等形式都涉及移交阶段，而BOO、BTO等形式的该阶段则可称为收尾阶段。项目移交包括移交准备、性能测试、资产交割、绩效考核支付等，由专门的项目移交工作组负责。

PPP模式的运作程序如图4-2所示。

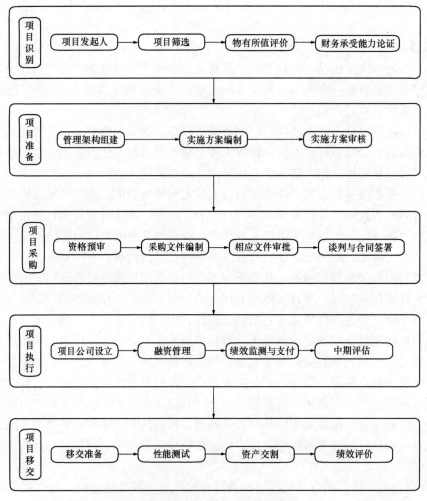

图4-2 PPP模式的运作程序

（资料来源：宋永发，石磊. 工程项目投资与融资［M］. 北京：机械工业出版社，2019）

4.2.5 PPP模式的评价方法

物有所值评价（Value of Money，VFM）是判断是否采用PPP模式代替政府传统投资运营方式提供公共服务项目的一种评价方法，遵循真实、客观、公开的原则。物有所值评价的工作流程如图4-3所示。

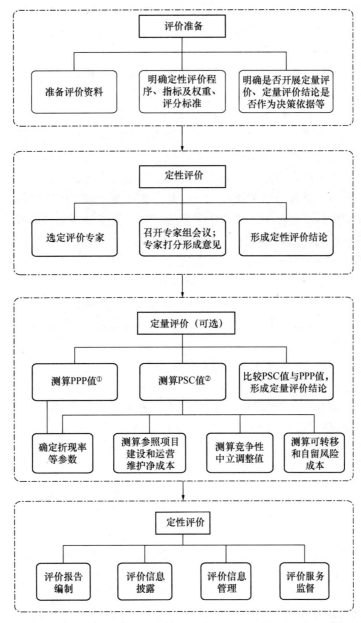

图 4-3　物有所值评价的工作流程

（资料来源：财政部《关于印发〈PPP物有所值评价指引（试行）〉的通知》）

---

① PPP值：指在全生命周期内，政府采用PPP模式提供公共产品和服务的全部成本的现值。
② PSC值：指在全生命周期内，政府采用传统采购模式提供公共产品和服务的全部成本的现值。

物有所值评价包括定性评价和定量评价。定性评价是专家组根据项目情况进行打分，项目本级财政部门（或 PPP 中心）会同行业主管部门，根据专家组意见，作出定性评价结论的评价方法。定量评价可作为项目全生命周期内风险分配、成本测算和数据收集的重要手段，以及项目决策和绩效评价的参考依据。

物有所值评价结论应统筹定性评价和定量评价结论。物有所值评价结论分为"通过"和"未通过"。对于"通过"的项目，可进行财政承受能力论证；对于"未通过"的项目，可在调整实施方案后重新评价，仍未通过的则不宜采用 PPP 模式。

1. 物有所值定性评价

物有所值定性评价的指标包括全生命周期整合程度、风险识别与分配、绩效导向与鼓励创新、潜在竞争程度、政府机构能力和可融资性 6 项基本评价指标。

全生命周期整合程度指标主要考核在项目全生命周期内，项目设计、融资、建造、运营和维护等环节能否实现长期、充分整合。风险识别与分配指标主要考核在项目全生命周期内，各风险因素是否得到充分识别，并在政府和社会资本之间进行合理分配。绩效导向与鼓励创新指标主要考核是否建立以基础设施及公共服务供给数量、质量和效率为导向的绩效标准和监管机制，是否落实节能环保、支持本国产业等政府采购政策，能否鼓励社会资本创新。潜在竞争程度指标主要考核项目内容对社会资本参与竞争的吸引力。政府机构能力指标主要考核政府转变职能、优化服务、依法履约、行政监管和项目执行管理等能力。可融资性指标主要考核项目的市场融资能力。

项目本级财政部门（或 PPP 中心）会同行业主管部门，可根据具体情况设置补充评价指标。补充评价指标主要是 6 项基本评价指标未涵盖的其他影响因素，包括项目规模大小、预期使用寿命长短、主要固定资产种类、全生命周期成本测算准确性、运营收入增长潜力、行业示范性等。

在各项评价指标中，6 项基本评价指标的权重为 80%，其中任何一项指标一般不超过 20%；补充评价指标权重为 20%，其中任何一项指标权重一般不超过 10%。每项指标评分分为 5 个等级，即有利、较有利、一般、较不利和不利，对应分值分别为 81~100 分、61~80 分、41~60 分、21~40 分、0~20 分。项目本级财政部门（或 PPP 中心）会同行业主管部门，按照评分等级对每项指标制定清晰、准确的评分标准。

项目本级财政部门（或 PPP 中心）会同行业主管部门组织召开专家组会议。定性评价所需资料应于专家组会议召开前送达专家，以确保专家掌握必要信息。定性评价专家组包括财政、资产评估、会计、金融等经济方面的专家，以及行业、工程技术、项目管理和法律方面的专家等。

项目本级财政部门（或 PPP 中心）会同行业主管部门根据专家组意见，作出定性评价结论。原则上，评分结果在 60 分（含）以上的，通过定性评价；否则，未通过定性评价。

2. 物有所值定量评价

物有所值定量评价是在假定采用 PPP 模式与政府传统投资方式产出绩效相同的前提下，通过对 PPP 项目全生命周期内政府方净成本的现值（PPP 值）与公共部门比较值（PSC 值）进行比较，判断 PPP 模式能否降低项目全生命周期成本。

PPP 值可等同于 PPP 项目全生命周期内股权投资、运营补贴、风险承担和配套投入等各项财政支出责任的现值。PSC值是以下三项成本的全生命周期现值之和：参照项目的建设和运营维护净成本、竞争性中立调整值以及项目全部风险成本。

(1) 参照项目的建设和运营维护净成本

参照项目可根据具体情况确定：假设政府采用现实可行的、最有效的传统投资方式实施的、与PPP项目产出相同的虚拟项目；最近5年内，相同或相似地区采用政府传统投资方式实施的、与PPP项目产出相同或非常相似的项目。

建设净成本主要包括参照项目设计、建造、升级、改造、大修等方面投入的现金，以及固定资产、土地使用权等实物和无形资产的价值，并扣除参照项目全生命周期内产生的转让、租赁或处置资产所获得的收益。

运营维护净成本主要包括参照项目全生命周期内运营维护所需的原材料、设备、人工等成本，以及管理费用、销售费用和运营期财务费用等，并扣除假设参照项目与PPP项目付费机制在相同情况下能够获得的使用者付费收入等。

(2) 竞争性中立调整值

竞争性中立调整值主要是采用政府传统投资方式比采用PPP模式实施项目少支出的费用，通常包括少支出的土地费用、行政审批费用、有关税费等。

(3) 项目全部风险成本

项目全部风险成本包括可转移给社会资本的风险承担成本和政府自留风险的承担成本。如果PPP合同约定保险赔款的第一受益人为政府，则风险承担支出应为扣除该等风险赔款金额的净额。政府自留风险承担成本等同于PPP值中的全生命周期风险承担支出责任，两者在PSC值与PPP值比较时可对等扣除。风险承担成本应充分考虑各类风险出现的概率和带来的支出责任，可采用比例法、情景分析法及概率法进行测算。

1) 比例法。在各类风险支出数额和概率难以进行准确测算的情况下，可以按照项目的全部建设成本和一定时期内运营成本的一定比例确定风险承担支出。

2) 情景分析法。在各类风险支出数额可以进行测算但出现概率难以确定的情况下，可针对影响风险的各类事件和变量进行"基本""不利"和"最坏"等情景假设，测算各类风险发生带来的风险承担支出。计算公式为：风险承担支出数额＝基本情景下财政支出数额×基本情景出现的概率＋不利情景下财政支出数额×不利情景出现的概率＋最坏情景下财政支出数额×最坏情景出现的概率。

3) 概率法。在各类风险支出数额和发生概率均可进行测算的情况下，可将所有可变风险参数作为变量，根据概率分布函数，测算各类风险发生带来的风险承担支出。用于测算PSC值的折现率应与用于测算PPP值的折现率相同，计算结果PPP值小于或等于PSC值的，认定为通过定量评价；PPP值大于PSC值的，认定为未通过定量评价。

4.2.6 PPP融资在应用中存在的问题

由于中国特定的社会制度和市场环境，以及实施PPP方式本身的复杂性，PPP在中国尚属探索阶段，目前在推广实施过程中面临的困难和问题还很多，主要包括：

1. 从项目的角度

(1) 不明确PPP模式的适用范围。PPP模式并非适合所有的建设项目，它具有求利性、准备时间长、运营时间长的特点，若与之相违背则超出了PPP模式的使用范围，不应盲目套用。

(2) 项目建设周期长。城镇化基础设施建设项目一般由社会资本建成后，由其运行的时间均在数十年，部分城市基础设施项目签约的特许经营时间为30年。建设周期长对于项目公司所融资金的偿付存在着不确定性，且项目期间基础设施服务的价格、金融市场的利率等均存在波动的可能性，这也是融资活动需要注意的问题。

(3) 操作不规范，项目结构不够合理。部分项目前期准备不充分。项目前期准备是PPP项目推进的重要环节和基础，由于PPP项目在我国发起时间较短，许多项目在立项、可行性研究、环境评价、土地等方面前期准备不充分，导致后期项目失败。

2. 从参与者角度

(1) 融资风险较高。这种风险既有来自外部的市场因素、制度因素，也有来自内部的企业主体间合作、运行机制等。

(2) 企业主体的市场诚信缺失。部分项目建设企业尤其是民营企业在PPP项目招标中以超低的价格参与项目的公开竞标，中标后往往再以各种理由提价；如果条件得不到满足，就以拖延施工或干脆退出相威胁。由于此类项目涉及公共服务，地方政府无法承担项目中断的后果，因此往往在博弈中处于被动地位。这也导致部分地方政府主要依靠国有企业实施PPP项目。

(3) 企业和政府之间缺乏牢固的契约精神。PPP模式要顺利发展，政府必须建立公信力，构建信用体系，加强契约精神建设，参与者不得无故违约、毁约。不论是政府还是社会资本方，都要遵照合同办事。

(4) 民营资本参与度低，项目融资能力不强。首先，我国民营资本规模相对较小，政府职能和思维转变滞后，依然把民营企业当作管理对象，加之PPP项目运营期限长、风险大，致使民营资本参与度低；其次，商业银行积极性不够；最后，出于规避风险等多种因素考虑，我国的PPP项目都是由社会资本方出资设立特殊目的公司（Special Purpose Vehicle，SPV）参与建设和运营，且以项目的资产、现金流及相应的增信措施作为项目融资的担保和还款来源。

(5) 政府债务压力增大，财政风险增加。由于PPP项目是全生命周期的间接投资，大量的PPP项目给地方造成较大的还款压力。例如，在PPP项目运作时操作不规范、财政总量控制与分项目控制偏离，可能造成部分地方财政风险积聚，尤其在县级层面，财政风险更是成倍增加。

3. 从法律法规角度

目前存在的问题是法律法规不健全。由于PPP在我国实践的时间还相对较短，对于许多人而言，尚属于一个新生事物，这直接导致了相关立法工作的滞后，目前在PPP项目实施过程中面临着相关法律法规不完善的局面，使得开展项目融资面存在一些不确定性。

4.2.7 PPP模式取得成功的关键因素

1. 构建稳定的外部环境

PPP模式的推行必须建立在稳定的政治和社会制度基础上，通过构建良好的法律法规框架、营造稳定的宏观经济条件和创造良好的融资市场环境来实现。

2. 选择合适的社会资本方

在PPP项目中，政府要找到能够长期合作的项目承办人，以尽可能低的成本提供预期质量水平的公共产品和服务。为了选择合适的社会资本方，政府必须采用竞争投标的方法，从企业实力、融资方案、建设方案、运营维护方案等方面全面考察社会资本方。

3. 搭建合理的风险分担框架

公共基础设施项目具有各种风险，降低了社会资本方的融资、建设、运营的积极性。如果政府不承担一定的风险，则无法吸引社会资本方的投资。政府承担风险的基本原因是PPP项目所带来的社会利益超过了社会资本方所获得的收益，社会公众因项目而得到福利的增加。作为社会公众的代表，政府理应为此承担风险，确保社会资本方的投资积极性和收益，促成项目的成功实施。为了确保社会资本方参与和运作，政府和社会资本方应该在风险分担方面达成一致意见，决定各自承担风险的程度。根据英国PFI项目风险分担的实践做法，总结出PPP项目风险分担的一般流程，具体如图4-4所示。

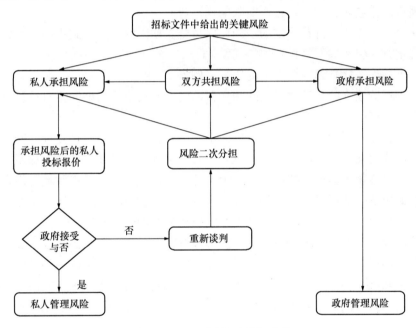

图4-4 PPP项目风险分担流程

（资料来源：戴大双. 项目融资/PPP [M]. 3版. 北京：机械工业出版社，2018）

上述风险分担流程中，社会资本方的风险包括由自身承担的风险和与政府共担的风险，这些风险要体现在投标报价中。当风险分担处于合理状态时，社会资本方提出的报价也较易为政府所接受。如果双方对报价存在异议，就可以通过风险分担重新划分，一直调整到使双方利益达到均衡的风险分担格局。

风险分担（Risk Allocation）包括一方主体完全承担某一风险（Risk Bearing）以及各方共同承担某一风险（Risk Sharing）两种形式。如果对于一个主体来说，某一风险的可控性强，或者该主体为导致风险发生的主要过错人，就应该完全承担该风险；如果某一风险对各方来说都不可控，且单一主体完全承担的成本过高，或者各方对风险都具有一定的控制力，就可以采用风险共担的形式来分散风险。明确区分风险分担的两种形式充分体现了控制能力原则、风险成本最低原则和过错原则,便于详细划分具体的风险承担责任。由于各国法律制度和实践做法的差异,对同一风险分担的主体和程度存在差别。

4. 确定合理的合作期限

PPP 项目合作期限是政府与社会资本方或项目公司合作的期限,包括建设期和运营期的 PPP 项目执行期限。项目的合作期限通常应在项目前期论证阶段进行评估。评估时,需要综合考虑以下因素:

(1) 政府所需要的公共产品或服务的供给期间。
(2) 项目资产的经济生命周期以及重要的整修时点。
(3) 项目资产的技术生命周期。
(4) 项目的投资回收期。
(5) 项目设计和建设期间的长短。
(6) 财政承受能力。
(7) 现行法律法规关于项目合作期限的规定等。

根据项目运作方式和付费机制的不同,项目合作期限的规定方式也不同,常见的项目合作期限规定方式包括以下两种:

(1) 自合同生效之日起一个固定的期限(例如 25 年)。
(2) 分别设置独立的设计建设期间和运营期间,并规定运营期间为自项目开始运营之日起的一个固定期限。

上述两种合作期限规定方式的最主要区别在于:在分别设置设计建设期间和运营期间的情况下,如建设期出现任何延误,不论是否属于可延长建设期的情形,均不会影响项目运营期限,项目公司仍然可以按照合同约定的运营期运营项目并获得收益;而在规定单一固定期限的情况下,如项目公司未按照约定的时间开始运营且不属于可以延长期限的情形,则会直接导致项目运营期缩短,从而影响项目公司的收益情况。

如何精确确定 PPP 项目合作期的长度,目前还没有一个成熟统一的方法,是一个亟待解决的学术问题。此外,实践中应当根据项目的运作方式、付费机制和具体情况选择合理的项目合作期限规定方式。基本的原则是项目合作期限可以实现物有所值的目标并且形成对项目公司的有效激励。需要特别注意的是,项目的实际期限还会受制于提前终止的规定。

5. 确定合理的项目报价

确定 PPP 项目报价需要解决两个问题:第一是如何确定基础报价;第二是如何确定价格调整机制。以 BOT 形式为例,采用 BOT 形式的 PPP 项目,其项目报价为特许价格报价,其中基础特许价格指特许经营协议中政府部门和项目公司约定的项目公司提供单位产品和服务向政府部门、基础设施使用者或社会公众收取的费用,是在分析项目运营初期定价要素和相应风险之后确定出来的,能够同时满足政府社会福利目标和私人利润目标,为提供项目产品或者服务所执行的初始价格。

在 BOT 项目研究领域,不少学者对特许定价表现出极大的兴趣,使得该研究处于广泛探讨的状态。总体上来说,特许定价可以分为以下两种研究趋势。第一种趋势是研究者通过建立一般的定价模型,力图指导所有行业内 BOT 项目的特许定价。例如从投资回报率入手来确定特许价格,那么,特许定价必须满足社会福利损失最小、产生足够大的直接经济收益等条件。另一种趋势就是考虑每个行业的特点，分别研究电力、水处理以及公共交通等 BOT 项目的特许定价，强调每种定价方法的针对性和实用性。特许价格调整主要从调整因素、调整幅度和调整频率展开。1998 年由 Kerf 出具的一份世界银行报告详细分析了这三个方面，同时 Kerf 给出了特许价格调整的三个规则，包括指数规则、定期调整规则和风险发生后调整规则，成为后继相关研究的基础。目前如何确定合理的特许价格还是一个尚未完全解决的问题。

4.2.8 PPP 模式在建设工程项目中的应用

近年来，我国 PPP 事业高质量发展取得显著成效，在支持科技创新、支撑国家重大战略落地以及在促投资、稳增长、惠民生中发挥了重要作用。与此同时，社会资本、金融机构参与 PPP 的主动性、积极性更强，方式也更加多元，PPP 项目融资发展形势较好。PPP 模式被认为是一种倡导社会资本与政府合作进行公共基础设施建设的融资模式，在轨道交通、高速公路、水利工程和市政工程等建设工程项目中均有运用。

PPP 模式在轨道交通工程建设过程中有着广泛的应用，能够盘活存量资产，丰富融资渠道，提升轨道交通项目运营效率和服务能力，充分发挥轨道交通项目建设效益。但由于轨道工程项目周期长，项目参与者结构复杂，导致项目建设和运营过程中存在诸多不确定的风险因素。因而，在 PPP 模式的应用过程中，应当选择合适的合作对象，对轨道交通 PPP 项目开展研究，确定项目公司、挑选施工单位，优化工程施工管理流程，保证轨道交通工程的有序推进，充分发挥 PPP 模式的优势和作用。

PPP 模式可以为高速公路项目中提供更多的融资渠道，能满足高速公路项目的资金需求，对项目进行全周期集约化管理，降低运营的风险。政府和社会资本秉持互利共赢的理念，可有效提高项目投资人的积极性。但在 PPP 模式的应用过程中，高速公路项目面临项目资金出资匹配较多、项目资本资金出资比例落实不到位等问题，因而需要完善资金管理机制，落实资本资产的评估管理要求，加强项目可行性的管控，进而提高 PPP 模式在高速公路项目融资中的科学性、高效性和可持续性。

PPP 模式可以为水利工程项目中缓解项目的融资压力，激活社会资本。但 PPP 融资应用在水利工程项目的实践过程中，项目公司治理体系的低效率与项目建设管理的高效率相冲突；一些参与方合同义务履行的低效率与项目建设的高效率相冲突；由于工程项目本身的复杂性，导致设计优化和进度控制面临一定的困难。因此应深入研究水利工程建设相关的法规，以法律法规统领 PPP 合同体系，促进项目公司的治理，规范项目全寿命周期管理，还应建立高效统一的协调工作机制。

PPP 模式可以为市政工程项目引入更多的私营企业，扩大融资渠道，有利于解决市政工程建设过程中的资金问题。另外，由于私营企业灵活性较强，能够很好地弥补政府存在的问题，提升建设效率。从实践中发现，由于工程的复杂性以及与政府的磨合导致私营企业参与度较低，且在面对大量的资金需求时，私营企业尽管具有较强的投资潜力，仍需借助其他融资渠道。为应对这些难题，政府应帮助开拓多元的融资渠道。

总体来看，PPP 模式成为多个工程项目领域融资的主要渠道之一。自 2014 年以来，国家不断颁布相关政策支持 PPP 模式的发展，发挥政府投资的杠杆作用，激发民间投资活力。经过最近 8 年的快速发展，我国 PPP 模式进入全面理性的规范发展阶段。现如今不仅国家层面，地方政府也有选择地推动一些领域的 PPP 项目建设，PPP 的规范化运作将会越来越得到社会各界的广泛关注和重视。

4.3 PFI 模式

1992 年开始，为解决公共设施及公共服务供给能力不足问题，英国提出一种工程项目融资模式私营部门主动融资（Private Finance Initiative，PFI），是指由私营企业进行项目的建设与运营，从政府方或接受服务方收取费用以回收成本。PFI 模式是继 BOT 模式之后的又一个优化和创新的公共项目融资方式。

该模式是政府与私营部门合作，由私营部门承担部分政府公共物品的生产或提供公共服务，政府购买私营部门提供的产品和服务，或给予私营部门收费特许权，或政府与私营部门以合作方式共同运营等方式，来实现政府公共物品产出中的资源配置最优化、效率和产出的最大化。目前，它已经被发达国家广泛应用于公共项目的管理实践中。英国应用 PFI 的项目涉及领域非常宽广，在交通运输、教育文化、行政设施、情报信息、国防等领域均有涉及。

4.3.1 PFI 模式的特点

PFI 模式也涉及项目的"建设—运营—转让"问题，但是作为一种独立的融资模式，与 BOT 相比，它具有以下特点：

（1）项目主体单一。PFI 项目的主体通常是本国民营企业的组合，体现出民营资本的力量。

（2）项目管理方式开放。首先，对于项目建设方案，政府部门仅根据社会需求提出若干备选方案，最终方案通过在谈判过程中与私营部门协商确定；其次，对于项目所在地的土地提供方式以及以后的运营收益分配和政府补贴额度等，都要综合当时政府与私营企业的财力、预计的经营效益以及合同期限等综合因素而定，具有较强的灵活性。

（3）实行全面代理制。PFI 公司通常自身不具有开发能力，在项目开发过程中，广泛运用各种代理关系，并且这种代理关系通常在招标书和合同中就予以明确，以确保项目开发安全。

（4）合同期满后项目运营权的处理方式灵活。PFI 模式在合同期满后，私有企业可继续拥有和通过续租的方式获得运营权，以弥补合同期内收益的不足，或继续提供优质的社会公共服务与产品并获取适当的利润。

4.3.2 PFI 模式的类型

根据资金回收方式的不同，PFI 模式通常有以下三种类型。

1. 经济独立型

以这种方式实施的 PFI 项目，私营部门在提供公共服务时，政府不向其提供财政的支持，私营部门是通过项目的服务向最终使用者收费来回收成本和实现利润。其中，公共部门不承担项目建设费用和项目运营费用，但是私营部门可以在政府特许下，通过适当地调整对使用者的收费来补偿成本的增加。在这种模式下，公共部门对项目的作用是有限的，也许仅仅是承担项目最初的计划或按照法定程序帮助项目公司开展前期工作和管理。

2. 服务购买型

通过公共部门对服务的购买来实现投资和收益为服务购买型，这种方式多应用于医院、学校等工程项目。项目的特征主要表现为项目收费性低，政府为保证社会效益同时保证私人部门的投资积极性，需要与私人部门签订建设管理合同外，仍需对项目的服务购买标准、付费时长等事项作出说明。

3. 合资经营型

在合资经营型中，公共部门和私营部门共同出资、分担成本和共享收益。但是，为了使项目体现PFI模式的属性，项目的建设主要由私营部门进行，项目的控制权也由私营部门来掌握，公共部门只是一个合伙人的角色。

4.3.3 PFI模式运作的原则

（1）坚持公平性原则。要有效利用民间的资金、技术和经营能力来提高公共产品的供给效率，只有坚持公平竞争才能有效发挥竞争机制优胜劣汰的作用，为优秀民间企业的脱颖而出提供条件。

（2）坚持透明性原则。从公共项目草案的制定到正式方案的形成，以至于公共项目全过程，都有必要保持高度的透明性，做到信息收集公开化、信息发布及时化，使工程设计质量、工程进展以及管理过程置于公开评价和监督之中。

（3）坚持效率性原则。这要求尊重民间企业在公共设施的设计、建设和管理上的自主性和创造性。

4.3.4 PFI模式的运作程序和要点

1. PFI模式的运作程序

（1）事前分析。由政府部门确定的可实施的公共设施项目，通过成本费用、外部效果、国民经济等分析与评价进行私营可行性研究，确定政府的支持条件，如信用担保等。

（2）谈判签约阶段。由政府部门通过招标、投标、竞标，确定开发主体，经过谈判，审查主体的开发能力，然后签订协议。PFI公司进行可行性分析，制订开发计划，办理公司成立事宜。

（3）开发运营阶段。由PFI公司履行协议，负责设计、施工、运营，进行开发建设，而政府起指导支持作用。

（4）转移终止阶段。PFI公司办理转移、清算等事宜，公司解散，然后由政府接管和运营。

2. PFI模式的运作要点

（1）相关的法律法规和体制环境

英国政府明确规定，英国政府和地方政府的公共项目在建设计划阶段必须首先考虑PFI模式，除非政府的评估部门认可该项目不宜或不能或没有私营部门参与的情况下，才能采用传统的政府财政投资兴建的办法。随着我国市场经济体系的不断完善，我国私人投资领域的范围不断扩大，近期颁布的若干吸引、刺激外资和私人投资的法规都明确了非财政性投资在大量基础设施工程项目中的作用，但在私人资本参与公共项目的领域的理论、模式和方法尚缺乏细化的研究。

（2）PFI项目的前期准备

PFI项目一般涉及时间长、资金投入巨大、涉及社会效应显著，其成功与否关系到整个社会的效率与安定。所以，在前期做好详细的研究与周密的权利义务安排是十分必要的。在国外，PFI项目的法律费用十分昂贵。正是因为在项目前期有专业律师和顾问公司的参与，能避免许多潜在的纠纷和麻烦，为项目的顺利开展提供保障，实际上可以大大节约各方面可能发生的为解决潜在争议的开支。

PFI模式下的政府目标是引导私营部门参与公共项目，从而实现扩大公共项目融资渠道、提高公共产品和服务的效率。这显然与私营部门参与的目标存在差异。因此，必须通过对基础设施项目PFI立项问题的研究，在代表整个社会公共利益的政府和私人企业之间寻求利益平衡点，建立项目评估体系。

（3）PFI项目各参与方的风险分配

风险分配的目标在于科学地评价项目的各类风险，均衡项目各参与方的风险分担。其核心内容包括风险分担原则的确立，以及确保该原则获得执行的机制设计。基础设施建设项目的风险涉及社会、政策、经济、管理、自然等方面，一个基本原则是以PFI公司作为市场主体来确定其风险和收益的分配，因此经营性风险应该主要由PFI公司承担；而对于政策及政府支付等风险，则不应该由PFI公司承担。此外，对于社会、自然不可抗力等风险，应该根据具体基础设施项目特征确立分担模式。

（4）PFI项目的合同与协议安排

1）项目协议（特许协议）。这是最关键的一份合同文件，通常通过该协议授予项目公司权利来进行整个项目的操作，包括融资、设计、建设和经营。项目公司会尽可能地将风险转移给各分包商。例如，将设计和建设风险转移给承包商；将运营维护风险转移给运营商。

2）建筑合同。PFI项目中的建筑合同往往都是"交钥匙"合同，由承包商承担设计、施工、供应、安装、调试与试运行等全部工作。

3）运营与维护分包协议。该协议是从服务开始时开始执行。通常运营商都是具有卓著业绩的运营者，因为运营是产生现金流的来源，只有良好的运营才能保证对投资者（贷款人）贷款的偿还。

4）其他专业分包合同，如培训合同、物流合同等。

5）附带保证（Collateral Warranty）/承包商直接协议（Direct Agreement）。这些文件并非在任何时候都是必需的。但是，当某个分包商的工作至关重要时，就需要这些文件来保证分包商工作的顺利完成。总的说来，这些文件能对合同顺利履行提供一定程度的额外保护。有的时候，政府与项目公司都需要类似的保证。

直接协议是PFI项目的一个特色。它是指资金提供方（出贷方）与借款方（承/分包商）在PFI项目合同下的合同相对方签订直接协议，规定在借款方（承/分包商）违反PFI项目合同时，相对方不能直接终止与借款方的PFI项目合同，而必须给出贷方一个机会"介入"，以纠正违约。

4.3.5 PFI 模式在建设工程项目中的应用

目前，PFI 模式涉及的工程项目范围包括收费桥梁、铁道、医院、废品处理厂、上下水道、交通设施、政府办公楼、学校学舍、监狱、机场管理等一系列设施。PFI 项目在发达国家的应用领域各有侧重，日本和英国聚焦于社会福利、环境保护和基础设施等。在我国，PFI 模式主要应用在水利工程、交通建设工程等领域。

4.4 ABS 模式

资产证券化（Asset Backed Securitization，ABS）一般是以项目预期的收益或者将占有的资源和资产作为信贷保障，由发起方在金融市场上发行证券，募集资金。具体来说，它是以项目所拥有的资产为基础，以该项目资产可以带来的预期收益为保证，经过信用增级，在资本市场上发行债券筹集资金的一种项目融资方式。ABS 融资起源于美国，随后得到不断发展，现在已经传播到世界其他国家，为工程项目融资提供了新的模式，更大限度地促进了工程项目融资的发展。

ABS 是资产证券化发展到一定阶段的产物，它属于资产证券化这个广义范围中的一种。资产证券化始于 20 世纪 70 年代，至今已有 50 余年的历史。诞生之初，它主要用于银行为个人住房抵押贷款提供的信贷资产证券化（Mortgage Backed Security，MBS），后来逐步发展到各种企业应收账款、债券、汽车贷款。从 20 世纪 80 年代开始，证券化的范围逐步扩大到了各种基础设施资产，从自来水、煤气、供热等日常必需品应收款，到高速公路、城市公共交通的收费项目，一些原本被认为不适于资产证券化的项目也开始被用于试点，并取得不错的效果。

从本质来说，资产证券化属于一种以项目的收益为基础进行融资的工程项目融资方式。其内涵就是将原始权益人（卖方）不流通的存量资产或可预见的未来收入，构造和转变成为资本市场可销售和流通的金融产品的过程。具体来说，就是将缺乏流动性但能够产生可预见的稳定现金流的资产，通过一定的结构安排，对资产中风险与收益要素进行分离与重组，进而转换为在金融市场上可以出售和流通的证券的过程。采用 ABS 方式的目的在于，通过其特有的提高信用等级的方式，使原本信用等级较低的项目也可以进入高信用等级证券市场，从而利用该市场信用等级高、债券安全性和流动性高、债券利率低的特点，大幅度降低发行债券筹集资金的成本。

4.4.1 ABS 模式的特点

（1）与传统融资方式不同。资产证券化是资产支持融资，主要关注基础资产所产生的现金流，与原始权益人的信用和其他资产负债无关。

（2）资产证券化是结构性融资。设立的特殊目的公司（Special Purpose Vehicle，SPV）通过"真实出售"进行资产转移，实现了基础资产与发起人的破产隔离，分割了风险，最后对基础资产的现金流进行重组。

（3）资产证券化融资成本较低。资产证券化运用的交易架构和信用增级手段使得资产支持证券有较高的信用等级，一般都能以较高的价格发行，同时各项费用与交易总额的比率也很低。据统计，其各项费用的总费用率比其他融资方式的费用率至少低50个基点。

（4）ABS代表未来工程项目融资的发展方向。通过证券市场发行证券筹集资金是ABS模式不同于其他工程项目融资方式的一个显著特点。无论是产品支付项目融资，还是BOT模式，都不是通过证券化形式融资的。

（5）投资风险分散，项目风险隔离。ABS项目的投资者是国际资本市场上的债券购买者，数量众多，而且债券可在二级市场流通，这就极大地分散了投资风险，对投资者有很强的吸引力。原始权益人自身的风险与项目收益的风险也是隔离的，即使原始权益人面临破产清算，它转让给SPV的资产也不受牵连。

（6）金融工具的创新。ABS模式是通过SPV发行证券筹集资金，这种负债不反映在原始权益人自身的资产负债表上，从而避免了原始权益人资产质量的限制。同时，SPV利用成熟的工程项目融资改组技巧，将项目资产的未来现金流量包装成证券投资对象，充分显示了金融创新的优势。

（7）中间环节少且筹资成本较低。ABS的发行基础是资产在当前和今后所产生的稳定现金流，而不是资产本身。因此在对ABS进行信用评级时，评级机构所考虑的主要是现金流的质量和交易结构的安全性，而与原始权益人自身的信用等级无关，从而可以使信用等级较低的企业进入高等级的资本市场。而且中间环节较少，只涉及原始权益人、特设信托机构SPV、投资者、证券承销商等主体，比较容易操作，筹资成本也较低。

（8）有助于培养国际工程人才培养。由于ABS模式是在证券市场筹资，其接触的多为一流的证券机构，按规范的操作规程行事，这将有助于培养东道国在国际工程项目融资方面的专门人才，规范国内证券市场。

4.4.2 ABS模式的基本要素

1. 标准化的合约

制定标准化合约必须审慎，因为该合约使所有的参与方确信，为满足契约规定的义务，该担保品的存在形式应能够提供界定明确而且在法律上可行的行为。

2. 资产价值的正确评估

在信贷资产证券化业务中，通过银行家的尽职调查，向感兴趣的各方提供关于该项目风险性质的描述和恰当的价值评估。

3. 具有历史统计资料的数据库

对于拟证券化的资产在过去不同情况下的表现，必须提供一份具有历史统计资料的数据，以使各参与方据此确定这些资产支持证券的风险程度。

4. 适用法律的标准化

证券化融资需要以标准的法律为前提。美国第一银行曾发行过AAA级抵押支持传递证券，最后以失败告终，其原因就是它未能满足美国所有各州要求的法定投资标准。这一点也是决定ABS项目能否成功的重要一环。

5. 确定中介机构

确定中介机构对于证券化融资非常关键。不应因金融中介机构的破产或服务权的转让而造成投资者的损失。

6. 可靠的信用增级措施

证券化融资的重要特点是可以通过信用增级措施发行高档债券，以降低项目融资的成本。因此，如果没有可靠的、资信较高的信用增级措施，资产支持证券化融资是很难操作的。

7. 计算机模型的应用

用以跟踪现金流量和交易数据的计算机模型，也是促进证券化交易增长的重要基础。

4.4.3 ABS模式的参与者

1. 资产证券化的发起人

资产证券化的发起人，通常也称原始权益人卖方，是被证券化资产的原所有者，也是资金的最终使用者。发起人的作用是收取贷款申请、组织贷款以及评审借款人申请抵押贷款的资格等。在资产证券化的发源地美国，发起人包括商业银行、抵押银行、政府机构、财务公司、储蓄机构、保险公司、证券公司、其他金融公司等，这些发起人大多财力雄厚、信用突出。发起人的收入来源主要包括发起费、申请费和处理费以及二级销售利润等。

2. 资产证券化的特设机构

资产证券化的特设机构即发行人，通常也称特殊目的公司（SPV）。资产组合并不是由原始权益人直接转让给投资者，而是首先转让给一家独立中介机构，或者一个被称为"破产隔离"的金融子公司。这些特殊目的公司是专门为发行ABS而组建的，必须具有独立法律地位且是无破产风险的实体，因此要满足以下条件：①目标与权力应受到限制；②债务应受到限制；③设有独立董事，维护投资者利益；④分立性；⑤不得进行重组兼并。特殊目的公司是发起人与投资者之间的桥梁，是资产证券化结构设计中的点睛之笔。

3. 资产证券化的代发行机构

资产证券化的代发行机构是指投资银行，在我国主要是综合性证券公司。投资银行为证券的公募发行和私募发行进行有效促销，确保ABS发行成功。在公募发行方式下，投资银行从发行人处买断证券，然后进行再销售；在私募发行方式下，投资银行并不买断证券，只作为SPV的销售代理人，为其成功发行ABS提供服务。但无论采用哪种方式，投资银行都要和发行者一起策划、组织证券化交易的整个过程，以使其符合相关法律、法规、会计和税收等方面的要求。

4. 资产证券化的信用担保机构

资产证券化除了以标的资产作担保外，还需要信用增级机构提供额外的信用支持。信用增级是减少ABS发行整体风险的有效途径，其目的是提高ABS的资信等级，提高定价和上市能力，降低发行成本。

5. 资产证券化的资信评级机构

资产证券化的资信评级机构需要给资产支持证券评定等级。信用评级是对信用风险的一种评估，其目的是对ABS的信用风险提供权威性意见，为投资者进行有效的投资决策提供合理、可靠的依据。实际操作中，由于ABS具有"有限追偿"的特殊性，资信评级机构只需对与ABS相联系的标的资产未来产生现金流量的能力进行评估，以判断可能给投资者带来的违约风险。正是因为这种评级的针对性，对那些由于自身资信不理想而难以涉足资本市场进行有效融资的企业意义非常重大。这种企业可以剥离出优质资产，采取相应的信用增级措施，从而获得远高于自身的资信等级，为通过资产证券化融资铺平道路。资信评级机构在完成初次评级后，还需要对该证券在整个存续期内的业绩进行"追踪"监督，及时发现新的风险因素，并作出是否需要升级、维持原状或降级的决定，以维护投资者的利益。

6. 资产证券化的投资者

投资者是购买 ABS 的市场交易者。由于投资者的风险偏好不同，因此不同风险程度的证券都有其市场。ABS 模式的风险-收益结构可以进行动态调节，能更好地满足投资者特定的风险-收益结构要求。投资者不仅包括大量机构投资者，也包括众多个人投资者。

7. 资产证券化的服务人

资产证券化的服务人通常由原始权益人兼任，负责定期向原始债务人收款，然后将源自证券化资产所产生的现金转交 SPV，使 SPV 能定期偿付投资者。同时，从 SPV 处定期获取服务费。

8. 资产证券化的受托管理机构

在 ABS 发行中，受托管理机构是服务人和投资者的中介，也是信用提高机构和投资者的中介。ABS 发行，无论是通过发行人进行资产销售，还是通过发行人的已担保债务关系，受托管理机构都不可缺少。受托管理机构一般由 SPV 指定，服务人从原始债务人收来的款项将全额存入受托管理机构的收款专户。受托管理机构按约定建立积累金，并对积累金进行资产管理，最后交给 SPV，对投资者还本付息。

4.4.4 ABS 模式的运作程序

1. 确定证券化资产，组建资产池

在进行 ABS 融资时，首先要充分了解自己所拥有资产的未来现金流稳定性、风险大小、信用等级等。选择那些有稳定现金流而流动性又比较差的资产，用于进行估算和信用考核，把这些资产汇集起来，形成资产池。

2. 组建 SPV

SPV 的设立是证券化过程中的一个关键环节，其目的是最大限度地降低发起人的破产风险对证券化资产的影响。也就是说，原始权益人的破产不会影响到证券化基础资产。为了达到破产隔离的目的，在组建 SPV 时，应具备以下条件：①对利息支付免征预提税；②破产法规定这类机构不得破产；③对利润或资本利得免征所得税。该机构可以是一个信托投资公司、信用担保公司、投资保险公司或其他独立法人。该机构应能够获得国际权威资信评估机构较高级别的信用等级（AAA级或AA级）。由于 SPV 是进行 ABS 融资的载体，成功组建 SPV 是 ABS 能够成功运作的基本条件和关键因素。

3. SPV 与项目结合

SPV 寻找可以进行资产证券化融资的对象。一般来说，投资项目所依附的资产只要在未来一定时期内能带来现金收入，都可以进行 ABS 融资。它们可以是信用卡应收款、房地产的未来租金收入、飞机和汽车等未来运营的收入、项目产品出口贸易收入、港口及铁路的未来运费收入、收费公路及其他公用设施收费收入、税收及其他财政收入等。拥有这种未来现金流量所有权的企业（项目公司）成为原始权益人。具有下列特征的资产比较容易实现证券化融资。

(1) 资产可以产生稳定的、可预测的现金流收入。
(2) 原始权益人持有该资产已有一段时间,且信用表现记录良好。
(3) 资产应具有标准化的合约文件,即资产具有很高的同质性。
(4) 资产抵押物易于变现,且变现价值较高。
(5) 债务人的地域和人口统计分布广泛。
(6) 资产的历史记录良好,即违约率和损失率较低。
(7) 资产的相关数据容易获得。

这些未来现金流量所代表的资产,是 ABS 融资模式的物质基础。在进行 ABS 融资时,一般应选择未来现金流量稳定、可靠,风险较小的项目资产。一般情况下,这些代表未来现金收入的资产,本身具有很高的投资价值,但由于各种投资条件的限制,它们自己无法获得权威资信评估机构授予的较高级别的资信等级,因此无法通过证券化的途径在资本市场筹集建设资金。而 SPV 与这些项目的结合,就是以合同、协议等方式将原始权益人所拥有的项目资产的未来现金收入的权利转让给 SPV,转让的目的在于将原始权益人本身的风险隔离。这样 SPV 进行 ABS 模式融资时,其融资风险仅与项目资产的未来现金收入有关,而与建设项目原始权益人本身的风险无关。在实际操作中,为了确保与这种风险完全隔离,SPV 一般要求原始权益人或有关机构提供充分的担保。

4. 信用增级

为了利用信用增级手段使该资产获得预期的信用等级,需要调整项目资产现有的财务结构,使项目融资债券达到投资级水平,达到 SPV 关于承保 ABS 债券的条件要求。SPV 通过提供专业化的信用担保进行信用升级。信用增级的渠道有利用信用证、开设现金担保账户、直接进行金融担保。之后,委托资信评估机构,对即将发行的经过担保的 ABS 债券在还本付息能力、项目资产的财务结构、担保条件等方面进行信用评级,确定 ABS 债券的资信等级。

5. 信用评级

在资产证券化交易中,信用评级通常分两次进行,即初评和发行评级。初评的目的是确定为了达到所需要的信用级别必须进行的信用增级水平。在按评级机构的要求进行信用增级之后,评级机构才进行正式的发行评级,并向投资者公布最终评级结果。证券的信用等级越高,表明证券的风险越小。

6. SPV 发行债券

信用评级完成并公布结果,同时获得证券监管机构的批准后,SPV 直接在资本市场上发行债券募集资金,或者 SPV 通过信用担保,由其他机构组织债券发行,并将通过发行债券筹集的资金用于项目建设。由于 SPV 一般均获得国际权威性资信评估机构的 AAA 级或 AA 级信用等级,按照信用评级理论和惯例,由它发行的债券或通过它提供信用担保的债券,也自动具有相应的信用等级。这样 SPV 就可以借助这一优势,在国际高档投资级证券市场以较低的资金成本发行债券,募集项目建设所需资金。

7. 获取证券发行收入,向发起人支付资产购买价款

SPV 将证券发行所取得的现金收入,在支付该资产证券化交易过程中发生的相关中介咨询、服务费用之后,按与发行人签订的售卖合同所事先约定的价格和支付方式,向发行人支付购买基础资产的价款,实现资产转移。

8. 资产管理服务与回收资产收益

资产证券化完成以后,SPV 就要涉足资产管理服务与回收资产收益的工作。SPV 一般会聘请专门的服务商来对资产池进行管理。服务商的主要任务是对基础资产的日常运行进行管理,收取和记录资产产生的现金收入,并将这些款项存入受托管理人的收款专用账户中。与此同时,受托管理人按约定建立积累基金,以便对投资者按期支付本息。服务商还会在债务人违约的情况下,采取垫付款项等补救措施。

9. SPV 偿债债券

由于项目原始收益人已将项目资产的未来现金收入权利让渡给 SPV,因此 SPV 就能利用项目资产的现金收入量,清偿它在国际高档投资级证券市场上所发行债券的本息。SPV 一般委托某受托银行担任资金管理和本息偿付职能。受托人根据证券应用协议条款,从服务商、担保人和其他第三方处收集资金,并在规定的本息偿付日,对投资者进行足额偿付。按照证券发行说明书的约定,当证券全部被偿付完毕后,若资产池产生的现金流还有剩余,那么这些剩余的现金流将在原始权益人和 SPV 之间按规定进行分配。至此,资产证券化交易的全部过程也随之结束。

ABS 融资模式的具体运作程序如图 4-5 所示。

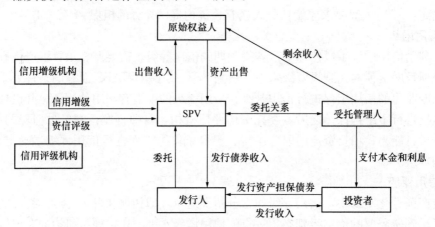

图 4-5 ABS 融资模式的运作程序

(资料来源:宋永发,石磊. 工程项目投资与融资[M]. 北京:机械工业出版社,2019)

4.4.5 ABS 模式在应用中应注意的问题

1. SPV 的设立

从世界上其他国家的实践来看,SPV 的设立方式有三种:

(1)政府组建。政府组建的 SPV 由于有坚实的政府背景,故在很多情况下享有与私人公司不同的待遇。

(2)在由发起人组建的方式下,发起人与 SPV 之间是母子公司关系,发起人可能对 SPV 享有特权,从而损害投资者的利益,不利于证券化过程中的资产转移性质被界定为真实出售。

(3)由独立的第三方组建和拥有。现实中,不管是由哪一方组建,都要求 SPV 的设立手续简便以及消耗的成本较低，以便于资产担保证券的发行，同时还要考虑法律对证券化税收的规定——避免双重纳税，以及实现破产隔离等。目前，比较常见的 SPV 组织形式有公司、信托、合伙、基金等。至于具体采用何种组织形式，主要取决于各国的法律、税收和会计制度等因素。

2. 破产风险隔离

（1）SPV 自身的破产风险应对

SPV 使自身实现破产隔离，国际上比较通行的做法是在法律上对 SPV 的经营范围、债务等方面进行严格的限制。

1）经营范围的限制。作为一个新成立的经济实体，SPV 只能从事与证券化交易有关的业务活动。除交易规定的可进行活动以外，SPV 不得进行任何其他经营和融资活动。

2）债务的限制。SPV 除了履行证券化交易中确立的债务和担保义务外，不应再发生其他债务，也不应为其他机构或个人提供担保。

3）独立性要求。为了避免发起人破产波及资产证券化交易，SPV 必须保持其独立性，必须从形式上和实质上保持与发起人之间的距离。

4）不得进行并购重组。除特殊情况外，SPV 不得与他方合并或转让原始权益；在未事先通知原有关当事人的情况下，不得修改资产条件、证券化协议及其章程。

5）合同权益的保护。除特殊情况外，SPV 不得豁免或减轻任何当事人的合同义务。

6）银行账户。除证券化协议规定设立的账户外，SPV 不得开设其他任何银行账户。

7）附属机构。除证券化协议规定外，SPV 不得设立任何附属机构。

（2）发起人的破产风险隔离

ABS 交易结构应能保证发起人的破产不会对 SPV 的正常运营产生影响，也不会影响对证券持有人的按时支付。要实现这一点，必须做到 SPV 不会被发起人合并，同时还要做到资产转移被定性为真实出售，而不是担保融资。如果资产转移为真实出售，SPV 就拥有基础资产的所有权，那么在发起人破产时，基础资产就不能作为其破产财产列入清算范围，从而保障了 SPV 持有人的利益。因此，真实出售使证券化资产与发起人的破产风险隔离。

（3）服务商的破产风险隔离

如果基础资产产生的收入保留在服务商的自有账户中，或与服务商的自有资金混合，可能导致基础资产产生的收入不能用于对资产担保证券的按时偿付。在极端情况下，如服务商破产，将危及对资产担保证券的偿付。为了避免上述情况的发生，SPV 与服务商签订的服务协议中通常规定，服务商在收集基础资产收入后的一段时期内，可以保留和混存收入，但在这一时期结束后，基础资产的收入就必须存入专门的存款账户中。有些服务协议则规定债务人直接对锁定账户进行支付，除非服务商具有证券化交易要求的信用等级，否则不能获取锁定账户的款项。

（4）原始债务人的破产风险隔离

在构建资产担保证券化交易时，如果个别原始债务人无力偿还债务，那么应如何保证对资产担保证券持有人的按时支付？常用的解决措施是：SPV 购买若干基础资产组合成资产池，并根据基础资产的历史违约数据，通过构建模型来推算资产池中资产的违约率，然后再根据违约率来推测基础资产产生的现金流，据此确定资产担保证券的收益率。因此，ABS交易结构的设计将个别债务人的破产情况考虑在内，并采取措施熨平了现金流的波动，从而使投资者获得的偿付几乎不受个别原始债务人破产风险的影响。

3. 资产转移方式

（1）更新

更新是发起人与债务人首先解除债务合约，再由SPV与债务人之间按原合约条款签订一份新合约来替换原来的债务合约，从而把发起人与债务人之间的债权、债务关系转换为资产负债人之间的债权、债务关系。更新这种方式由于要缴纳印花税等，因此交易成本较高。

（2）转让

转让是指发起人无须更改、终止原有合同，只需通过一定的法律手续，直接把基础资产转让给SPV，即交易不涉及原债务人。转让又分为两种情况：①把通知债务人或把债务人的承诺作为转让的必要条件，即若没有资产转让的书面通知，资产债务人就享有终止债务支付的法定权利；②不通知债务人，即默认方式。在美国和日本，不管有无通知，转让方式都被视为证券化的一种形态。在我国，根据《中华人民共和国民法典》第五百四十六条规定，"债权人转让债权，未通知债务人的，该转让对债务人不发生效力。"即一般债权转让应采取转让通知原则。相比较而言，转让是一种手续简单、成本节约的资产转移方式。

（3）参与

在该种方式下，SPV与债务人之间无合同关系，发起人和原始债务人之间的基础合同继续有效，资产不必从发起人转移到SPV。SPV先向投资者发行资产担保证券，然后将筹集到的资金转贷给发起人，其转贷金额等于资产组合价值。投资者给予SPV的贷款和SPV给予发起人的贷款都附有追索权。

4. 信用增级方式

（1）内部信用增级

内部信用增级是指利用证券化资产的一部分现金流来为资产担保证券提供信用支持，使其能够获得所需要的等级。内部信用增级常见的方式有设立优先或次级证券结构、建立超额抵押和设立储备基金账户。

（2）外部信用增级

外部信用增级是指第三方担保机构对一定数量的损失提供第一损失保护。外部信用增级的方式主要有资产组合保险、开出信用证和金融机构担保等。

5. 外汇平衡问题

把采用ABS方式所筹的资金用于项目建设，但项目本身的产品却可能很少出口创汇，其所得收益主要表现为本国货币，而SPV为清偿其在国际高档证券市场发行债券的本息，必然要将本币兑换成外币汇出境外。因此，应利用当前我国外汇储备充足的有利时机，保证ABS项目的外汇兑换，增强外商对我国进行ABS模式投资的信心。

6. 试点的问题

对于国内企业而言，ABS属于全新的课题，现阶段尚缺乏项目营运历史。为了促进ABS融资活动的全面展开，建议先在不同的领域建立省市地区性的、行业的、项目以及企业的ABS试点，取得实践经验后，再在全国范围内全面推广，为我国的经济建设和发展提供较低成本的资金。

7. 法律法规问题

当前，我国的法律体系还在完善之中，尽管颁布实施了一系列相关经济、金融立法，但基于ABS属于高档投资级的国际融资，原始权益人、投资者和项目的其他参与者的权益和责任是通过法律合同详细规定的。因此，需要确定行使一切可用的法律保障和确定取得了行政和政治上的批准，特别是政府的支持。同时，根据我国国情和国际惯例，加快相关立法，制定一套适合ABS融资模式的法律法规，为ABS方式在我国的有效利用创造良好的法律环境。

4.4.6 ABS模式在建设工程项目中的应用

ABS融资模式是国际资本市场上流行的一种工程项目融资方式，已在许多国家的大型项目中采用。ABS融资模式在我国主要应用在铁路、高速公路等工程项目。与BOT融资不同，ABS融资模式不用等待漫长的项目移交运作期，是一种通过发行债券使资产收益商品化的筹资，进而使企业以较低成本进入资本市场的融资方式。对于铁路、高速公路项目而言，其资金需求巨大，未来收益可以预测，投资者采用ABS融资模式是较好的选择。

但ABS融资方式有其不完善的地方，表现为：①法律、政策限制的问题。ABS属于高档投资级的融资，原始权益人、投资者和项目的其他参与者的权益和责任是通过法律及合同详细规定的；②税收问题，ABS融资模式是以项目资产的未来收益偿还发行债券的本息的，而我国的增值税、营业税、印花税、所得税等税目、税率都与国际惯例有区别，从而影响到ABS融资在我国的发展；③人才培养问题。目前我国缺少既具有ABS融资经验，又具有基础设施项目运作经验的专门人才，也缺少相关的法律人才和负责ABS研究、管理的专门人员。因而需要建立适合ABS融资模式的法律法规，并按照国际惯例进行税制改革使其与国际惯例接轨，还需加快有关ABS方面的人才培养，深入研究ABS融资模式在建设工程项目中的运用，以促进我国经济更好更快地发展。

总体来看，我国以前的ABS模式的实践大多属于自发性个体行为，ABS产品也不是真正意义上的资产证券化产品，操作模式不成熟不规范。虽然从2005年开始，我国拉开了ABS试点工作的序幕，并相继出台了一系列的配套制度，但到目前为止，ABS还远没有成为金融机构自觉性的群体行为，证券化实践尚未出现实质性突破，资产证券化之路任重而道远。

4.5 REITs模式

房地产投资信托基金（Real Estate Investment Trusts，REITs）源于美国，是一种以发行信托基金的方式募集资金，由专业投资机构负责进行房地产投资，收入主要来自物业租赁收入，并将收益分配给持有人的一种资产证券化产品。

20世纪60年代以来，美国、日本、德国、英国等发达国家的房地产金融创新表现为由以银行为主的信贷模式转向以资产证券化为主的直接融资模式，REITs在这转化过程中应运而生，原始权益人可以将流动性较低的、非证券形态的房地产投资，转化为资本市场上的标准化证券资产，中小投资者通过购买 REITs，可以实现对大型商业房地产的投资。REITs 在国外逐步成为商业房地产融资领域的主流。

伴随着市场经济发展的日益深入，中国房地产融资制度的发展演变必定会与国际接轨，而 REITs 将是我国房地产业融资创新的重要方向之一。作为资产证券化产品，REITs 体现了商业不动产证券化的积极创新与实践。近年来，REITs 逐渐得到了国内监管部门和融资参与者的关注。表 4-4 体现了近些年来 REITs 在我国的发展进程。

REITs 在中国的发展进程　　　　　　表 4-4

时间	事项
2002	我国开展信托业务后开始逐步涉及房地产信托业务
2005	中国银行业监督管理委员会颁布《加强信托投资公司部分风险业务提示的通知》对房地产信托发行的门槛进行了严格规定； 我国香港证券市场上越秀投资成功发行了越秀 REITs，成为我国第一只真正意义上的房地产信托投资基金
2006	房地产限制外资政策发布，万达、华银控股、华润等公司模仿越秀模式在我国香港上市的计划都相继搁浅，国内 REITs 发展一度停滞
2007	中国证券监督管理委员会"房地产投资基金专题研究领导小组"正式成立； 中国人民银行召开 REITs 专题座谈会，国家发展和改革委员会、财政部、建设部、劳动和社会保障部、中国银行业监督管理委员会、中国证券监督管理委员会、中国保险监督管理委员会等部门参会，并达成"试点与立法平行推进"的共识，中国人民银行起草《关于开展房地产投资信托基金试点工作的请示（征求意见稿）》； 中国证券监督管理委员会初步选定了 8 个省 12 家企业进行企业调研和市场培育，第一站选择在天津
2008	中国银行业监督管理委员会在新出台的《信托公司管理办法解释》中明确"鼓励房地产投资信托基金业务的开展"； 中国人民银行发布《2007 年中国金融市场发展报告》，明确提出要充分利用金融市场存在的创新空间，在未来一段时间内可以择机推出房地产信托投资基金（REITs）产品； 中国银行业监督管理委员会颁布《信托公司房地产信托业务管理暂行办法》； 中国人民银行请示国务院启动开展 REITs 试点的准备工作； "金融国九条"第五条谈到：创新融资方式，通过并购贷款、房地产信托投资基金、股权投资基金和规范发展民间融资等多种形式，拓宽企业融资渠道； 《关于促进房地产市场健康发展的若干意见》提出，支持房地产开发企业合理的融资需求，支持开展房地产投资信托基金试点，拓宽直接融资渠道
2009	中国人民银行联合中国银行业监督管理委员会、中国证券监督管理委员会等 11 个部门成立"REITs 试点管理协调小组"，详细制定了试点实施方案； "浦东新区 2009-1REITs 发行募集说明书（第一稿）"出台； 《房地产集合投资信托业务试点管理办法》的文件出台
2010	住房和城乡建设部等七部门联合发布《关于加快发展公共租赁住房的指导意见》，鼓励金融机构探索运用保险资金、信托资金和房地产信托投资基金，拓展公共租赁住房融资渠道
2011	汇贤产业信托在我国香港上市，国投瑞银亚太地区 REITs 产品完成合同备案，鹏华美国房地产基金成为国内首只投资美国房地产的基金

续表

时间	事项
2013	广发美国房地产指数基金作为国内首只美国房地产指数基金开盘；开元酒店地产基金作为内地首个上市的酒店地产基金成功在我国香港上市
2014	国内首只REITs产品——中信启航专项资产管理计划获得监管层批准，并首次尝试在交易所流通； 中国人民银行和中国银行业监督管理委员会发布《中国人民银行中国银行业监督管理委员会关于进一步做好住房金融服务工作的通知》，提出将积极稳妥开展REITs试点工作
2015	住房和城乡建设部发布《关于加快培育和发展住房租赁市场的指导意见》，指出积极推进房地产投资信托基金（REEITs）试点； 鹏华前海万科REITs作为国内首单公募REITs正式在深交所挂牌上市
2016	"首誉光控-光控安石大融城资产支持专项计划"在深交所挂牌，开创国内商业地产"PERE＋REITs"模式先河
2017	"中信皖新阅嘉一期资产支持专项计划"在上交所挂牌转让，该项目系国内信息文化传媒行业首单REITs项目，国内首单以书店作为物业资产的REITs项目，首单以国有文化资产为标的运作的REITs项目以及安徽省内首单REITs项目； 住房和城乡建设部等九部门联合发布文件《关于在人口净流入的大中城市加快发展住房租赁市场的通知》提出要推进房地产投资信托基金（REITs）试点
2019	国家发展和改革委员会公布了《2019年新型城镇化建设重点任务》，指出支持发行有利于住房租赁产业发展的房地产投资信托基金等金融产品； 国务院印发《关于推进国家级经济技术开发区创新提升打造改革开放新高地的意见》，在"（十六）提升产业创新能力"部分中指出，支持在有条件的国家级经开区开展资本项目收入结汇支付便利化、不动产投资信托基金等试点。（中国人民银行、中国证券监督管理委员会、国家外汇管理局等单位与地方各级人民政府按职责分工负责）
2020	中国证券监督管理委员会和国家发展和改革委员会公布了《关于推进基础设施领域不动产投资信托基金（REITS）试点相关工作的通知》，以基础设施作为基础资产的公募REITs市场逐步拉开帷幕； 中国证券监督管理委员会发布《公开募集基础设施证券投资基金指引（试行）》，推动基础设施REITs平稳落地
2021	上海证券交易所公布了《上海证券交易所公开募集基础设施证券投资基金（REITs）业务办法（试行）》以及深圳证券交易所公布了《深圳证券交易所公开募集基础设施证券投资基金业务办法（试行）》，明确了基础设施REITs采用"公募基金＋基础设施资产支持证券（ABS）"方式； 国家发展和改革委员会公布了《关于建立全国基础设施领域不动产投资信托基金（REITs）试点项目库通知》，设立全国基础设施REITs试点项目库； 国家发展和改革委员会公布了《关于进一步做好基础设施领域不动产投资信托基金（REITs）试点工作的通知》，将试点区域扩大至全国各地区，试点范围也增加； 上海证券交易所公布了《上海证券交易所基金自律监管规则适用指引第3号——基金通平台份额转让》以及深圳证券交易所公布了《深圳证券交易所证券投资基金业务指引第3号——基金通平台份额转让》，为有需求的场外公募REITs投资者提供补充推出渠道
2022	财政部公布了《关于基础设施领域不动产投资信托基金（REITs）试点税收政策的公告》，这是我国首份REITs试点税收政策； 国家发展和改革委员会公布了《国务院办公厅关于进一步盘活存量资产扩大有效投资的意见》提出对具备相关条件的基础设施存量项目，可采取基础设施领域不动产投资信托基金方式盘活； 中国证券监督管理委员会和国家发展和改革委员会公布了《关于规范做好保障性租赁住房试点发行基础设施领域不动产投资信托基金（REITs）有关工作的通知》，全面推动保障性租赁房REITs业务规范有序开展； 国家发展和改革委员会公布了《关于做好基础设施领域不动产投资信托基金（REITS）新购入项目申报推荐有关工作的通知》，合理简化新购入项目申报要求，完善申报程序

（资料来源：自行整理和前瞻产业研究院）

4.5.1 REITs模式的特点

1. 主要投资存量物业

REITs可以直接拥有房地产物业，靠经营房地产项目获得收入或者收购其他物业，通过管理和出租取得租金收入。REITs也可以购买抵押债券或者是抵押贷款支持证券，或者二者兼有之。但90%的REITs选择直接拥有房地产物业，通过资产提升、资产运营管理取得租金收入。

2. 收益主要来源于分红

REITs通过发行股票（基金单位）形式募集股东的闲置资金进行房地产项目的投资组合，并按规定将净收益的绝大部分以股息形式分配给股东们，即以分红方式将收益分发给持有人。

3. 具有税收优惠

现在绝大多数已经发行REITs的国家均在税法或专项法律中赋予REITs一定的税收优惠。比如美国就规定免征公司所得税和投资者资本利得税，新加坡规定对REITs免征公司所得税，并且在物业购买税和登记税上给予优惠等。税收优惠是区别于一般房地产信托或者房地产投资基金的最大特点，也是REITs产生和发展的动力所在。

4. 流动性强

房地产投资属于不动产投资，投资周期长，而房地产投资信托基金通常采取公开募集的形式，在证券交易所发行和流通交易。将REITs引入房地产市场后，可以不经过房地产产权的转换，直接在证券市场上实现房地产资产的买卖，将房地产市场上交易的复杂性变为在证券市场上交易的灵活性，使得REITs像一般股票交易一样可以自由买卖，方便了投资者的参与和退出，投资者可以根据个人的意愿随时通过买卖基金证券进行房地产投资，这也可以吸引中小投资者积极参与。

5. 降低进入房地产行业的门槛

房地产投资周期长且资金量大，一旦投资于房地产，投资者的大量资金被占用且难于周转，中小投资者尤其是普通民众，很难进入房地产投资领域，从而阻塞了房地产的融资渠道。REITs使大额的房地产投资变成了小额的证券投资，中小投资者也可以参与其中。

6. 风险相对较低

REITs有专业化的经营管理，专业的管理团队可以确定最佳的投资策略，有效降低风险。REITs可以投资多个房地产项目，可以投资不同地区、不同物业类型，甚至是不同地产商。与传统的房地产开发只投资单个项目相比，REITs风险分散能力强。分散投资有利于规避风险，收益相对较高。另外REITs与其他金融产品的相关度低，REITs投资对象为房地产，属于实体投资，风险和收益主要取决于房地产市场的发展状况，因此受到资本市场的影响相对较小。REITs的低负债率对于整个金融系统来说无疑也是更安全，高分红特点也增加其安全性。

7. 收益适中

REITs的投资特性表现为其投资总收益比高增长公司（即最大限度扩大销售、提高利润增长，期望以此来以吸引风险投资、公共基金或私募基金的企业）的收益低，但比债券收益高。以美国为例，在过去20多年里，富时美国权益REITs指数的年化回报达到10%，该收益水平不仅超过美国国债、信用债的收益，更打败了美国的三大股指；在波动度方面，比标普500指数波动性略高，低于纳斯达克指数。

8. 透明度高

各国对REITs监督管理都很严，信息披露也较为透明。大部分REITs采用公募形式，因此要受到多方面的监督。这些监督者包括独立的受托人委员会、独立的审计师、证券交易委员会和投资分析师等。上市的REITs按规定要向投资者披露运营信息，帮助投资者了解其运作及可能涉及的投资风险；协助投资者对其运营的稳健性建立信心，在充分掌握信息的情况下作出投资决策。同时，在证券交易所上市的REITs还要受到公众和监管机构的监督，这些监督有助于完善REITs的管理行为。

4.5.2 REITs模式的类型

REITs产品的分类方式有很多，可以从组织形式、资金运作方式、资金投向、投资组合、募集方式等多角度进行划分。

1. 根据组织形式的不同，REITs分为信托型和公司型

信托（契约）型：主要由受托者、管理者、托管者、受益者（投资者）组成，根据信托契约确定各自的权利和义务。由受托者也即信托机构发行信托计划来募集资金。信托型基金本身不具有法人资格，由受托者对资金进行投资管理，就资金的运用向托管者发出指令，托管者负责管理资金，接受受托者的指令，并对受托者进行监督。

公司型：这种基金是专门设立的基金公司募集资金，按照公司章程设立，具有法人资格，主要由投资者（股东）、基金管理人、托管人组成，其他的设置按照公司设立标准设立，基金公司通过发行股票募集资金，将资金投资于房地产行业。

2. 按照资金运作方式的不同，REITs分为封闭式和开放式两类

封闭式：封闭式REITs发行规模固定，基金募集完成后，投资者只能通过上市竞价交易进行基金份额买卖，不能向基金管理人通过净值交易赎回和购买。这种基金成立后，原则上不允许在设立期间增减资产或募集资金。投资期限也相对较长，一般在10年以上。

开放式：开放式REITs发行规模不固定，基金发行前有合同规定基金的最低募集份额总额，投资者可在存续期内按照净值要求购买或赎回。

3. 根据资金投向的不同，REITs分为权益类、抵押类和混合类

权益类：权益类REITs投资房地产，拥有房地产项目并对其进行管理从而获得收益。收入来源有商业用房的租金收入，以及直接对房地产项目投资获得产权取得收入。由于权益类直接是实业投资，因此其受利率影响相对较小，主要是间接影响。

抵押类：抵押类REITs的功能相当于金融中介，将募集的资金用于房地产抵押贷款或购买抵押证券。投资收益主要来源于发放抵押贷款收取的手续费、抵押贷款利息以及通过发放参与型抵押贷款所获得的抵押房地产的部分租金和增值收益。该抵押类REITs的投资收益低于权益类REITs，但由于其不直接参与房地产经营，因此风险也低于权益类房地产投资信托，而且投资者无法参与房地产的经营管理。

混合类：混合类REITs是权益类和抵押类的结合，不仅可以从事房地产抵押贷款，还可以进行权益投资，其收益比抵押类稳定，但不如权益类的收益高，其中权益类和抵押类的比例由管理人根据市场以及利率变动进行调整。

4.5.3 REITs模式的参与者

在REITs运作过程中，涉及诸多参与者，主要包括委托人、受托人、管理人、物业管理人、受益人、托管人。辅助参与者包括中介机构如代理销售机构、第三方评估机构（物业评估师、注册会计师、注册律师等）、监督管理机关等。

1. 委托人

委托人是指在REITs募集时，将其合法拥有的资金交给受托人，成为REITs的发起人。

2. 受托人

受托人，一般资产的持有人，负责新凭证的发行、受益凭证持有人的登记、REITs的收益分配；定期对REITs的执行情况进行信息披露；定期召集受益人大会，选定、任或者更换投资管理人，并监督投资管理人按照信托文件的约定和受益人大会决议管理信托财产投资组合等事务。

3. 管理人

管理人，负责REITs所持有的资产的投资、管理和运作，在REITs管理和运作过程中的地位最为重要。其在委托人的监督和授权范围内管理和运用REITs资产，并依照信托契约，对REITs资产进行投资组合和资产管理。REITs管理人主要负责投资经营和管理REITs相关的资产，获得投资收益，并按照绩效或一定比例获得投资管理佣金。

4. 物业管理人或管理顾问公司

REITs管理人可以委托物业管理人或管理顾问公司管理REITs所持有的物业，由其负责房地产项目直接管理方面的所有事务，包括房地产的实体管理、处理房地产租赁合同等事务。

5. 受益人

REITs受益人指信托受益凭证的持有人和受让人。依法享有定期获得基金收益分配，监督REITs运作情况，按契约的规定查询或获取公开的REITs业务及财务状况资料，出席或委派代表出席受益人大会行使表决权等权，同时承担相关运作风险。

6. 托管人

托管人指委托人委托商业银行托管REITs的资产，获取基金托管费，并监督REITs管理人的投资运作和管理，同时依法需承担对REITs资产的安全保管义务。

4.5.4 REITs模式的运作程序

REITs的运作流程可分为发行前与发行后两个阶段。发行前的流程主要有5个关键步骤。

（1）明确资金需求额。基金发起人在确定所需筹资数额后，还应考虑到所投资的房地产项目是否能满足凑齐资金所需承担的报酬等。

（2）承销商签订承销协议。基金发起人与承销商商议投资、募款及承销方式的细节，并签订协议。

（3）明确法律及会计的可行性。选择有资质的律师事务所和会计师事务所为基金成立的过程服务,为基金的运行提供法律保障与财务支持。

(4) 接洽管理顾问公司。把基金的管理运行交给优秀的管理顾问公司管理,可以加大基金收益的保障。发起人选定管理顾问公司后,要与其签订契约,明确双方权利与义务。

(5) 接洽保管机构。发起人选定保管机构后,与其签订契约,确定其为资产的名义持有人。

经过这5步准备工作后,可以向证监会申请募集。审批通过后则正式进入房地产投资信托基金的正式运作阶段。

(1) 房地产投资信托基金发起人向证券交易所申请上市;
(2) 信用评级机构对房地产投资信托基金进行信用评级;
(3) 证券经纪商按照承销协议发售基金,募集基金;
(4) 投资者购买房地产投资信托基金;
(5) 管理顾问公司对所募集的资产进行管理与投资;
(6) 保管机构对所募集的资产进行保管,担任名义持有人;
(7) 保管机构对房地产投资信托基金产生的各项投资收益进行保管;
(8) 保管机构根据协议要求将收益分配给投资者。

4.5.5 REITs模式在建设工程项目中的应用

在中国,REITs模式的落地已经成为共识,尽管目前标准化REITs产品并未出现,但在政府、监管等机构的积极推动下,REITs模式也在持续地完善和发展。REITs模式可以盘活存量资产,促进投资稳定,有利于在建设工程项目中构建良性融资循环。目前REITs模式在公租房、水利工程项目中均有运用。

公共租赁住房项目具有回报时间长的特点,其发展长期依靠有限的政府财政拨款,面临资金短缺的难题,需要通过利用先进的项目融资方式,提高项目建设的速度和质量,使资金得到更高效的利用。REITs模式是一种新的融资模式,对我国公租房市场具有以下几方面的意义:①契合"房子是用来住的,不是用来炒的"的定位,有利于遏止非理性买房、投资房产的情况,促进房地产市场平稳健康发展;②便于企业融资。REITs模式可以为私人资本提供投资公共租赁房建设的机会,从而为私人资本提供新的投资渠道;③帮助规范发展和培育公租房市场。REITs将所筹集的资金收购住房并出租经营,有助于消化住房市场库存,盘活存量住房并加以有效利用,从而提高资源利用效率和住房租赁市场的活力,推动公租房市场规范发展;④推动房地产金融创新。因而对于公共租赁住房项目而言,REITs模式将作为重要的金融支持手段得到长效的推动和实施。对于REITs模式而言,公共租赁住房亦为中国REITs融资模式落地的突破口。

近年水利工程建设积累了大量优质存量资产,但对存量资产利用缺乏有效途径,应用REITs模式可以实现存量资产增值,通过盘活存量、吸引增量,为新建项目提供可靠稳定的风险资本退出渠道,是稳定投资、弥补短板的有效工具,可以推动良性投资循环。而目前水利工程项目多采用PPP融资模式,很多项目进入运营期,项目资产通过REITs等证券化产品退出有很强的需求。因此,中国证券监督管理委员会和国家发展和改革委员会联合发布了《关于推进基础设施领域不动产投资信托基金(REITs)试点相关工作的通知》,通知中提到将REITs模式与PPP模式衔接好,促进水利工程项目的可持续化发展。

总体来看，我国的 REITs 模式实践大多在公租房领域，并不断向其他更多的领域推广。国家发展和改革委员会在发布的《关于进一步做好社会资本融资合作对接有关工作的通知》中提到，推动更多符合条件的存量项目发行基础设施 REITs，打通投资退出渠道，提升企业参与基础设施建设的积极性。我国逐渐拉开了 REITs 模式试点工作的序幕，一系列的配套制度将会相继出台，REITs 将得到不断发展。

本章小结

本章主要对各种现代融资模式的特点、运作程序及其在建设工程项目中的应用等内容进行系统介绍。在第 1 节中，还介绍了 BOT 模式的具体形式、参与者和适用范围，分析了 BOT 模式在应用中存在的问题、取得成功的关键因素；在第 2 节中，介绍了 PPP 模式的具体形式、参与者和评价方法，分析了 PPP 模式在应用中存在的问题、取得成功的关键；在第 3 节中，介绍了 PFI 模式的类型和运作的原则；在第 4 节中，介绍了 ABS 模式的基本要素和参与者，分析了 ABS 模式在运行中应注意的问题；在第 5 节中，介绍了 REITs 模式的类型、参与者等内容。

本 章 思 考 题

1. BOT 模式的特点有哪些？运作程序是什么？
2. BOT 模式的参与者有哪些？
3. BOT 模式目前在应用上面临哪些障碍？
4. PPP 模式的特点有哪些？运作程序是什么？
5. PPP 模式的参与者有哪些？
6. PPP 模式取得成功的关键因素是什么？
7. PPP 模式目前在应用上面临哪些障碍？
8. PFI 模式的特点有哪些？
9. PFI 模式的参与人有哪些？
10. ABS 模式的特点有哪些？
11. ABS 模式的基本要素是什么？
12. REITs 模式的特点有哪些？
13. REITs 模式的类型有哪些？参与者有哪些？

5 建设工程项目融资风险管理

【本章提要】 本章首先概述建设工程项目融资风险，界定建设工程项目融资风险的定义；其次，介绍建设工程项目融资风险识别，主要包括风险因素及其分类和识别技术；然后，介绍建设工程项目融资风险评价，主要包括评价方法及其选择；最后，介绍建设工程项目融资风险应对，主要包括风险应对的策略和措施。通过本章的学习，树立建设工程项目融资的风险意识，重点掌握建设工程项目融资风险的基本构成、分类、识别技术、评价方法；熟悉建设工程项目融资风险的应对策略和措施。

5.1 建设工程项目融资风险概述

美国学者威雷特（Willett）认为，"风险是关于不愿发生的事件发生的不确定性的客观体现"。奈特（F. H. Knight）认为，"风险是可测定的不确定性"。日本学者武井勋则认为，"风险是在特定环境中和特定期间内自然存在的导致经济损失的变化"。国内有学者给风险作了如下定义：风险是指对某一事件全过程的预期目标可能产生的不利因素发生的概率及后果。目前关于风险的定义尚没有较为统一的认识。

由于风险具有两面性，即风险可能给投资人带来超出预期的损失，也可能带来超出预期的收益。一般说来，人们对意外损失的关切比对意外收益的关切强烈得多，因此，研究风险时侧重结果的负偏离，即把风险看成是不利事件发生的可能性。实际上，正偏离也是人们的渴求，属于风险收益的范畴，在风险管理中也应予以重视，以激励人们勇于承担风险，获得风险收益。

对于建设工程项目而言，由于建设工程项目融资涉及的资金规模大、期限长、参与方众多，且结构复杂，因此，任何外部经济环境和内部项目操作中的意外变动都会给建设工程项目融资带来极大的风险。除此之外，建设工程项目融资还具有有限追索或无追索的特点，这进一步加大了建设工程项目融资的风险。建设工程项目融资风险是指建设工程项目融资活动中由于融资规划的不确定性因素而引起的未来收益的不确定性。建设工程项目融资风险是由项目实现过程的复杂性、一次性和创新性等不确定性因素决定的。这种不确定性既包括主观上对项目运行规律认识的不确定，也包括项目本身的客观不确定。因此，如何识别建设工程项目融资中的风险，参与方之间如何合理分担风险并做好风险管理，对确保建设工程项目融资的顺利完成具有重要意义。建设工程项目融资风险管理是指通过对建设工程项目融资的风险进行识别和评价，采用合理的经济及技术手段，对项目所涉及的风险加以分担和处理，以最大限度地避免或减少风险事件导致的项目实际效益与预期效益的偏差，从而保证项目投资者的预期收益及项目贷款人的追索权得以顺利实现的一种管理活动。在建设工程项目融资风险管理中，风险的准确识别、评价、公平分担和合理规避应对是项目成功的关键，也是项目各参与方谈判阶段的核心问题。

5.2 建设工程项目融资风险识别

建设工程项目融资风险识别是指通过对大量来源可靠的信息资料进行系统的分析，识别项目融资过程中存在的风险因素，进而确定项目所面临的融资风险及其性质，并把握其发展趋势的行为。建设工程项目融资风险识别是融资风险管理的基础，此后的融资风险评价和分担、应对措施的制定是否有效等，均取决于融资风险识别的准确程度。建设工程项目融资风险识别主要解决两个问题：一是工程项目融资面临哪些风险，这些风险是由哪些因素引起的；二是这些风险对工程项目的影响程度有多大。

5.2.1 建设工程项目融资的风险因素

风险因素是指促使某一特定风险事故发生或增加其发生的可能性或扩大其损失程度的原因或条件。构成风险的因素越多，事物发生损失的可能性就越大，损失也就会越严重。由于建设工程项目融资的风险因素极为广泛，可以从不同角度对建设工程项目融资的风险因素进行分类。例如，从技术角度划分，可分为技术的与非技术的两类风险因素；按风险的性质划分，可分为政治的、经济的、技术的、公共关系的和管理的风险因素等。

1. 政治因素

政治因素是指建设工程项目所处的政治环境可能给项目带来风险。例如，项目地点位于政治不稳定的国家或地区，可能使其无法按预期计划进行，并使承包商和运营商遭受损失。政治因素具体表现在以下几个方面。

（1）战争和内乱

项目所在国发生战争或内乱，迫使政权更迭，造成经济形势恶化，从而会使建设项目面临被终止或毁约；建设现场直接或间接遭到战争的破坏，不得不中止施工；在动乱期间，承包商为保护其生命财产，可能会撤资回国或转移他处等。战争和内乱常给投资方和承包商带来工期拖延、额外增加成本甚至项目终止等损失。项目所在国可能只给承包商极少的赔偿，甚至没有任何赔偿。

（2）国有化、没收与征用

建设工程项目所在国政府根据本国政治和经济的需要，颁布国有化政策，强行将承包工程收归国有，且不代替项目公司履行义务，导致承包商无处申诉。有时也可能给予被没收资产的外国公司少量补偿，但仍难以弥补巨大损失。除直接宣布国有化外，项目所在国政府有时还可能采取变相手段，如对外国公司强收差别税、在办理物资清关时无理刁难、禁止汇出利润等。

（3）拒付债务

某些项目所在国政府在财力不足的情况下，简单地废止项目合同，拒付债务，承包商也很难采取有效措施挽回损失；有些政府使用主权豁免理论，使自己免受任何诉讼；有些项目所在国发生革命，没收外资，对外资企业或参与投资的外国企业采取歧视政策；有些项目所在国发生政权更迭，新政府宣布不承认前政府的一切债务；有些没有付款保证的政府项目，特别是那些与承包商国家没有外交关系的国家的项目，拒付债务的风险会更大。

（4）对外关系

对外关系主要表现在业主国家与邻国关系好坏,其边境安全稳定与否,是否潜藏战争风险;业主国家与我国关系好坏,与我国是否建立外交关系,我国政府与工程所在地政府是否有某些涉及工程承包的协议;业主国家对项目资金来源,诸如国际金融组织或外国金融机构的各项有关规定是否熟悉、项目所在国家的信誉如何等。

(5) 业主国家的社会管理和社会风气等

建设工程项目所在国家政府办事效率高低,政府官员是否廉洁,当地劳动力素质高低,当地工会组织对外国公司的态度,是否常用罢工手段向雇主提出各种要求等,都将直接或间接地影响项目的正常进行。

除此以外,某些国际组织或国家对项目所在国实行制裁与禁运,也可能对项目造成很大的影响。

2. 经济因素

(1) 一般经济因素

1) 通货膨胀。通货膨胀是一个全球性的问题,在某些发展中国家更为严重。通货膨胀可能使项目所在国的物价大幅上涨,往往超过承包商所能预见的范围。如果合同中没有调值条款或调值条款写得太笼统,必然会给承包商带来较大风险。作为承包商,能预见到短期内一般规律的通货膨胀,但是很难预料到特殊情况下无规律的通货膨胀。虽然FIDIC条款及多数国家的合同法都规定有对通货膨胀的补偿措施,但毕竟还有不少国家不予补偿,尤其是工期短于1年的工程承包合同。避免通货膨胀带来的损失,不仅要考虑项目所在地的物价水平,而且要全面考虑国际市场上材料、设备价格的上涨情况及当地货币的贬值幅度,掌握国际市场物价浮动趋势。

2) 外汇问题。项目承包中常遇到的外汇问题包括:项目所在国外汇管制严格,限制承包商外汇汇出;外汇汇率浮动,当地货币贬值,由于在订立合同时没有写入固定的汇率而不能换到相应的硬通货;有的业主采取外币延期付款的方式,且利率很低,但向银行贷款则利率较高,需要倒贴利率差;签订合同时所确定的外汇比例太低,不够使用;签订合同时所选的外汇贬值等。忽视外汇浮动因素,会给承包商带来难以弥补的损失。

3) 保护主义。随着经济区域化的逐渐形成,保护主义已在各国各地区盛行,可能影响项目承包的保护主义(包括一些法律和规定)。概括起来主要包括:规定合资公司中外资股份的限制,以保证大部分利益归属本国;对本国和外国公司的招标条件不能一视同仁,有些国家规定外国公司的投标价格必须比当地公司低才可能中标,或者必须与当地公司联合才能参加投标,对外国公司的劳务、材料和设备的进入也附加种种限制;有些国家对本国公司和外国公司实行差别税率,以保护本国公司利益;对外国公司强制保险,为了中标,有时承包商不得不屈从其规定,这就潜伏着经济风险。

4) 税收歧视。国际承包商到项目所在国承揽项目,必然被列为该国的义务纳税人,因此必须遵守所在国的税收法律法规。另外,还要熟悉和遵守本国对海外收入实行的税收政策和条例。对于承包商来讲,经常面对的是某些项目所在国对外国承包商所实行的歧视政策,常常被索要税法规定以外的费用或种种摊派,或者受到该国公务人员在执法过程中排外情绪的影响,构成承包商潜在的风险因素。

(2) 与建设工程项目各方相关的经济因素

以上4类经济因素并不针对某一具体项目,而是对所有项目都产生影响,一般难以把握,需要对国际工程市场做全面系统的分析研究。以下经济因素则与建设工程项目各方工作有直接关系,这些风险因素对承包商而言,是风险与机遇并存。

1) 物价上涨与价格调整。物价上涨与价格调整的风险表现在:如采用固定总价合同时,虽然投标时考虑了各种物价上涨因素,但对这些因素可能估计不足;有时合同中没有价格调整公式,或仅有外币价格调整公式而无当地币值调整公式;有时虽有价格调整公式,但是包含的因素不全,或有关价格指数不能如实反映价格变动情况,有的调价方法有限制性规定等。

2) 项目公司支付能力差、拖延付款。这类风险因素表现在:项目公司资金不足,支付能力差,以各种手段拖欠支付,如拖延支付,而合同中未制定关于拖延支付如何处理的规定;虽然有项目公司拖延支付时应付利息的规定,但利率很低;项目公司拖延签发工程变更命令而使新增工程得不到及时结算;项目公司在工程末期拖延支付最终结算工程款和发还保留金等。有些项目公司国家利用政策保护项目公司的拖欠行为。例如,某公司在 B 国承包工程,该国不遵守国际上通用的 FIDIC 条款,而是实施自己的一套合同法规。该合同规定,如项目公司批准结算账单三个月后仍未付款,则承包人有权获得延付利息,利息计算以超过三个月后的天数和 B 国银行公布的贴现率为准。而在 B 国,当地货币存贷款无利息,外币贴现率又较低,可收取的利息很少,拖付工程款对项目公司极为有利,故造成项目公司实施拖欠的行为。

3) 海关清关手续繁杂。一方面,有时承包商在合同执行过程中,大量物资需要从国外进口,有的承包商不了解当地法规政策;另一方面,有些国家的清关手续繁杂,海关办事效率低,工作人员作风不廉洁,以致物资供应不及时,造成工程延期。

4) 分包商违约。总包商在选择分包商时,可能会遇到分包商违约、不能按时完成分包工程而使整个项目进展受到影响的风险,或者由于对分包商的协调、组织工作做得不好而影响全局。特别是我国承包商常把项目的某部分分包给国内有关施工单位,合同协议职责不清,风险界定不清,容易相互推诿。如果一个项目的分包商比较多,则容易引起许多干扰和连锁反应。例如,分包商工序搭接与配合不合理,或者个别分包商违约或破产,可能从局部工程影响到整个项目。相反,如果分包商常遇到总包商盲目压价、转嫁合同风险,或提出各类不合理的苛刻条件要求分包商接受,使分包商处于被动地位。

5) 出具保函要求。承包商的担保银行一旦向项目公司开出保函,就意味着将一笔相当于担保金额的款项压在项目公司手中,项目公司随时有可能没收这笔巨款。虽然 FIDIC 条款不主张采用无条件担保,即"见索即赔"保函,要求项目公司在进行保函索偿之前应先告知承包商,但仍有不少国家实行"见索即赔"保函。根据这种保函的性质,项目公司可以随时向承包商的担保银行索要不超过保函总额的任意款额,而无须事先告知承包商。保函风险除了表现在项目公司拥有随意索偿权之外,还表现在保函的生效和撤回日期,以及预付款保函中,忽略要求担保金额随预付款的分批归还而相应减少等措施。

不少合同都规定,项目公司在认为承包商的担保银行开出预付款偿还保函和履约保函后若干天内,给承包商支付预付款或开始履行契约义务。这种合同条款错开了保函生效日期与项目公司开始履约日期,即项目公司尚未开始履约,而保函业已生效。这无疑使承包商在合同尚未生效或项目公司尚未履约时即已开始承担风险,很可能出现承包商尚一无所得,而保函却已被项目公司没收的局面。

预付款归还保函是为承包商领取预付款而开具的一种书面担保,其金额应始终与承包商手持的预付款数相等。当项目进展到一定阶段,项目公司开始逐步扣回预付款,预付款保函数额本应随承包商归还预付款数额相应减少。但许多承包商却常常忽视了这一要求,结果是预付款已基本归还完毕,而保函仍然全额压在项目公司,既冒着被没收的风险,又要承担多余的保函手续费。

6) 带资承包条款。在有些合同中,项目公司明确要求承包商带资承包,即采用先垫款、再支付的办法。但工程开工后,项目公司无力支付,使承包商无法及时收回资金。还有一些变相的带资承包。例如,项目公司以资金紧张为由,不给承包商提供项目预付款,让承包商自己出资解决施工前期遇到的各种问题;项目公司在合同实行期间长期拖欠项目工程款或仅付少量利息,使承包商垫付的大量资金无法及时收回等。

3. 技术因素

(1) 地基地质条件

对于一个工程项目,特别是大型工程和地下建设工程项目,地基地质条件非常重要。通常项目公司提供一定数量的地质和地基条件资料,但不负责解释和分析,因而这方面的风险很大。例如,在施工过程中发现现场地质条件与施工图设计出入很大,承包商在施工中可能会遇到大量岩崩塌方等引起的超挖超值工作量和工期延误等。

(2) 水文气候条件

水文气候条件包括两方面:一是对项目所在地的自然气候条件估计不足所产生的问题,如多雨、严寒、酷暑等对施工的影响;二是当地出现的异常气候,如特大暴雨、洪水、泥石流、塌方等。虽然按照一般的合同条件,后一类异常气候造成的工期拖延可以得到补偿,但财产损失很难全部得到补偿。

(3) 材料、设备供应

如果材料的质量不合格或没有质量检验证明,工程师验收不通过,从而引起返工或由于更换材料而拖延工期;如果材料供应不及时,会引起停工、窝工,有时可能引起连锁反应。设备供应同样有质量不合格和供应不及时的问题,也可能有设备不配套的问题,或是未能按照安装顺序按期供货或机械设备运行状况不良等问题。

(4) 技术规范

如果技术规范要求不合理或过于苛刻,工程量表对项目的说明不明确而投标时未发现,也能引起建设工程项目成本增加的风险。

(5) 提供设计图不及时

一般合同文件对此类问题已有明示。例如,由于工程师的工作原因不能及时提供设计图,导致施工进度延误,应在合同文件中订立相应的补偿规定;否则,承包商应承担由此产生的风险。

(6) 工程变更

工程变更包括设计变更和工程量变更两个方面。变更常会影响承包商原有的施工计划和安排,带来一系列新的问题。如果处理及时得当,在执行变更命令过程中,可以向业主提出索赔,把风险转化为利润。

(7) 运输问题

对于陆上运输,要选择可靠的运输公司,订好运输合同,以防止因材料或设备未按时运抵工地而影响施工进度。对于海上运输，要防止因港口压船、卸货、海关验关等原因导致时间延误，影响施工的顺利进行。

(8) 外文翻译引起的问题

这类风险因素一般是由于翻译不够专业、不懂合同和招标文件，产生各种翻译错误而又未被发现，引起合同执行过程的歧义和偏差，导致双方对合同理解得不一致，进而引起工程项目的成本超支风险。

4. 公共关系方面的因素

(1) 与项目公司的关系

工程项目承包商与项目公司构成甲乙方关系，要努力维护项目公司的目标。如果项目公司延迟支付款项、提出过分要求、缓签各种证书，毫无疑问会大大影响工程项目的进度。

(2) 与工程师的关系

由于工程师效率低，拖延签发支付；或者工程师过于苛刻，以各种理由减扣应支付的工程款；特别是对"包干"项目，在项目未完成前拒绝支付或支付的比例过低；如果承包商遇到职业道德不好的工程师，必然会加大工程进度风险，因为工程师负责技术标准的具体解释工作。

(3) 与联营体内部各方的关系

联营体内的各家公司是临时性伙伴，很容易产生公司之间或人员之间的矛盾，影响配合和施工。如果联营体协议订得不周全，职责、权利、义务等不明确，也会影响合作；联营体负责公司的工作作风和水平也影响工作效率和进度。

(4) 与项目所在国地方部门的关系

这里主要是指项目所在地区的有关职能部门，如劳动局、环保局、建设局等，如果关系处理不好也会带来麻烦和风险。

5. 管理方面因素

(1) 投标报价失策

投标报价失策是指中标价太低，或接受的合同条件过于苛刻，这无疑造成建设工程项目承包条件先天不足。承包商纵有丰富的经营管理经验，也难以改变被动的局面。

(2) 合同条款不合理

由于项目施工合同通常是由项目公司或委托的咨询公司编制的，项目公司与承包商在合同中的风险分担往往不平衡。工程承包合同中一般都包含一些明显的或隐含的对承包商不利的条款，它们会造成承包商的损失。这主要体现在：标书或合同条款不合理，把属于项目公司的责任转嫁给承包商；合同工期订得很紧，留有余地较少，并且附有较重的误期违约罚款；项目建设周期较长，但合同中又没有调值条款；技术规范要求不合理，过于苛刻。

(3) 管理常识和经验缺乏

具有丰富的管理经验和较高的管理水平能使承包商变被动为主动，避免一些风险损失，甚至能从不利局面中转危为安。例如，可以通过正当合理的工程索赔将风险转化为利润；通过恰当的价格调整扩大收益；通过加强管理，尤其是工期控制和成本控制以减少开支。反之，管理水平低的承包商会因管理不善而面临更大的风险。

(4) 其他管理方面的原因

其他管理方面的原因主要体现在施工现场项目管理班子不胜任，项目经理不称职，不能及时解决所遇到的各类问题，不善于同项目公司和工程师沟通；如果雇用的所在国当地工人技术水平低、劳动效率低，无疑会增加工程风险，因此，应调查了解项目所在地工人的技术水平、工效以及当地的劳动法等；关于工程开工准备工作方面，由于施工机械或材料未能及时运到施工现场，以及施工现场内通水、通电、交通等准备工作未做好所引起的问题等。

6. 不可抗力因素

不可抗力是指合同订立时不能预见、不能避免并且不能克服的客观情况，包括自然灾害，如台风、地震、洪水、冰雹；社会异常事件，如罢工、骚乱等方面。虽然承包合同中规定了不可抗力事件发生时的解决办法，这些办法也的确能为承包商减轻损失，但不同的合同中对不可抗力事件所下的定义差别较大。有些国家的宪法允许工人罢工，因而罢工事件不能视为不可抗力；有些国家的宪法不允许罢工，但政府却默许罢工，因而罢工事件经常发生。特别是在一些法制不健全的国家，关于不可抗力事件以何为凭很难定论。有些国家关于不可抗力的定义仅限于自然灾害，一旦发生人力不可抗拒的政治事件就很难处理。如果承包商在缔约时没有强调不可抗力事件的确切定义，事件发生后又找不到强有力的依据，则只能自行承担后果。无论人为不可抗力事件还是自然不可抗力事件，从风险的角度都属于小概率、高风险事件，一旦发生，势必对建设工程项目造成严重危害。

除了上面提到的各种风险因素之外，工程项目建设还可能碰上多种不可预见的意外情况，如业主破产、分包商无力支付其雇员工资或偿还债务、不利的施工条件等，都会影响工程的顺利进行。

上述风险因素不能囊括工程项目建设可能遇到的全部风险因素。值得强调的是，作为项目的管理者，必须具有强烈的风险意识，要从研究招标文件（或合同文件）开始到合同实施的全过程，对可能遇到的风险因素进行比较全面深入的了解，通过对建设工程项目融资风险的全面分析，及时发现风险隐患，从而合理规避和应对风险。

5.2.2 建设工程项目融资风险的分类

1. 根据工程项目建设阶段划分融资风险

根据项目建设阶段建设工程项目融资风险可划分为项目开发建设阶段的融资风险、项目试生产阶段的融资风险和项目正常生产经营阶段的融资风险。项目所处阶段不同，就有相应的不同融资风险，如图5-1所示。

（1）项目开发建设阶段的融资风险

项目开发建设阶段的融资风险是从项目正式开始动工建设到项目竣工时所发生的风险。在此阶段，由于项目建设的需要，要用大量的资金购买项目用地、各种机器设备和支付工程价款，同时贷款利息也开始计入资金成本。随着项目建设的进展，投入的资金不断增加，项目的风险也随之加大，直到项目建设接近完工时，项目风险达到或接近最高点。此阶段涉及信用风险、完工风险、市场风险、金融风险等，但对项目承包商影响最大的风险是完工风险，从风险承担的角度看，投资方和贷款银行所承担的风险也最大。

从贷款银行的角度，在该阶段必须考虑以下因素的可能性和影响：①由于工程、设计

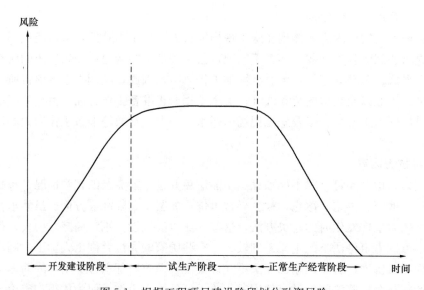

图 5-1 根据工程项目建设阶段划分融资风险
(资料来源：刘亚臣，包红霏. 工程项目融资 [M]. 2版. 北京：机械工业出版社，2017)

或技术方面的缺陷，或不可预见的因素，造成生产能力不足或产量和效率低于计划指标；②能源、机器设备、原材料及承包商劳务预算超支等，造成项目建设成本超支，不能按照预定时间完工，甚至项目无法完成；③由于各种因素造成竣工延期而导致的附加利息支出；④土地、建筑材料、燃料、原材料、运输、劳动和管理人员以及可靠的承包商的可获得性；⑤其他不可抗力因素引发的风险。

(2) 项目试生产阶段的融资风险

项目试生产阶段的融资风险是从项目竣工到项目达到设计生产能力时所发生的风险。项目建成投产后，如果不能生产出合格的产品或达不到设计生产能力，就意味着先前对项目现金流量所做的分析和预测是不可靠的，项目本身就会发生没有足够的能力支付日常生产费用和偿还融资债务的可能性。因此，建设工程项目融资这一阶段的风险仍然很高。

贷款银行一般不把项目的建设结束作为项目完工的标志。这里引入一个"商业完工"的概念，即在指定的时间内，按一定技术指标生产出了合格产量、质量和消耗定额的产品。根据这一概念，在融资文件中具体规定项目产品的产量和质量、原材料、能源消耗定额以及其他一些技术经济指标作为完工指标，并且将项目达到这些指标的下限也作为一项指标。项目只有在规定的时间范围内满足这些指标，才被贷款银行接受为正式完工。

(3) 项目正常生产经营阶段的融资风险

项目正常生产经营阶段的融资风险是从项目满足"商业完工"标准后进入正常生产经营时所发生的风险。从这一阶段起，项目进入正常运转，正常情况下应该能够创造出足够的现金流量来满足支付生产经营费用以及偿还债务的需求，并为投资者提供理想的收益。这时带给贷款银行的融资风险开始逐渐降低。这一阶段的建设工程项目融资风险主要表现在项目的生产经营风险、原料及燃料供应风险、市场风险、政策变更风险、金融风险、环境保护风险以及其他一些不可预见的风险等方面。

2. 根据工程项目风险的可控性划分融资风险

根据投资者对风险的可控性，建设工程项目融资风险可以分为可控风险和不可控风险。

(1) 建设工程项目融资的可控风险

建设工程项目融资的可控风险是指与项目的建设和运营管理直接有关的风险。这类风险是项目公司在项目建设或生产运营过程中无法避免的，同时项目公司应该知道如何管理和控制。具体包括完工风险、生产风险、市场风险、环保风险和信用风险等。

1) 完工风险

完工风险是指因工程项目无法完工、延期完工或者完工后无法达到预期运行标准而带来的风险。项目的完工风险存在于项目建设阶段和试生产阶段，它是建设工程项目融资的核心风险之一。完工风险对项目公司来说，意味着利息支出的增加、贷款偿还期限的延长和市场机会的错过，极端的情况下还可能造成项目的被迫停工或放弃；对贷款方而言，则意味着贷款不能在规定期限内安全收回。

完工风险的形成主要有如下原因：项目的设计未达到要求；承包商的建设能力不足和资金匮乏；承包商所作承诺的法律效力及其履行承诺的能力不足；政府干预等。很显然，项目建设过程中预计的工程量未完成、预计的费用超支和预计的工程质量不合格三大要素成为延长工期主要原因。因此，完工风险包括以下几种情况：

① 不能按时完工。这种风险指的是虽然建设工程项目达到了规定的质量标准，但由于技术力量不足等原因在时间上延迟，也将对贷款的还本付息产生影响。因此，贷款人都要求得到建设工程项目完工具体日期的保证。

② 中途停建。即使具备了完成工程建造的足够资金，也可能由于技术、政治或其他经济原因致使工程建造中途停顿，从而导致偿还贷款的资金来源中断。为防止这类偶然事件的发生，贷款人常要求工程项目主建单位或项目产品的购买人或设施用户或其他信誉良好的机构给予担保，即工程若中途停建，由担保人承担对贷款的归还责任。

③ 成本超支。成本超支是指工程的实际费用超出原先估计的额度，其原因可能是建造方面的问题，或者是通货膨胀、环境和技术方面的问题，也可能是政府干预或货币贬值的波动。因此，在建设工程项目融资方案中，对超支部分的资金来源必须作出妥善安排，以保证建设工程项目不因资金缺乏而半途而废。

项目建设期出现完工风险的概率一般是比较高的。根据已有统计资料，无论是在发展中国家还是发达国家，均有大量项目不能按照规定的时间或者预算建成投产，导致建设工程项目融资成本大幅度上升乃至失败。在一些发展中国家，技术和管理水平相对落后是造成项目完工风险的重要因素，但这并不是说在发达国家进行投资就不需要考虑这个问题。根据实践经验，在美国、加拿大和澳大利亚等发达国家进行建设工程项目融资，也应该把项目的完工风险作为一个重要的因素加以考虑。

从贷款银行角度来说，对于完工风险越大的项目，会要求项目投资者承担更大的"商业完工"责任。一些典型的"商业完工"标准包括：

A. 完工和运行标准。项目需要在规定的时间内达到商业完工的标准，并且在一定时期内（通常为3~6个月）保持在这个水平上运行。

B. 技术完工标准。这一标准比完工和运行标准的约束性要差一点，因为在条件中没有规定对项目运行时间的检验。采用这一标准，贷款银行实际上承担了一部分项目生产的技术风险。

C. 现金流量完工标准。这是另一种类型的完工标准，贷款银行不考虑项目的技术完工和实际运行情况，只要求项目在一定时期内（一般为3~6个月）达到预期的最低现金流量水平，即认为项目通过了完工检验。

D. 其他形式的完工标准。有些项目由于时间关系，建设工程项目融资还没有完全安排好就需要进行提款。在这种情况下，贷款银行为了减少项目风险，往往会要求确定一些特殊的完工标准。例如，如果产品销售合同在提款前还未能最后确定下来，贷款银行就有可能规定以某种价格条件销售最低数量的产品作为项目完工标准的一部分。

为了限制及转移项目的完工风险，贷款银行通常要求投资者或项目公司等项目参与者提供相应的"完工担保"作为保证。

2）生产风险

生产风险是指在项目试生产阶段和生产运营阶段中存在的技术、资源储量、能源和原材料供应、生产经营、劳动力状况等风险因素的总称。它是建设工程项目融资的另一个主要核心风险。生产风险一般由项目公司和贷款银行共同承担，生产风险主要表现在技术风险、资源风险、能源和原材料供应风险以及经营管理风险。

① 技术风险。银行贷款的原则是只对采用经市场分析论证的能占领市场份额的技术成熟的项目进行融资。项目公司在应对和控制此类风险时，应特别注意成熟的技术、合格的承包商和有经验的运营者等因素。如果技术故障是由承包商造成的，可用承包商的履约保证来限制和转移此类风险。承包商的履约保证一般要延续到完工后的几个月或几年。技术维修和更新风险一般由负责项目运营的公司通过运营应急费、备用贷款和支持贷款来承担。项目公司还可制订一项综合的、定期的、严密的监测检查计划。

② 资源风险。对于依赖某种自然资源的生产项目，一个先决条件是要求项目的可供开采的已证实资源总储量与项目融资期间内所计划采取或消耗的资源量之比要保持在风险警戒线之下。

③ 能源和原材料供应风险。对于依赖于某种能源和原料的项目，特别是BOT项目，在项目的生产和运营阶段，如果没有足够的能源和原料供应保证，则可能形成风险。能源和原材料供应主要由两个要素组成：价格和供应的可靠性。当前经济社会，通货膨胀的现象很普遍，能源和原材料的价格也会不断波动，这种波动会引起项目产品的成本变化，从而影响整个项目的正常运转。例如，在火力电厂建设项目中如果煤价提高，那么发电的成本就会增加，电价就应该上调。但是，如果电厂在与购买者的销售协议当中没有调价指标这一项，项目公司就会承受巨大的经济损失。

解决该风险的途径就是与供应商签订一份中长期的能源和原料供应协议。这种安排可以保证项目按照一定的价格，稳定地得到重要能源和原材料供应。在一些特殊情况下，如果原材料市场不景气，甚至有可能进一步将供应协议设计成"供货或付款"类型的合同，这样，项目的经济强度就能够得到更强有力的支持。近年来，面对变化莫测的国际原材料和能源市场，投资者们把如何降低能源和原材料风险作为一个重要的课题加以研究。其中一种值得重视的发展趋势是能源和原材料价格指数化，将能源和原材料的供应价格与项目产出品的国际市场价格直接挂钩，并随着项目产出品价格的变化浮动。这种做法特别适用于项目产出品是具有国际统一定价标准的大宗资源性商品的项目。

④ 经营管理风险。经营管理风险是指在项目经营和维护过程中，由于运营商的疏忽，

发生重大经营问题，如设备安装使用不合理、产品质量不合格等。经营管理风险主要是评价项目投资者对于所开发项目的经营管理能力，而这种能力是决定项目的质量控制、成本控制和生产效率的一个重要因素。其中包括三个方面：项目经理是否具有在相同或相似领域的工作经验和资信；项目经理是否为项目投资者之一；除项目经理的直接投资外，项目经理是否具有利润成本或成本控制奖励等激励机制。

3）市场风险

项目投产后的效益主要取决于其产品在市场中的销售情况和其他表现，除非运营商在项目建成之前就能以一个合适的价位将产品全部销售出去，如 BOT 项目的售水协议、售电协议，否则必须直接面对市场风险。市场风险主要有价格风险、竞争风险和需求风险。这三种风险很难截然分开，它们之间相互关联、相互影响。市场风险不仅同产品销售有关，还存在于项目原材料及燃料的供应方面。如果项目投产后原材料及燃料价格的涨幅超过了项目产品价格的增幅，那么项目的效益将大打折扣。

4）环保风险

近年来，工业的发展对自然环境和生产生活环境的破坏已经引起社会公众的关注，许多国家的政府都制定了严格的环境保护法律来保护环境，甚至强制排污方要对造成的污染进行清理，缴纳巨额罚款。对运营商来说，要满足环保法的各项要求，意味着成本支出的增加，尤其是对那些利用自然资源或生产过程中污染较为严重的项目来说更是如此。但从长远来看，项目必须对增加的成本自行消化，这就倒逼企业努力开发符合环保标准的新技术和新产品。

5）信用风险

建设工程项目融资中项目各参与方都存在信用风险问题，且此类风险贯穿于项目的各个阶段。信用风险表现在建设工程项目融资各参与方对合同规定的职责是否有履行能力，能否根据法律规定在必要时履行其应承担的对建设工程项目融资的信用保证责任。信用风险评价指标包括项目参与者（政府、项目投资者、承建商、运营商、供应商等）的资信状况、技术和资金能力、以往项目的表现和技术管理水平等。

（2）建设工程项目融资的不可控风险

建设工程项目融资的不可控风险是指项目的建设运营由于受到超出项目参与方可以控制范围的经济环境的影响而遭受损失的风险。此类风险一般无法准确预测，只能采取一定的措施来降低或转移。工程项目融资的不可控风险主要包括金融风险、政治风险和不可抗力风险。

1）金融风险

金融风险主要表现在利率汇率的变化风险、货币风险以及通货膨胀风险等方面。

① 利率变化风险。利率变化风险是指由于利率波动而直接或间接地造成项目收益受到损失的风险。如果项目公司采用浮动利率融资，一旦利率上升，会造成生产成本的上升；如果采用固定利率融资，市场利率的下降就会造成机会成本的提高。当对一个项目进行现金流量敏感性分析时，可以很容易发现项目的损益平衡点对利率的变化十分敏感，特别是在项目的经营初期债务负担比较重的阶段。在该阶段，利率的微小增加，就要求项目的收入有一个较大的增长才能弥补利率变化造成的损失。

② 汇率变化风险。汇率变化风险是指在不同货币的相互兑换或折算中，因汇率在一

定时间内发生意外的变动，致使有关国家金融主体的实际收益与预期收益或实际成本与预期成本发生背离，从而蒙受经济损失的可能性。

汇率的波动会影响项目的生产成本，尤其是对出口企业或在国外进口原材料的企业来说是一个不小的风险因素。例如，项目所在国货币购买能力不足，进而出现物价上涨的现象，即意味着进口原材料的价格就会上升，生产成本也随之上升。汇率的变化对项目公司的债务结构也会产生影响。如果项目的收入是单一币种（如 BOT 项目），而银行的贷款可能是不同的货币，这样汇率的任何变化都会影响项目的实际收入和偿债能力。

③ 货币风险。货币风险主要包括项目所在国货币的自由汇兑和利润的自由汇出两部分，这也属于外汇风险问题。汇兑限制风险也称转移风险，是指东道国由于国际收支困难而实行外汇管制，禁止或限制外商、外国投资者将本金、利润和其他合法收入转移到东道国境外；外汇的汇出风险只有在项目进入运营期才会发生，表现为经兑换为外汇的项目收入不能汇出境外以支付股本金回报、债务及其他外汇支出。项目公司是由投资者共同组成，在建设工程项目融资中涉及了各个方面的股东。境外股东希望将项目产生的利润以其本国的货币形式汇出去，而贷款银行也希望用与贷款相同的货币来偿还贷款。

④ 通货膨胀风险。通货膨胀存在于各国的经济生活中，是一个全球性的问题。通货膨胀可能使项目所在国的工资和物价大幅度上涨，导致整个项目运营成本的增加。所以，对于债权人和投资者而言，尤其是要更加重视一些发展中国家通货膨胀风险对建设工程项目的影响。

通货膨胀风险一般由运营商和贷款人来承担。如果在合同中没有调价条款或调价条款写得太笼统，那么通货膨胀将是一个不容忽视的风险因素。避免通货膨胀带来的损失，不仅要考虑项目所在国的物价水平，而且要全面考虑国际市场材料、设备、价格的上涨情况和当地货币的贬值幅度，并且还要掌握国际市场的物价浮动趋势。

2）政治风险

投资者与所投资的工程项目不在同一国家，或贷款银行与贷款项目不在同一国家，都有可能面临着由于项目所在国家的政治条件发生变化而导致项目失败、项目信用结构改变、项目债务偿还能力改变等风险，这类风险统称为项目的政治风险。政治风险表现为两个方面：国家风险和国家政治、经济、法律稳定性风险。

国家风险，即项目所在国政府由于某种政治原因或外交政策上的原因，对项目实行征用、没收，或者对项目产品实行禁运、联合抵制和终止债务偿还的潜在可能性；国家政治、经济、法律稳定性风险是指项目所在国在外汇管理、法律制度、税收制度、劳资制度、劳资关系、环境保护、资源主权等与项目有关的敏感性问题方面的立法是否健全、管理是否完善、是否经常变动。项目的政治风险可以发生在项目的各个方面和阶段，从项目的选址、建设、生产运营一直到市场营销的全过程，都可能受政治风险的影响。

3）不可抗力风险

不可抗力风险是指由于项目的参与方不能预见且无法克服和避免的事件给项目所造成的损坏或毁灭的风险，如自然风险、瘟疫、战争行为、工厂和设备遭受意外损坏等风险。一旦出现不可抗力，整个项目可能延期或项目建成后不能正常运行，甚至整个项目完全失败。一般情况下，项目建设方无法控制这些不可抗力风险，只能靠投保将此类风险转移给保险公司。许多国家的出口信贷机构提供此类保险来担保部分或全部不可抗力风险，保险费计入项目成本中。在保险市场不能投保的，则采用双方共同承担不可抗力风险的原则。

5.2.3 建设工程项目融资风险的识别技术

1. 建设工程项目融资风险识别的步骤

建设工程项目融资风险识别可以通过以下三个步骤进行：第一步，收集资料。资料和数据能否到手、是否完整，都会影响建设工程项目融资风险损失的大小。第二步，估计项目风险形式。风险形式估计是要明确建设工程项目融资的目标、战略、战术，以及实现建设工程项目融资目标的手段和资源，以确定建设工程项目融资及其环境的变数。第三步，根据直接或间接的表现将潜在风险识别出来。

原则上，风险识别可以从原因查结果，也可以从结果反过来找原因。从原因查结果，就是先找出本项目可能有哪些事件发生，发生后会引起什么样的结果。例如，在项目进行过程中关税税率会不会变化，关税税率提高或降低会引起怎样的后果。从结果找原因，例如，建筑材料涨价将引起项目超支，哪些因素会引起建筑材料涨价；项目进度拖延会造成诸多不利后果，造成进度拖延的常见因素有哪些；是项目执行组织最高管理层犹豫不决，政府有关部门审批程序烦琐复杂，设计单位没有经验，还是手头的工作太多、施工阶段进入雨期等。

2. 建设工程项目融资风险识别的工具和技术

（1）定性分析法

定性分析法是社会科学研究中比较重要的方法，这是一种从人的主观意识角度来对事物作出判断的方法，比较直观、简便和非理性的识别方法，通过定性研究来识别建设工程项目过程中所面临的风险、风险后果以及内外风险因素的相互作用等，可以对建设工程项目风险的具体特征以及建设工程项目所表现出来的隐性和显性风险进行全面的把握。定性研究方法主要有：

1) 常识、经验和判断

以前做过的建设工程项目积累的资料、数据和教训，以及项目班子成员个人的常识、经验和判断，在进行风险识别时非常有用。尤其对于那些采用新技术、无先例可循的建设工程项目，更是如此。另外，会同项目各方就风险识别进行面对面的讨论，也有可能触及一般规划活动中未发现或发现不了的风险。

2) SWOT 分析法

SWOT 分析法是将与研究对象密切相关的各种主要内部优势、劣势和外部的机会和威胁等，通过调查列举出来，并依照矩阵形式排列，然后用系统分析的思想，把各种因素相互匹配起来加以分析，从中得出一系列相应的结论，而结论通常带有一定的决策性。

3) 头脑风暴法

该方法主要由价值工程工作小组人员在正常融洽和不受任何限制的气氛中以会议形式进行座谈讨论，打破常规，积极思考，畅所欲言，充分发表看法，通过集中有关专家召开专题会议，提出尽可能多的方案，它可以避免忽略不常见的风险源，但是对于各成员的要求比较高。

（2）定量分析法

定量分析法是运用在大量实践和充足的事故资料统计分析中获得的指标或数学模型，

对建设工程项目的社会环境、相关人员、组织管理等方面的状况按照有关标准应用科学的方法构造数学模型进行数理分析的一种方法。评价的结果是一些定量的指标，如风险发生的概率、风险的破坏范围等，定量分析方法主要有：

1）核对表

在过去经验的启示下，思想常常变得很活跃，具备自我联想和想象能力。风险识别实际上是对将来风险事件的一种预测。如果把人们经历过的风险事件及其来源罗列出来，制作成一张核对表，那么项目管理人员就能开阔思路，容易想到项目会有哪些潜在风险。核对表可以包含多种内容。例如，以前项目成败或失败的原因、项目其他方面规划的结果（如范围、成本、质量、进度、采购与合同、人力资源与沟通等计划成果）、项目产品或服务的说明书、项目班子成员的技能、项目可用的资源等；还可以到保险公司索取资料，认真研究其中的保险条例。这些资料能够提醒人们还有哪些风险尚未考虑到。建设工程项目融资风险核对表的形式见表5-1。

建设工程项目融资风险核对表 表5-1

建设工程项目融资成功的条件	建设工程项目融资风险
（1）融资只涉及信用风险，不涉及资本金	（1）工期延误，因而利息增加，收益推迟
（2）原材料、能源的成本和供应要有保障	（2）成本费用超支
（3）项目产品或服务要有市场	（3）技术失败
（4）承包商、管理人员富有经验、诚实可靠	（4）承包商财务失败
（5）合营各方签有各方都满意的协议书	（5）政府过多干涉
（6）主权风险、国家风险令人满意，无没收风险	（6）未向保险公司投保人身伤害险
（7）货币、利率、外汇风险事先已有考虑	（7）原材料涨价或供应短缺、不及时
（8）主要的项目发起者已投入足够的资本金	（8）项目技术陈旧
（9）对通货膨胀率已进行了预测	（9）项目产品或服务在市场上没有竞争力
（10）项目本身的价值足以充当担保物	（10）项目产品或服务寿命期比预期缩短
（11）对资源和资产已进行了满意的评价	（11）项目管理不完善
（12）成本超支已考虑已缴纳足够的保险费	（12）对担保物的估计过于乐观
（13）对不可抗力环境保护问题已采取措施	（13）项目所在国政府无财务清偿力
（14）投资者可以获得足够高的资金收益、投资收益率和资产收益率	

（资料来源：刘亚臣，包红霏．工程项目融资［M］．2版．北京：机械工业出版社，2017）

2）项目工作分解结构

风险识别要减少项目结构的不确定性，就要弄清项目的组成、各个组成部分的性质、它们之间的关系以及项目同环境之间的关系等。项目工作分解结构是完成这项任务的有力工具。在项目管理的其他方面，如范围、进度和成本管理，也要使用项目工作分解结构。因此，在风险识别中利用这个已有的现成工具并不会给项目班子增加额外的工作量。

3）实验或试验结果

利用实验或试验结果识别风险。例如，在地震高烈度区建设超高层建筑物，预先做出模型进行抗震试验。实验或试验还包括数字化模型、计算机模拟或市场调查等方法。

4) 敏感性分析

敏感性分析是分析并测定各个因素的变化对指标的影响程度，判断指标（相对于某一项目）对外部条件发生不利变化时的承受能力。一般情况下，在建设工程项目融资中需要测度敏感性的变量要素主要有价格、利率、汇率、投资、生产量、工程期限、税收政策、项目寿命期等。这样项目管理人员就能识别出风险隐藏在项目的哪些变量或假设之下。

敏感性分析的基本步骤如下：

① 确定分析指标。在建设工程项目融资风险分析中，通常采用净现值（NPV）指标。
② 选择需要分析测度的变量要素。
③ 计算各变量要素的变动对指标的影响程度。
④ 确定敏感性因素，对项目的风险情况作出判断。

5) 事故树分析

在可靠性工程中常常利用事故树进行系统的风险分析。该方法不仅能识别出导致事故发生的风险因素，还能计算出风险事故发生的概率。事故树由结点和连接结点的线组成，结点表示事件，而连线则表示事件之间的关系。事故树分析是从结果出发，通过演绎推理查找原因的一种分析过程。在风险识别中，事故树分析不但能够查明项目的风险因素，求出风险事故发生的概率，还能提出各种控制风险因素的方案。事故树分析既可作定性分析，也可作定量分析。事故树分析一般用于技术性强且较为复杂的项目。

6) 专家打分法

专家打分法是一种最常用、最简单、易于应用的分析方法。它的应用由三步组成：首先，识别出某一种特定建设工程项目可能遇到的所有风险，列出风险调查表；其次，利用专家经验，对可能的风险因素的重要性进行评价；最后，综合成整个项目的风险水平。具体步骤如下：①确定每个风险因素的权重，以表示其对项目风险的影响程度。②确定每个风险因素的等级值，按可能性很大、比较大、中等、不大和较小五个等级，分别以1.0、0.8、0.6、0.4和0.2打分。③将每个风险因素的权重与等级值相乘，求出该项风险因素的得分，再求出此建设工程项目风险因素的总分。显然，总分越高说明风险越大。④将项目风险评价结果与评价标准进行比较，作出决策。

为进一步规范这种方法，可根据以下标准对专家评分的权威性确定一个权重值：①在国内外进行国际工程承包工作的经验。②是否进行已投标准备，对投标项目所在国及项目情况的了解程度。③知识领域（单一学科或综合性多学科）。④在投标项目风险分析讨论会上的发言水平等。

该权威性的取值建议在0.5～1.0，1.0代表专家的最高水平，对其他专家取值可相应减少，投标项目最后的风险程度值为每位专家评定的风险程度乘以各自权威性的权重值，所得之积合计后再除以全部专家权威性的权重值之和。

该方法适用于建设工程项目融资决策的前期。这个时期往往缺乏项目具体的数据资料，主要依据专家经验和决策者的意向，得出的结论也不要求是资金方面的具体值，而是一种大致的程度值，它只能是进一步分析的基础。

7) 蒙特卡罗法

蒙特卡罗（Monte Carlo，MC）方法，又称随机抽样统计试验方法。这种方法计算风险的实质是在计算机上做抽样试验，然后用具体的风险模型进行计算，最后用统计分析方法得到所求的风险值。它是估计经济风险和项目风险常用的一种方法。使用 MC 方法分析对项目风险进行评价的基本过程如下：①编制风险清单。通过结构化方式，把已经识别出来的影响项目目标的重要风险因素制作成一份标准化的风险清单。这份清单能充分反映风险分类的结构和层次性。②采用专家调查法确定风险因素的概率分布和特征值。③根据具体问题，建立风险的数学表达公式。④产生伪随机数，并对每一风险因素进行抽样。⑤计算风险的数学表达公式。⑥重复第 4 步、第 5 步 N 次。⑦对 N 个计算值进行统计分析，进而求出具体的风险值。

应用 MC 方法可以直接处理每一个风险因素的不确定性，但其要求每一个风险因素都是独立的。这种方法的计算工作量很大，但在计算机技术发展的今天，这已不再是困难的事。可以编制计算机软件来对模拟过程进行处理，大大节约计算时间。该方法的难点在于对风险因素相关性的识别与评价。但总体而言，该方法无论在理论上还是在操作上都有所进步，目前已广泛应用于项目管理领域。

5.3 建设工程项目融资风险评价

建设工程项目融资是一项非常复杂的活动，综合了多种学科的专业知识和分析技术，特别是对于一些重大项目而言，由于项目完成周期长，外部经济环境和内部项目操作中的意外变动都会给项目融资带来极大的风险，因此项目融资风险评价对于对项目而言具有重要意义，能够明确项目在不同阶段可能存在的风险水平及其发生概率，明确项目各个参与方需承担的风险损失水平，有助于对风险的及时应对、合理分配、有效解决。

对于建设工程项目而言，由于其具有项目建设周期长、资金需求量大等特点，导致其在资金筹集方面面临较大的困难。对于大型基础建设项目而言，单靠政府筹资难以满足项目资金的需求，因此需要多元化的融资支持。而建设工程项目的融资面临许多风险，例如不稳定的政策会影响建设工程项目的收益，这属于政策风险；融资利率调整或通货膨胀同样会影响建设项目的收益，这属于金融风险；除此之外，还面临建造风险、完工风险以及运营风险等。为了避免盲目开展融资，需要针对具体的建设工程项目进行风险评估。

5.3.1 建设工程项目融资风险的评价方法

项目融资风险评价的方法很多，大致可以分为两类，即定性评价法与定量评价法。常用的德尔菲法即为定性法，层次分析法、主成分分析法、模糊综合评价法与灰色评价法则属于定量评价法。人工神经网络评价法是既包含定性分析又涵盖定量分析的评价方法。融资风险评价方法的选择，应以不同建设工程项目的实际情况及风险特点为选择依据，根据不同的风险特征选取相应的评价方法。

1. 德尔菲法

由达尔克和赫尔姆提出的德尔菲法（Delphi Method），也被称为专家打分法，德尔菲法善于将多重不确定性条件及因素进行整合，该方法通常适用在长远战略的主观决策领域中采取专家匿名打分的方式，被邀请的专家们不允许相互交流和讨论。针对调查问卷中的问题，专家们只能与调查人员之间交流，然后由调查人员将各位专家意见汇总，归纳专家们保持一致的意见作为评价结果。德尔菲法可将每一个专家的建议进行汇总归纳，充分发挥专家们的优势，并找出其意见分歧点。但德尔菲法也存在不足，因为其属于侧重于定性分析的方法，因此评价结果大多受专家们的主观思想影响较大，从而致使评价结果与评价对象本身存在一定偏差。

2. 层次分析法

层次分析法（Analytical Hierarchy Process），又称AHP法，是20世纪80年代初美国学者塞蒂（A. L. Saaty）提出的一种决策工具，被广泛应用于多个领域，例如效率评价、最优选择、关键因素分析以及风险评价等领域。层次分析法将评价对象相关联的问题要素进行分类和分层，再由具有相关经验的资深专家对其要素进行两两比对，确定各层次之间要素对于目标实现重要性的大小，并通过给定的重要性指标，利用数学模型的方式对各层次的相关要素计算权重。层次分析法与其他方法不同，可根据较少的定量数据进行分析，将与评价对象相关的多层次、多因素、多方案进行综合预测和评价，得到相对较为真实权威的评价结果，有效地解决无法通过定量评价解决的难题。

3. 主成分分析法

主成分分析法（Principal Component Analysis）是为了降低研究对象信息的错误率、尽最大可能在有效范围内减少因素指标变量而采用的新变量分析的评价法。该方法是将原始变量通过数学线性组合的方式转化为线性不相关的较少的新变量，该换算方式是通过数学线性计算完成的，因此受研究者的主观影响程度较小。这里的原始变量是指在对研究对象进行分析评价时，为了更好地提高确定研究对象特征的准确性，需要考虑与其相关的所有因素指标。但与原始变量相比，新变量的评价法更加侧重于因素指标的定量分析评价。因此如果在评价过程中，变量指标之间具有较强的相关性，或者研究评价对象特征因素过于复杂多样时，则可能致使评价结果与实际结果失衡。

在主成分分析法中，提出一个原始变量的概念。所谓原始变量，是指在对研究对象进行分析评价时，为了更好地提高确定研究对象特征的准确性，需要考虑与其相关的所有因素指标。但如若考虑因素较多，就会提高分析的复杂性，也可能出现因素指标信息重叠等问题，从而导致最终的分析结果与研究对象实际特征出现较大的偏差，使评价数据失真。

4. 模糊综合评价法

模糊综合评价法（Fuzzy Comprehensive Evaluation Method），即是对单个对象相关联的多个因素进行综合性评价。在确定评价对象是好是坏时，往往因为没有绝对的评判标准而使评价结果相对模糊。在这种情况下，往往选用模糊综合评价法对事物进行评判。该方法运用数学模型将模糊集合变换原理，以隶属度描述各因素及因子的模糊界限，构造模糊评价矩阵，通过多层的复合运算，最终确定评价对象的特征，一一列举，制定评价举证，最后通过数学评判函数确定每个因素的评价指标，再根据指标的高低进行排序，择优选取所属等级。

模糊综合评价法相比较于其他评价方法，优点则是该评价方法可将评判者的主观因素影响程度降低到最小，可更好地处理模糊的信息及数据。其缺点是对于评价因素过多的评判对象，想要将所有因素的权重仅仅通过资深经验来确定准确、权威的权重数值有很大难度，因而对评价结果的科学性和有效性产生一定的影响。

5. 灰色评价法

灰色评价法（Grey Evaluation Method）是以灰色系统理论为基础，将评价者收集、分析的各类型数据信息进行归纳、整合，并依照灰色理论的不同程度确定它的权向量，然后对单值化处理的信息进行择优排序，最终得到研究对象的综合评价。灰色评价法最大的优势是可在研究对象缺少数据信息的情况下进行数学建模及评价预测，但往往在构建数据样本矩阵时会较大程度地受主观因素影响。

6. 人工神经网络评价法

人工神经网络评价法（Artificial Neural Network Evaluation Method）是McCulloch和Pitts在20世纪50年代提出的以数学模型为主的评价分析理论。直至今日，人工神经网络评价法已在各个国家不同领域中广泛应用。人工神经网络评价系统具有人类神经系统类似的自学、记忆及计算能力，可以对大量非线性的数据进行动态计算和处理。该评价法通过收集相关专家的经验和知识，只需通过网络输出就可获得评价结果，无需建立数学模型。尽管人工神经网络评价法可将知识领域转换为系统的网络结构，便于对评价结果的提取和记忆，但却不利于快速推广。

5.3.2 建设工程项目融资风险评价方法的选择

通过以上分析可知，不同的风险评价方法具有不同的优点和不足，评价方式的选取，需要根据具体的案例和数据进行选择，确保选择的风险评价方法对于评价对象的适用性达到最佳，不同方法的优缺点和适用范围见表5-2。

建设工程项目融资风险评价方法的选择　　　　表5-2

评价方法	优点	缺点	适用范围
德尔菲法	可将每位专家的意见的统一点与分歧点得到充分的表达，将个人主观对于评价结果的影响减少至最低	无法完全避免主观评价带来的偏差，评价结果受所选人影响，一定程度上缺乏说服力	主观风险评价
层次分析法	方法较为简洁，可将识别因素中的定性问题定量化分析	建构风险评价矩阵时，依然会受主观因素影响	适用于评价涵盖定性和定量双重特性的对象
主成分分析法	在原始数据中筛选关键因素，可以提高评价效率，降低各种指标相互影响的程度	如果评价指标过多且具有较强的关联性，则会导致评价结果与实际情况不匹配	适用于数据信息完整的样本，通过定量分析可以获得完整的数据评价
模糊综合评价法	可将定量与定性分析两者相结合对评价对象进行综合评价，避免主观因素的影响	如果评价对象包含的因素指标较多，则依靠经验对其进行评价会使评价结果缺乏权威性	适用于难以定量的评价对象
灰色评价法	可根据较少的数据信息，快速建立相应的评价系统，对评价结果进行预测	不可避免地受到人为主观因素的影响	适用于评价结果存在偏差或较大差异的评价样本
人工神经网络评价法	无需建立数学模型，仅运用过去积累的经验、知识，采取网络方式对评价结果进行分析	操作难度大，误差曲面较为复杂	适用于处理非线性、模糊、含有噪声数据的评价样本

5.4 建设工程项目融资风险应对

由于建设工程项目长期依赖于银行贷款进行融资，导致融资渠道较少；相关企业很少能在股票债券市场进行直接融资，现代的融资方式也存在各种问题，这进一步加大建设工程项目的资金运转负荷，使其长期处于负债经营状态；由于融通资金在融资结构上未进行统筹安排，融资后的回款周期较长使资金周转困难，从而出现借新债偿还旧债的情形，一旦没有如期放贷资金或项目预计回款金额或回款时间有变化，就会导致资金链断裂的风险，引发更大的财务危机，而从外部融入的大量资金要支付高额利息，融资成本居高不下，如果不能及时处理建设工程项目的融资风险问题，会影响整个建设行业的发展质量和规模。

5.4.1 建设工程项目融资风险应对的常用策略

1. 风险回避

风险回避就是以一定的方式中断风险源，使其不发生或不再发展，从而避免可能产生的潜在损失。风险回避能够在风险事件发生之前完全消除某一特定风险可能造成的种种损失，而其他任何方式只能减少损失发生的概率或损失的严重程度，或对损失发生后及时予以经济补偿，而这些工具都不如采用回避风险工具那样彻底。不论风险发生与否，都可能造成人员伤亡、物质损毁或人们精神上的忧虑，回避风险则可能消除这一切不利后果，回避风险是尽可能对所有会出现的风险的事件或活动避而远之，对风险损失直接设法回避，这不失为最简单易行、全面、彻底的处理方法，而且较为经济安全，保险系数很大，所以回避风险的主要优点是将损失出现的概率保持在零的水平，并消除以前曾经存在的损失概率。

但另一方面，回避风险的种种局限性也无法忽视，一是回避风险只有在人们对风险事件的存在与发生、对损失的严重性完全有把握的基础上才具有积极意义，如果对风险识别、风险估计尚无把握时，回避风险的方法就没有任何意义。但事实上，由于自然界和社会活动的极端复杂性和人们认知能力的局限性，人们无法对所有的风险都识别评价，因而发展中国家运用回避风险的方法可能不实际或不可能。二是回避风险是通过放弃某项计划或事业为代价而消除可能由此产生的风险与损失。就经济活动而言，人们的计划或某项事业会面临种种风险损失的可能，但与风险相对的则是收益，为了回避风险而放弃某项活动也必然要随之放弃这些工作计划，则有可能因噎废食。所以，回避风险带有消极防御的性质，只有在可以回避风险的情况下，方可采用。三是回避一种风险可能产生另一种新的风险。

2. 损失控制

（1）损失控制的概念

损失控制可分为预防损失和减少损失两个方面。前者的主要作用在于降低或减少损失发生的概率；后者的主要作用在于降低损失的严重性或遏制损失的进一步发展，使损失最小化。

（2）制定损失控制措施的依据和代价

制定损失控制措施必须以定量风险评价的结果为依据，风险评价时特别要注意间接损失和隐蔽损失；同时还必须从费用和时间两个方面考虑其付出的代价。时间方面的代价往往还会引起费用方面的代价。损失控制措施的最终确定，需要综合考虑损失控制措施的效果及其相应的代价。由此可见，损失控制措施的选择也应当进行多方案的技术经济分析和比较。

(3) 损失控制计划系统

就融资阶段而言，损失控制计划系统一般由预防计划、灾难计划和应急计划三部分组成。

1) 预防计划。以有针对性地预防损失的发生为目的。其主要作用是降低损失发生的概率；其具体措施包括组织措施、管理措施、合同措施、技术措施。其中，技术措施的显著特征是必须付出费用和时间。

2) 灾难计划。它是一组事先编制好的、目的明确的工作程序和具体措施，可以为现场人员提供明确的行动指南，使其在各种严重的、恶性的紧急事件发生后，做到从容不迫、及时妥善地处理，从而减少人员伤亡以及财产和经济损失。

3) 应急计划。它是在风险损失基本确定后的处理计划，其宗旨是使因严重风险事件而中断的工程实施过程尽快全面恢复，并减少进一步损失，使其影响程度减至最小。

损失控制是最积极主动的处置风险的工具，相对于其他策略，损失控制更积极、合理、有效。主动地预防与积极地实施抢救比单纯避免风险、转嫁风险和自己承担风险更具有积极的意义，它可以克服避免风险的种种局限。从全面的角度看，损失控制要优于转移风险。就转移风险而言，只是使风险从某些个人或单位转移给他人承担，并未能在全社会减少或消除风险损失。保险与自担风险立足于损失后的财务补偿，相对于损失控制而言是一种被动地承受风险及其后果的方法。损失控制虽然不可能完全消除损失，但它仍不失为一种积极主动地预防与减少损失的工具。

3. 风险自留

风险自留是将风险留给自己承担。与其他风险对策的根本区别在于：它不改变工程项目风险的客观属性，既不改变工程项目风险的发生概率，也不改变工程项目风险潜在损失的严重性。

(1) 风险自留的类型

1) 非计划性风险自留。导致非计划性风险自留的主要原因是有：缺乏风险意识、风险识别失误、风险评价失误、风险决策延误、风险决策实施延误。

2) 计划性风险自留。计划性风险自留是主动的、有意识的、有计划的选择。计划性风险自留的计划性主要体现在风险自留水平和损失支付方式两方面，而且，一般应选择风险量小或较小的风险事件作为自留的对象。风险自留决不能单独运用，而应与其他风险对策结合使用。

(2) 损失支付方式

计划性风险自留应预先制定损失支付计划，常见的损失支付方式有：①从现金净收入中支出；②建立非基金储备；③自我保险；④母公司保险。

(3) 风险自留的适用条件

计划性风险自留至少要符合以下条件之一时，才应予以考虑：①别无选择；②期望损失不严重;③损失可准确预测;④企业有短期内承受最大潜在损失的能力;⑤投资机会很好;⑥内部服务优良。风险自留也是一种重要的财务型风险管理工具,不同于其他风险的应对策略,风险自留是明知风险发生仍然自己承担损失后果,不同于损失控制,风险自留是专门处置预防与控制问题,在财务上作出计划与准备。

4. 风险转移

(1) 非保险转移

非保险转移,又称为合同转移,常见的非保险转移有三种:①业主将合同责任和风险转移给对方当事人;②承包商进行合同转让或工程分包;③第三方担保,其主要表现是业主要求承包商提供履约保证和预付款保证。非保险转移的优点是可以转移某些不可保的潜在损失、被转移者往往能更好地进行损失控制。但是,它具有以下缺点:一是非保险转移的媒介是合同,可能会因为双方当事人对合同条款的理解发生分歧而导致转移失败;二是可能因被转移者无力承担实际发生的重大损失而导致仍然由转移者来承担损失;三是非保险转移一般都要付出一定的代价,有时转移代价可能超过实际发生的损失,从而对转移者不利。

(2) 保险转移

保险转移即建设工程项目的业主或承包商作为投保人,将本应由自己承担的工程风险转移给保险公司。保险转移具有以下优点:一是建设工程在发生重大损失后可以从保险公司及时得到赔偿,使建设工程实施能不中断地、稳定地进行;二是通过保险可以使决策者和风险管理人员对建设工程风险的担忧减少;三是保险公司可向业主和承包商提供较为全面的风险管理服务。同时,它具有以下缺点:一是机会成本增加;二是工程保险合同内容较为复杂,保险费没有统一固定费率;三是保险谈判常常耗费较多的时间和精力;四是投保人可能产生麻痹思想而疏于损失控制。当然,在作出保险决策之后,还应考虑保险的安排方式、选择保险类别和保险人、进行保险合同谈判等问题。而且,工程保险并不能转移建设工程的所有风险。

风险转移作为一种处置风险的方法,有别于风险回避、损失控制等策略。当转移风险(是指将产生风险的活动转移出去)时,它与风险回避密切相关,或者说,它是风险回避的一种特殊形式。对于风险转移者来说,将潜在的产生风险的种种活动转移出去,在事实上就能够避免由此活动带来的种种风险损失。因而也可以说这种风险转移是损失控制的组成部分。但转移风险之后,风险以及有关引起损失的活动仍然存在,只是转移给其他人承担,对全社会而言,损失后果仍存在,只不过承担的主体不同而已。

5. 风险分散

风险分散是指建设工程项目投资者通过科学的投资组合,如选择合适的项目组合、不同成长阶段的投资组合、投资主体的组合,使整体的项目融资风险得到分散而降低,从而达到控制的效果。投资组合的成功往往依赖于一两个项目的巨大商业成功,故有必要进行不同项目的组合,可以近似地认为,一个项目或项目组合的成功概率超过投资的总体水平成功率,就是一项有效的组合投资决策。

马柯维茨投资组合理论是针对证券提出来的,投资者可以利用组合投资的分析工具,但这些方法主要是定性的分析,无法作出具体有效的定量分析,许多环节还有赖于项目投资者的主观判断。一般来说,投资者为了降低风险,总会尽量分散投资项目,这样,就产生了项目组合分散的范围问题。组合投资理论认为，各项投资的相关性越小，越能有效地分散风险，但是，由于投资是与管理密切相结合的投资方式，而且投资也不可能无限地细分，因此，项目组合也有一个可能和有效的数量范围。

（1）风险分散中，应注意以下两点：一是高风险项目与低风险项目适当搭配，以便在高风险项目失败时，通过低风险项目弥补部分损失；二是项目组合的数量要适当。项目数量太少时，风险分散作用不明显；而项目数量过多时，会加大项目组织的难度和导致资源分散，影响项目组合的整体效果。

（2）项目投资都有一个生命周期，从项目启动阶段到中间阶段再到项目结束阶段。每个阶段都会面临着不同的机会与风险，为了使收益最大，尽可能地降低风险，最好采用不同阶段的投资组合。

（3）集合多个投资者联手进行投资活动，分担投资的风险。这已经被其他领域的实践证明是一种有效的推动发展、分担风险的方法。在项目融资中，通过金融市场上的银行财团贷款、政府和多家公司联合对大型项目进行投资，特别是基础设施和基础产业等项目投资。

需要注意的是，以上几种融资风险策略并不是孤立的，它们是相互联系在一起的，有时是一种方式的运用，有时是几种方式的联合运用，但不管是哪种风险控制方式，都是为了实现风险最小化和利益最大化的目的。对不同的项目风险，在项目融资中应当采取不同的规避措施和策略，才能达到预期效果，国际上参与项目融资的主要贷款银行在实践中逐渐建立了一系列方法和技巧，其核心就是通过各种类型的法律契约和合同，将与项目有关的各个方面的利益结合起来，共同承担风险。对于项目发起人和投资方，在设计融资方案时则应更详细周到地考虑到各种风险的存在以及规避和控制的措施。

5.4.2 建设工程项目融资风险应对的具体措施

由于项目融资具有有限追索或无追索的特点，对于借款方而言，风险大大降低。但是就项目而言，其风险依然存在，所以识别和评价项目中存在的风险、制定相应的措施、编制风险管理计划并付诸实施是十分必要的。经过不断地实践探索和检验，国际上已经逐渐形成了一些行之有效的降低和减少建设工程项目融资风险的做法，尤其是参与项目贷款的主要银行，更是建立了一系列的方法和技巧以降低项目风险。结合我国建设工程项目融资的特点，可以考虑采取以下措施对项目融资中的两类性质不同的风险进行应对。

1. 系统风险

（1）政治风险的应对

由于项目所在国政府最有能力承担政治风险，因此，政治风险最后由项目所在国政府来承担是最佳选择。如果东道国的政治风险事故连续维持一定的时期，则该国有责任用现金收购项目，其价格以能偿还债务并向项目发起人提供某些回报为准。所有债务在政治性事故发生时都有所保障。在我国，政府机构要参与批准和管理基础设施项目，因而政治风险不容忽视。然而，政治风险非个人和公司所能控制，只能依靠国际社会和国家的力量来应对。

1）特许权

项目公司应尽量尝试向所在国政府机构寻求书面保证，具体包括政府对一些特许项目权利或许可证的有效性和可转移性的保证、对外汇管制的承诺、对特殊税收结构的批准等一系列措施。例如，广西来宾 B 电厂项目在政治风险控制方面就得到了政府强有力的支持。国家计委、国家外汇管理局、电力工业部分别为项目出具了支持函，广西壮族自治区政府成立了专门小组来负责来宾 B 电厂项目，当法律变更使得项目公司的损失超过一定数额时，广西壮族自治区政府将通过修改特许期协议条款与项目公司共同承担损失，从而很好地预防了政治风险。

2）投保

除特许权协议外，还可以通过为政治风险投保来减少这种风险可能带来的损失，包括纯商业性质的保险和政府机构的保险。但是，提供政治风险担保的保险公司数量很少，因为市场狭小而且保险费十分昂贵，同时对项目所在国的要求特别苛刻，因此以保险的方式来规避政治风险是很困难的。在我国，为政治风险投保的一个实例是山东日照电厂，德国的 Hermes 和荷兰 Cesce 两家信誉机构为该项目的政治风险进行了担保，从而使该项目进展得比较顺利。

3）多边合作

在许多大型建设工程项目融资中政府、出口信贷机构和多边金融机构不仅能为项目提供资金，同时还能为其他项目参与方提供一些政治上的保护，这种科学合理的产权布局就可能使国家风险降低很多，也可以寻求政府机构的担保以保证不实行强制收购，或当收购不可避免时，政府机构会以市场价格给予补偿。一般来讲，很难预测到各种法规制度的变化，因而可以设法把此种风险转移给当地合作伙伴或政府。

(2) 法律风险的应对

对于项目贷款人来说，管理法律风险的最好办法是在早期通过律师对东道国的法律风险进行系统彻底的研究。如果可能，最好得到东道国政府法律机构的确认。在一些情况下，可能需要修改东道国的某些法律条款，把针对本项目的新法案作为融资的先决条件。另外，项目公司与东道国政府签订相互担保协议，真正做到互惠互利，在一定程度上也为项目的发起人和贷款人提供了法律保护。这类协议有进口限制协议、劳务协议、诉讼豁免协议、公平仲裁协议和开发协议。在项目融资中，根据项目的特点，不同的项目签署不同的相互担保协议。有的项目需要外籍人员为其提供服务，项目公司就应力争与项目所在国政府签署劳务协议，要求对外籍人员的聘用不加以限制。需要说明的是，一般来说，项目公司应与所在国政府签署开发协议，以保证项目公司在协议执行期间得到有效的服务，以合理的价格销售项目产品。项目公司要求所在国政府授予项目公司一些特许权限，从而在很大程度上转移项目的法律风险，这一点在 BOT 融资模式中显得尤为重要。

(3) 市场风险的应对

降低和应对市场风险的方法需要从价格和销售量两个方面入手。建设工程项目融资要求项目必须具有长期的产品销售协议作为融资的支持，这种协议的合同买方可以是项目投资者本身，也可以是对项目产品有兴趣的具有一定资信的任何第三方。通过这种协议安排，合同买方对建设工程项目融资承担了一种间接的财务保证义务。"无论提货与否均需付款"和"提货与付款"合同是这种协议的典型形式。

降低和规避市场风险可以从以下几个方面着手：①要求项目有长期产品销售协议；②长期销售协议的期限要求与融资期限一致；③定价充分反映通胀、利率、汇率等变化。

另外，在降低市场风险的谈判中，建立一个合理的价格体系对运营商也是十分重要的，运营商必须对市场的结构和运作方式有清楚的认识。一般在销售价格上，根据产品的性质可以采取浮动定价和固定定价两种类型。浮动定价也称公式定价，主要用于在国际市场上具有公认定价标准、价格透明度比较高的大宗商品。采用浮动定价方式，价格一经确定，在合同期内就不可以再变动。固定定价是指在谈判长期销售协议时确定下来一个固定价格，并在整个协议期间按照某一预定的价格指数加以调整的定价方式。

另外，项目公司在与政府制定协议时，要有防止竞争风险的条款。例如，如果政府已经和项目公司达成建设一条公路的协议，则政府就不能在此条公路的近距离内修筑另一条公路。

(4) 金融风险的应对

对金融风险的应对和控制主要是运用一些金融工具进行。传统的金融风险管理基本上局限于对风险的预测，即通过对在不同假设条件下的项目现金流量的预测分析来确定项目的资金结构，利用提高股本资金在项目资金结构中的比例等方法来增加项目抗风险的能力，以求降低贷款银行在项目出现最坏情况时的风险。随着国际金融市场的发育，特别是近些年掉期交易和期权市场的发展，项目金融风险的管理真正实现了从"预测"到"管理"的转变。

1) 利率掉期。利率掉期指在两个没有直接关系的借款人（或投资者）之间的一种合约性安排，在这个合约中一方同意直接地或者通过一个或若干个中介机构间接地向另一方支付该方所承担的借款（或投资）的利息成本，一般不伴随本金的交换。利率掉期一般是通过投资银行作为中介来进行操作，且经常在浮动利率和固定利率之间进行。一般的利率掉期是在同一种货币之间进行，从而不涉及汇率风险因素，利率掉期可以规避利率风险。

2) 远期外汇合约。在我国的工程项目中项目的收入是人民币，承包商要将其兑换成美元汇回总部，因而可以事先同当地银行签订出卖远期外汇合同，在规定的交割日将人民币收入卖给银行，按合约规定的远期汇率买入美元。这里要注意，签订远期外汇合同时要考虑汇率的变动情况和人民币收入时间与交割时间的匹配。如果根据经验判断美元会升值可根据人民币收入的时间确定交割时间及远期汇率，以便到时买入美元，避免本币贬值损失。这种方法的缺陷是交割时间固定，到了规定的交割日期合约双方必须履约，时间匹配困难。

3) 期权。由于期权允许其持有人在管理不可预见风险的同时不增加任何新的风险，使得期权在项目融资风险管理中有着更大的灵活性，它避免了信用额度范围的约束（投资银行根据客户的信用程度给予客户的交易额度），只要项目支付了期权费，就可以购买所需要的期权合约，从而也就获得了相应的风险管理能力，而不需要占用任何项目的信用额度或者要求项目投资者提供任何形式的信用保证。

4) 择期。择期是远期外汇的购买者（或卖出者）在合约的有效期限内任何一天，有权要求银行实行交割的一种外汇业务。我国对择期的交易期限规定为择期交易的起始日和终止日，在这期间，承包商可将人民币收入立即换成美元或其他可自由兑换货币汇回国内，从而避免了汇率波动的风险。根据国际惯例，银行对择期交易不收取手续费，所以择期交易在实际应用中非常方便。

5)固定汇率。在国际融资中选择何种货币,直接关系到融资主体是否将承担外汇风险,将承担多大的外汇风险,因此融资货币的选择是融资主体要考虑的一个重要问题。承包商可以与我国政府或结算银行签订远期兑换合同,事先把汇率锁定在一个双方都可以接受的价位上,以此来消除汇率频繁波动对项目成本造成的影响。

6)融资货币。我国的项目在融资时最好采取融资多元化策略,也就是持有多种货币组合的债务,最好是让人民币汇率锁定在"一揽子"硬通货上。一种货币的升值导致的债务增加靠另一种货币的贬值导致的负债减少来抵消。只要合理选择货币组合,就可以降低单一货币汇率波动造成的损失。

7)汇率变动保险。许多国家有专门的外贸外汇保险机构,为本国或他国企业提供外汇保险服务,可利用这种保险业务来分散风险。由于项目的具体情况千差万别,以上所介绍的这些管理风险的措施只是一些原则性的内容,至于具体的应用则要视实际情况而定,可以借鉴国外经验,通过相关合同中的设计和约定灵活有效地降低风险。

项目融资风险处理方案的实施和后评价是风险管理的最后一个环节。风险处理方案的实施不仅是风险处理效果的直接反映,而且通过对项目的后评价,可以达到总结经验、吸取教训、改进工作的目的,因而它是项目融资风险管理的一个重要内容。

2. 非系统风险

(1)完工风险的应对

超支风险、延误风险以及质量风险均是影响建设工程项目竣工的主要风险因素,统称为完工风险。对项目公司而言,控制它们的最简单的方法就是要求施工方使用成熟的技术,并要求其在一个双方同意的工程进度内完成;或者要求其在自己能够控制的范围内对发生的延误承担责任。然而,对项目的贷款银行或财团而言,如果仅仅由施工方承担完工风险显然是难有保障的,因为项目能否按期投产并按设计指标进行生产和经营将直接影响项目的现金流量,进而影响项目的还贷能力,而这恰恰是融资的关键。

因此,为了限制和转移项目的完工风险,贷款银行可以要求由项目公司提供相应的措施来降低和回避这一风险,而项目公司可以通过利用不同形式的项目建设合同来把完工风险转移给承包商。常见的合同有固定总价合同、成本加酬金合同和可调价格合同。贷款银行也可以要求项目投资者或项目承包商等其他项目参与方提供相应的"完工担保"作为保证。具体内容将在第 6 章进行介绍。

(2)生产风险的应对

生产风险主要通过一系列的融资文件和信用担保协议来应对。针对生产风险的不同种类,可以设计不同的合同文件。一般通过以下方式来实现:项目公司应与信用良好且可靠的伙伴就供应、燃料和运输问题签订有约束力的、长期的、固定价格的合同;项目公司拥有自己的供给来源和基本设施,如建设项目专用运输网络或发电厂;在项目文件中订立严格的条款,以及涉及承包商和供应商的有延期惩罚、固定成本以及项目效益和效率的标准。另外,提高项目经营者的经营管理水平也是降低生产风险的有效途径。

项目融资风险管理的主要原则是让利益相关者承担风险,通过各种合同文件实现项目风险在项目参与各方之间的合理有效地分担,将风险带来的冲击降至最低。对于项目参与各方而言,它们各自所愿意承担的风险种类以及程度不一,风险分担不是将风险平均地分给参与各方,而是采用"将某类风险分配给最适合承担它的一方"的基本原则。

总之，为了应对和减轻项目融资的风险，项目投资者在项目运作过程中必须准确识别项目的主要风险，评价项目每个风险的水平以及可接受的程度，并将项目风险分配到有关各方，将项目风险与融资结构相结合，再恰当地使用一些金融工具化解风险，最大限度地避免项目融资风险带来的损失。

（3）信用风险的应对

在建设工程项目融资中即使对借款人、项目发起人有一定的追索权，贷款人也应评价项目参与方的信用、业绩和管理技术等，因为这些因素是贷款人所依赖的项目成功的保证。政府参与的项目中政府对于信用风险的应对方法有：

1）政府确保发起人完成项目的最有效办法，是对保证的条件给予实质性的落实。例如，土地划拨或出让、原材料供应、价格保证、在或取或付合同条款下的产品最低购买量以及保证外币兑换等。

2）政府委派法律专家或财务顾问与债权人和发起人接触并协助其工作，要求其将有关财务信息、担保手续公开化，以便确信届时项目有足够的资金到位。

债权人管理和控制信用风险的方法如下：

① 项目公司提供担保合同或其他现金差额补偿协议，一旦出现资金不足的情况，就能筹措到应急资金以渡过难关。

② 建筑承包商提供保证，赔偿因其未能履约而造成损失的担保银行的保函。

③ 项目发起人提供股权资本或其他形式的支持。

④ 产品购买者提供或取或付或其他形式的长期销售合同。

⑤ 项目供应商提供或供或付合同或者其他形式的长期供货合同，以保证原材料的来源。

⑥ 项目运营方提供具备先进的管理技术和管理方法的证明。

⑦ 评价保险公司、再保险公司按保单支付的能力和保险经纪人的责任。

（4）环境保护风险的应对

1）投保。这是项目发起人和债权人通常的做法，当然保险不可能面面俱到，它很难包括事故以外的连锁效应的风险损失，何况重大的环境损害的潜在责任是无限的。

2）把项目的法律可行性研究（特别是环保方面），作为项目总的可行性研究的一个重点来对待。

3）作为债权人一方，可要求其将令人满意的环境保护计划作为融资的一个特殊前提条件。该计划应留有一定余地，确保将来能适用加强的环保管制。

4）制定好项目文件。该项目文件应包括项目公司的陈述、保证和约定，确保项目公司自身重视环保，遵守东道国的有关法律、法规等。

5）运营商不断提高生产效率，努力研发符合环保标准的新技术和新产品。

3. 基于实践经验总结的风险应对举措

（1）利益共享，风险共担

政府与社会资本共同参与的项目，二者应达成共识。按照政府和社会资本的出资比例，制定出详细的合作方案。该方案不仅仅包括出资比例的约定，同时也包括风险的承担比例。在资金注入方面按照约定比例进行，在利益分配方面按照约定比例分配，在风险损失方面也要按照约定比例承担。只有制定了详细的约定之后，才能保证建设工程项目的主体间的权利、责任、义务得到有效的履行。所以,利益共享和风险共担应成为建设工程项目融资风险应对的主要措施。

(2) 预备风险准备金

考虑到建设工程项目的施工周期长、投资收益慢、施工隐性风险高等问题,在融资风险控制过程中,必须预留一定数量的风险准备金,主要是为了应对突发事件带来的损失。同时,积累起来的风险准备金也能够抵御意外情况带来的风险,最大限度地保证建设工程项目正常运转。避免因意外因素的影响给整个项目带来不可扭转的损害,同时也避免意外风险造成项目延期甚至下马。所以预备风险准备金必须按照项目的整体规模进行按比例预留,可以按照项目整体投资的 10% 预估。该项预备风险准备金包含在项目建设资金中,如果未发生突发事件,则该项资金用于工程建设资金。

(3) 增加施工的专业性,减少技术风险

虽然建设工程项目的难度可控,但是在某些特殊的路段或施工场地,施工难度随之增加。基于这一认识,应当在建设工程项目施工之前,做好相关信息的搜集和施工调研工作,保证施工的可行性达到要求,同时,还要增加施工的专业性,减少施工技术风险,最大限度地提高施工质量,满足施工要求。

(4) 建立完善的项目融资风险预警机制

由于建设工程项目融资风险种类较为固定,风险种类不会发生较大的变化。在具体的项目融资中,就要按照每一种风险类别制定具体的项目融资风险预警机制,保证项目融资能够有效识别存在的风险,并做到提前预警和预防。风险预警机制的建立应当从三个方面入手:首先,应当对风险的种类和细节进行梳理,弄清楚有哪些风险需要防控。其次,要根据项目实际,按照风险类别制定具体的预警方法,提早发现风险因素。再次,要将所有的风险进行综合考虑,将风险之间存在的联系进行梳理,做到掌握风险类别,将风险预警措施进行整合,设定风险预警触发机制。

(5) 合理预计风险成本,制定止损措施

建设工程项目实施过程中存在一定的风险,风险造成的损失需要提前进行估计。每一种风险背后都对应着一定的风险成本,那么在具体的风险防控过程中,就要根据每一种风险的特点及可能发生的损失合理预计风险成本,并按照风险的类别制定止损措施,从根本上保证风险造成的损失能够在可控范围之内,解决风险防控问题。

本章小结

本章主要介绍建设工程项目融资的风险管理,在第 1 节中,主要介绍了建设工程项目融资风险的概念;第 2 节中,主要介绍了建设工程项目融资的风险因素以及不同风险的分类方式,并针对建设工程项目融资风险从定性和定量角度提出了风险识别方法;第 3 节中,主要介绍了建设工程项目融资风险评价的各种方法;第 4 节中,主要介绍了建设工程项目融资风险的应对策略和措施。

本 章 思 考 题

1. 什么是建设工程项目融资风险因素?建设工程项目融资风险因素主要有哪些?

2. 建设工程项目融资风险识别的工具和技术有哪些？
3. 建设工程项目融资风险评价的方法有哪些？
4. 建设工程项目融资风险分担的含义是什么？
5. 对建设工程项目融资面临的各种风险如何应对？

6 建设工程项目融资担保

【本章提要】 本章主要概述建设工程项目融资担保，探讨建设工程项目融资担保的概念和特征；介绍建设工程项目融资担保人，分析各担保人的角色和承担的责任；分析建设工程项目融资担保形式。通过本章的学习，了解建设工程项目融资担保的概念和文件；熟悉建设工程项目融资担保的范围和步骤；掌握建设工程项目融资担保人以及融资担保形式。

6.1 建设工程项目融资担保概述

6.1.1 建设工程项目融资担保的定义与特征

担保是建设工程项目风险分配和管理的主要手段，是在风险管理的基础上将风险分析结果落实到书面上的行为。因为项目融资具有"无追索权或有限追索权"的特点，所以建设工程项目贷款方更多关注项目成功与否，而较少关注建设工程项目资产的现有价值。因此，项目贷款方要求担保能够保证项目按期、按质完工，并正常经营以获得足够的现金流。担保在建设工程项目融资中还具有特殊作用，它可以把某些风险转嫁给一些不想直接参与经营或为项目提供资金的有关方面。在这种情况下，第三方担保人可以不参与出资或贷款，而是以提供担保的方式参与建设工程项目。

在民法中，担保的定义为"以确保债务或其他经济合同项下的履行或清偿为目的的保证行为"。担保是债务人对债权人提供履行债务的特殊保证，是保证债权实现的一种法律手段。建设工程项目融资担保实质是建设工程项目的借款方或第三方以自己的资产或信用向贷款方或租赁机构作出的偿还保证，是分配和转移建设工程项目融资风险的重要手段。

按照各国法律，担保可以分为两大类：一类是物权担保，即借款人或担保人以自己的有形财产或权益财产，为履行债务设定的物权担保，如抵押权、质押权、留置权等；另一类是人的信用担保，即担保人以自己的资信向债权人保证对债务人履行债务、承担责任，有担保（保证书）、安慰信等形式。在项目融资结构中，物权担保是以项目特定物产的价值或者某种权利的价值作为担保，如债务人不履行其义务，债权人可以行使其对担保物的权利来满足自己的债权。物权担保主要表现在对项目资产的抵押和控制上，包括对项目的不动产和有形动产的抵押、对无形资产设置担保物权等方面。

在项目融资结构中，信用担保的基本表现形式是项目担保。项目担保是一种以法律协议形式作出的承诺，依据这种承诺，担保人向债权人承担了一定的义务。项目担保义务可以是第二位的法律承诺，即在被担保人（主债务人）不履行其对债权人（担保受益人）所承担义务的情况下（即违约时），必须承担起被担保人的合约义务，这种担保义务是附属和依存在债务人和债权人之上的。项目担保也可以是第一位的法律承诺，也就是即期担保。即期担保承诺在担保受益人的要求之下（通常是根据融资文件或者担保文件中的有关条款），立即支付给担保受益人（或担保受益人指定的其他任何人）规定数量的资金，而不管债务人是否真正违约。因而，即期担保相对独立于债权人与债务人之间的合约。项目的完工担保多数属于这一种类型。

在建设工程项目融资中，基于贷款人对项目以外的资产和收益无追索权这一特征，建设工程项目融资担保无论是在内容上还是形式上，都有不同于一般担保的独特之处。

1. 就担保的目的而言

一般商业贷款人的担保要求是担保人应有足够的资产弥补借款人不能按期还款时可能带来的损失。而建设工程项目融资的贷款人关注的重点是项目能否成功，而不是现有担保资产的价值，其所要求的担保目的是保证项目按期完工、正常经营，获取足够的现金流来收回贷款。

2. 就担保的基础而言

传统贷款的担保以借款人自身的资信为基础，由借款人以自身的全部或部分资产承担责任，或以第三人（担保人）的资产作为债权担保，或以特定的资产作为物权担保。而在建设工程项目融资中，项目发起人为避免项目失败而导致自己的财务状况恶化，一般都是先注册一个项目公司，由这个项目公司借款，并以项目公司的资产设定担保。项目发起人虽然是实际的借款人，但贷款人不能追索项目发起人除本项目以外的其他资产。

3. 就担保的方式而言

传统贷款的物权担保一般以借款所购财产以外的现存财产设定担保。而建设工程项目融资贷款人的风险很大，不可能完全依赖传统的担保方式，除了以项目资产作为抵押外，还可能包括：对项目现金流量使用和分配权的控制；对项目公司往来账户的控制；对有关项目的一切重要商业合同（如工程合同、市场销售合同、原材料供应合同等）权益的控制；对项目投资者（项目发起人）给予项目的担保或来自第三方给予项目的担保及其权益转让的控制等。

4. 就担保的保证而言

在传统贷款中，无论是物权担保还是信用担保，其价值通常都大于借款数额，而且要求有良好的变现性。在建设工程项目融资中，虽然也会将项目的资产抵押，但项目的建设周期通常较长，未竣工前其商业价值较小，而且像道路、输油管、电厂等项目，即使按期建成，如果使用率不高，其交换价值也可能远低于建设成本。因此，以项目公司资产作担保的本意是为防止第三方主张权益，而不是用以提供实际的还款保证。

6.1.2 建设工程项目融资担保的作用

由于建设工程项目融资的根本特征体现在项目风险的分担，而项目担保正是实现这种风险分担的一个关键所在。但是，许多项目风险是项目本身所无法控制的。出于对超出项目自身承受能力的风险因素的考虑，贷款银行必须要求项目投资者或与项目有关的第三方提供附加的债权担保。因此，项目担保是项目融资结构中的一个关键环节，是保障项目融资成功的首要条件。具体来说，项目担保在项目融资中起到以下重要作用：

1. 降低项目投资者的风险

采用担保形式，项目投资者可以避免承担全部的和直接的项目债务责任，项目投资者的责任被限制在有限的项目发展阶段之内或者有限的金额之内。正因为如此，项目投资者才有可能安排有限追索的融资结构。

采用项目担保形式，项目投资者可以将一定的项目风险转移给第三方。通过组织一些对项目发展有利，但又不愿意直接参与项目投资或参与项目经营（由于商业原因或政治原因）的机构为项目融资提供一定的担保，或者利用商业担保人提供的担保，一定条件下可以将项目的风险因素分散和转移。

2. 降低贷款人的风险

在项目融资中，项目担保有利于贷款人转移风险，因为贷款的风险使得贷款人在进行贷款活动中，采取各种措施来应对风险，以避免和减少损失。项目担保可使贷款人将可能发生的风险转移给担保人，一旦贷款发生风险，贷款人就可从项目担保中得到补偿。

项目担保还有利于加强对借款人的监督。担保人为借款人的借款行为担保后，就为此承担了责任，这样可以防止借款人将贷款用于非规定项目，监督借款人履行义务。

6.1.3 建设工程项目融资担保的范围

项目担保的范围取决于其所面对的风险，一个项目通常可能面对的风险主要有市场风险、政治风险、金融风险、项目环境风险、信用风险、生产风险（技术与管理风险、资源风险）等。在建设工程项目融资中，项目的担保不可能解决全部风险问题，只是有重点地解决融资双方尤其是贷款人最为关心的问题，主要是政治风险、商业风险、商业政治风险、金融风险、不可抗力风险等。

1. 政治风险

在政治环境不稳定的国家或地区，建设工程项目投资具有很高的政治风险，如果没有政治风险担保，很难组织有限追索或无追索的建设工程项目融资结构。所以，政治风险是建设工程项目融资中引人关注的一类问题。一般地，项目所在国政府或中央银行应是最理想的政治风险担保人。因为这些机构直接决定着项目的投资环境，或与项目发展有直接的利益关系，所以其对项目的担保可减轻外国贷款银行及其他投资者对项目政治风险的担忧。尽管如此，在一些高政治风险的国家，仅有政府的保证是不够的，还需要一些诸如地区开发银行、世界银行和海外投资保险机构等提供的担保，以利于形成建设工程项目融资。

2. 商业风险

商业风险是建设工程项目融资的主要风险，也是项目担保的重要内容。一般的项目贷款人都会要求项目投资者或与项目有直接利益关系的第三方提供不同程度的担保，尤其体现在以下方面。

（1）竣工担保

一个项目能否在一定的预算与时间内建成并投入使用，达到竣工标准，是组织建设工程项目融资的基础。在建设工程项目的运作中，许多不成功的例证主要是由于存在项目不能建成竣工和形成生产能力、收回投资而产生的风险。尤其是具有以下特征的大型基础设施和BOT项目：①建设周期长，很久才能达到产生利润的运营期。②建设期高风险、高成本，运营期低风险、低单位成本。③建设期间利息资本化。

对此，项目的贷款人可能要求项目投资者保证项目能按期竣工，达到按规定的效率和标准生产的运营阶段，同时也准备承担项目开始运营后能否持续运营的风险。解决这一问题的最简单的方法是，要求项目的一个或几个投资者以连带责任或个别责任的形式，保证项目按照融资协议中规定的竣工标准，在一个规定的日期竣工，并保证在不能按时、按质量竣工时偿还贷款。

传统上项目竣工的风险被要求由项目投资者全面承担，即项目投资者提供担保承诺在工程延期、建设成本超出预算等问题出现时为项目提供资金。但近年来由于市场竞争和项目投资者的压力，贷款银行往往被要求承担一部分竣工风险。特别是在一些技术较成熟、投资环境较好的项目中，贷款银行转向从工程公司、技术设备供应公司等其他方面寻求完工担保，包括采用由工程公司或技术设备公司提供履约担保、固定价格的交钥匙合同等形式，以减少对项目投资者在竣工风险担保方面的要求。

所以，在设计和完成建设工程项目融资结构的过程中，如何分担项目的竣工风险是贷款银行和项目投资者谈判的焦点之一。尤其是竣工担保的存在使竣工测试的谈判变得更为复杂，并且增加了关于是否满足竣工标准的争论，特别是当遇到竣工项目从有追索权融资到无追索权或有限追索权融资的转折点时。一般地，贷款银行除了要求项目投资者或者工程公司提供竣工担保外，有时也会要求在产品市场安排上增加相应的项目延期条款，以调整合同收入，支付由工程不能按期竣工而造成的融资成本超支。

（2）生产成本控制

一个项目能在激烈的行业竞争中占有优势，除了其自然条件和技术条件较好之外，很好地控制生产成本是一个重要的因素，因而较强的生产成本控制方面的担保是必不可少的，它还可以减少贷款银行对其他担保形式的要求。对生产成本的控制，一种方法是通过由项目公司和提供项目生产所需的主要原材料、能源、电力的供应商签订中长期供应协议，规定其供应产品的数量、价格和期限来实现；另一种方法是将生产成本的控制与项目所在地的物价指数相联系。总之，通过这些方法都可使项目的贷款银行和投资者对项目成本有一个基本的了解和估计，从而达到降低风险的目的。

（3）产品市场安排

项目产品的销售状况决定了项目的发展前景，市场风险当然也是项目担保必须面对的一个重要问题。对于不同的项目，贷款银行处理风险因素的侧重有所不同。对于初级能源和资源性产品项目，如各类矿产品，其价格受世界市场需求变化的影响，如果没有一方肯承担一定的产品市场和价格风险，项目的融资安排就很困难；对于加工性产品项目，如机械制造业，产品的市场销售较为复杂，贷款银行对生产成本的控制和现金流量的控制更加重视，因而要求项目的担保人承担更多的成本风险。

3. 商业政治风险

商业担保公司参与政治风险保险近年来有增长的趋势，但就其本质来讲，商业政治风险保险不是项目担保，只是在某种程度上起担保的作用。促使项目投资者寻求商业政治风险保险的原因有以下几点：①项目投资者不满意政府政治风险担保的条款，而商业保险市场可以提供更灵活和更具竞争性的条件。②项目的风险价值过高，超过政府机构政治风险担保的限额。③项目不具备政府出口信贷或政治保险机构提供政治风险担保的条件。

商业政治风险保险针对特定的政治危机，其保险范围包括资产风险保险和合约风险保险。资产风险主要是因为剥夺、暴乱、内战、恐怖活动、国有化以及限制资金转移国外等政治原因造成的资产损失。合约风险主要是由于政治原因引起的禁运、毁约、拒绝履行合同或合同担保等事件造成的被保险人损失。

4. 金融风险

项目的金融风险主要包括汇率波动、利率上升、国际市场商品价格上涨（特别是能源和原材料价格的上升）、项目产品的价格在国际市场下跌、通货膨胀、国际贸易和贸易保护主义等。金融风险的应对和分担在建设工程项目融资中是非常敏感的问题。对于汇率和利率风险，可以通过使用金融衍生工具，如套期保值技术等进行分散。但是，在东道国金融市场不完善的情况下，使用金融衍生工具存在一定的局限性。在这种情况下，境外项目发起人和贷款银行一般要求东道国政府或国家银行签订远期外汇兑换合同，把汇率锁定在一个双方可以接受的价位上，但东道国政府或国家银行一般不愿意承担这个风险，此时项目公司应同东道国政府或自家银行签订专门合同，规定在一定范围内由各方分摊相应的汇率风险。

5. 不可抗力风险

项目除了存在政治风险、商业风险、商业政治风险和金融风险之外，还会因为地震、火灾以及其他一些不可预见因素而导致失败，即不可抗力风险，也称为或有风险。避免这类风险主要也是采用商业保险的方法。

由此可见，建设工程项目融资面临多种风险，为有效地规避项目可能面临的各种风险，通常采用建设工程项目融资担保的方式。而基本的项目担保一般包括以下几个方面：

（1）担保受益人。
（2）担保的用途。
（3）项目定义。
（4）担保有效期。
（5）最大担保金额。
（6）启用担保的条件。
（7）担保协议及执行担保的具体步骤。

不管项目担保的形式和性质如何，贷款银行往往坚持作为融资中担保的第一受益人。如果贷款的期限较长，贷款银行还会要求在项目担保基本格式之外增加一些特殊规定，以保护自身的利益不因外部环境的变化而受到损害。接下来本章也会针对建设工程项目融资担保文件、担保人、担保形式以及担保步骤等内容展开介绍。

6.1.4　建设工程项目融资担保文件

1. 担保文件

项目融资使用的文件多而复杂，可分为三类：基本文件、融资文件和专家报告。从广义上讲，几乎每一个具体文件都是对贷款方的担保；从狭义上看，与担保关系较为直接的项目融资文件有基本文件和融资文件。

（1）基本文件

1）政府的项目特许经营协议和其他许可证。
2）承建商和分包商的担保及预付款保函。
3）项目投保合同。
4）原材料供应协议。

5）能源供应协议。
6）产品购买协议。
7）项目经营协议。

(2) 融资文件

1）贷款协议。包括消极保证、担保的执行。

2）担保文件和抵押文件。主要包括：

① 对土地、房屋等不动产抵押的享有权。

② 对动产、债务以及在建生产线抵押的享有权。

③ 对项目基本文件给予的权利的享有权。

④ 对项目保险的享有权。

⑤ 对销售合同、照付不议合同、产量或分次支付协议以及营业收入的享有权。

⑥ 用代管账户来控制现金流量（必要时提留项目的现金流量）。

⑦ 长期供货合同的转让，包括或供或付合同和能源、原材料的供应合同。

⑧ 项目管理、技术支持和咨询合同的转让。

⑨ 项目公司股票的质押，包括对股息质押，以及各种为抵押产生的有关担保的通知、同意、承认、背书、存档及登记。

3）支持性文件。主要包括：

① 项目发起方的直接支持：偿还担保、完工担保、营运资金担保协议、超支协议和安慰信。

② 项目发起方的间接支持：无货亦付款合同、产量合同、无条件的运输合同、供应保证协议。

③ 政府的支持：经营许可、项目批准、特许权利、不收归国有的保证和外汇许可等。

④ 项目保险：商业保险、出口信贷担保以及多边机构的担保。

2. 担保条款

(1) 对价条款

担保中的对价是贷款人给予借款人贷款，即担保人通过为借款人提供担保所得到的回报是贷款人向借款人提供的贷款。在担保书中对价一般以这样的条款来表达："贷款人向借款人提供贷款的前提是担保人出具担保书"。

在不同的国家，对于对价条款的重视程度有所不同。在英国，对价是适用于一切合同的基本原则，是否有对价是合同生效的前提；在我国企业的对外融资中也是如此，即必须具备对价条款。按照英国法律，对价的条件是：①对价必须是书面的。因为担保合同、贷款合同是书面的，所以对价条款也应是书面的。②在实践中，一般要准确写明对价的具体金额。③如果贷款人已经放款或已经承诺放款，则这种已经作出的对价属于过去的对价，担保也就成为无效的保证。④对价的内容可多样。在担保中，贷款人同意放弃对借款人违约的追究、同意展期还款等都可成为担保的对价。

(2) 担保责任

在项目融资中，由于金额一般较大，担保人往往可能是两个以上，为此，必须在担保合同中明确各担保人的责任。具体如下：

1）个别担保责任。这是指每个担保人只对借款人一定比例的债务承担担保责任，如果借款人违约，贷款人只能向每个担保人提出其担保比例上限范围内的清偿要求。

2）共同担保责任。这是指每个担保人对全部贷款债务承担保证责任，如果借款人违约，贷款人可以向担保中的任何一个或所有担保人提出清偿要求。

3）个别和共同担保责任。在此种条件下，如果借款人违约，贷款人可向所有担保人提出清偿要求，也可以向担保人中的任何一个提出清偿要求，在向一个担保人提出清偿要求而未能被满足时，还可以向其他担保人提出清偿要求。这种形式的担保由于综合了前面两种担保责任的优点而被广泛地采用。

3. 担保条件

在担保合同中，一般会有"本担保书是无条件的、不可撤销的"或"本担保人无条件地、不可撤销地保证"等条款。这些都属于担保条件，其中"无条件"是指如果借款人违约，贷款人在没有用尽一切补救措施向借款人要求清偿规定的情况下，就可要求担保人履行担保义务；"不可撤销"是指未经贷款人（担保受益人）的同意，担保人不得解除担保合同。担保条件确立了担保合同的独立性，因而使担保人承担的义务不因贷款合同的变化受影响。担保条件还明确了贷款人对担保人的立即追索权，即借款人如果出现违约行为，贷款人可直接向担保人要求清偿。

（1）陈述和保证

陈述和保证条款是明确担保人的担保资格和担保能力所作出的保证。其内容一般有：担保人必须是法人；担保人不存在对本合同的执行有实质性影响的负债；担保合同项下的担保责任与其他合同项下的担保责任具有同等地位；除非国家法律另有规定，在每个财务报告期结束的一定日期内，担保人向代理行提供经审计的财务报告。

（2）延续担保

延续担保可使贷款人避免因担保合同期满而无法向担保人索付，从而保障了贷款人的合法权益。在担保合同中通常是这样规定的："本担保合同是延续不断的担保，直到借款人清偿所有贷款合同项下的贷款及其利息、费用为止"。

（3）见索即付

见索即付是指一旦贷款人向担保人提出付款指示，担保人就必须立即付款。见索即付在担保合同中通常表示为"本担保人在收到代理行发出的书面索付通知书的数日内，向代理行支付本协议项下的担保金及利息、费用"。这一条款的作用是在担保人采取任何诉讼或其他手段对借款人或任何其他人采取行动之前，担保人的义务已履行，一经代理行提出要求，担保人就必须立即通过代理行向贷款人进行赔偿。

（4）延期、修改及和解

在担保合同中，贷款人和借款人就延长借款清偿期限达成协议或对贷款协议作出实质性修改，以及贷款人与借款人达成的某种和解，均需经过担保人同意，否则担保人的担保义务将自动免除。

（5）适用法律及司法管辖

这是指担保合同选择什么法律作为适用法。一般选择与适用法相关联的法院作为管辖法院，再就是确定诉讼代理人。

（6）税收费用

一般地，担保人在合同中均承诺，担保人将通过代理行补偿代理人因执行担保合同而发生的费用，贷款人可获得无任何抵扣的、足额的收益。

6.1.5 建设工程项目融资担保的步骤

安排项目担保的步骤可以大致划分为4个阶段，如图6-1所示。

（1）贷款银行向项目投资者或第三方担保人作出项目担保的要求。

（2）项目投资者或第三方担保人可以考虑提供公司担保（对担保人来讲，公司担保成本最低）；如果公司担保不被接受，则需要考虑提供银行担保。后者将在银行和申请担保人之间构成一种合约关系，银行提供项目担保，而申请担保人则承诺在必要时补偿银行的一切费用。

（3）在银行提供担保的情况下，项目担保成为担保银行与担保受益人之间的一种合约关系。这是真正的担保人（项目投资者或者第三方担保人）并不是项目担保中的直接一方。

（4）如果项目所在国与提供担保的银行不在同一国家，有时担保受益人会要求担保银行安排一个当地银行作为代理人承担担保义务，而担保银行则承诺偿付其代理人的全部费用。

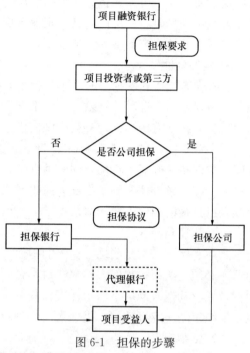

图6-1 担保的步骤

（资料来源：宋永发，石磊．工程项目投资与融资［M］．北京：机械工业出版社，2019）

6.2 建设工程项目融资担保人

建设工程项目融资担保人可以分为三种，即项目投资者、与项目有利益关系的第三方和商业担保人。

6.2.1 项目投资者

项目的直接投资者（即项目主办人）作为担保人是项目融资结构中最主要和最常见的一种形式（图6-2）。

在多数项目融资结构中，项目投资者通过建立一个专门的项目公司来经营项目和安排融资。但是采用这样的安排时，如果项目公司在资金、经营历史等各方面不足以支持融资，在很多情况下贷款银行会要求借款人提供来自项目公司之外的担保作为附加的债权保证。因而，除非项目投资者可以提供其他的能够被贷款银行接受的担保人，项目投资者在大多数情况下必须自己提供一定的项目担保，如"项目完工担保""无论提货与否均需付款协议"和"提货与付款协议"等。

如果项目投资者对项目公司提供的担保是直接担保（即直接担保项目公司的一部分债

6 建设工程项目融资担保

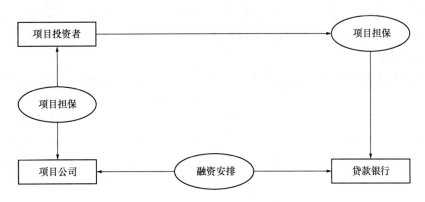

图 6-2 项目投资者作为担保人

(资料来源:刘亚臣,包红霏.工程项目融资[M].2版.北京:机械工业出版社,2017)

务),则根据国际通行的会计准则,这种担保需要作为一种债务形式表现在资产负债表中,至少需要作为一种债务形式在资产负债表的注释中加以披露。然而,如果项目投资者所提供的担保以非直接的形式,或者以预防不可预见风险因素的形式出现,就可以通过减轻项目公司所承担的财务责任压力,进而降低对项目投资者本身的资产负债表的影响。这种对企业资产负债表结构影响的考虑,是在工业国家以及市场经济国家开展企业经营活动的一个很重要的特点,因为如果某一项目的债务并入总公司的资产负债表之后,造成该公司的资产负债结构恶化,就可能会导致一系列的问题,包括影响该公司的信用、该公司的筹资能力、该公司股票在证券市场上的价格,以及削弱该公司承受任何财务风险和金融风险的能力等。

运用项目投资者提供的非直接的和可以预防不可预见因素为主体的项目担保,加上来自其他方面的担保,同样可以安排成为贷款银行所能接受的信用保证结构,这是项目融资的主要优点之一。

6.2.2 与项目有利益关系的第三方

在项目融资结构中,利用第三方作为担保人,是指在项目的直接投资者之外寻找其他与项目开发有直接或间接利益关系的机构(图 6-3),为项目的建设或者项目的生产经营提供担保。由于这些机构的参与在不同程度上分担了项目的一部分风险,为项目融资设计

图 6-3 与项目有利益关系的第三方作为担保人

(资料来源:宋永发,石磊.工程项目投资与融资[M].北京:机械工业出版社,2019)

171

一个强有力的信用保证结构创造了有利的条件，所以对项目的投资者具有很大的吸引力。

能够提供第三方担保的机构大致可以分为以下三种类型。

1. 政府机构

政府机构作为担保人在项目融资中极为普遍，政府机构为项目提供担保多从发展本国（或本地）经济、促进就业、增加出口、改善基础设施建设、改善营商环境等目的出发。这种担保对于大型建设工程项目的建设十分重要，尤其是对于发展中国家的大型项目，政府的介入可以减少政治风险和经济政策风险（如外汇管制），增强投资者的信心，而这类担保很难从其他途径得到。政府的特许经营协议是特许经营 BOT 模式中不可或缺的重要一环，如果没有政府以特许经营协议形式作出的担保，投资银行及其他融资机构如果想利用 BOT 模式组织起项目融资是根本不可能的。

政府作为项目融资担保人的另一个目的是避免政府的直接股份参与，这在工业国家中是较为普遍的现象。由于立法上的限制或出于政治上、经济上的考虑，有时这些国家的政府很难直接参与项目投资，因而为了促进项目的开发，政府可多提供一些贷款、贷款担保或者长期购买项目产品协议等形式的担保，作为间接对项目的参与。

政府担保的好处显而易见，即能增强投资者的投资信心，保证项目的顺利实施，缓解国内经济建设所需巨额资金的压力，利用信贷就可以达到促进经济发展的目的。但其带来的弊端也不容忽视，第一，政府在某个项目中提供了相关法律或管制的担保，但在某些情况下政府又必须对其加以改变，这就会限制自己在此领域颁布新法规、实施新管制的自由性，造成与国家根本利益相悖的局面；第二，政府过多的担保会削弱引入私人资本所产生的利益。项目融资中积引入私人资本的作用就在于私人资本可以更好地管理风险和控制成本，对市场需求的刺激有更灵敏的反应速度、更高的经济效益等。若政府过多地为项目提供担保，如提供有关项目投资回报率的担保，则项目公司就会丧失降低项目成本和高效运营项目的动力，从而使项目成本远高于正常水平，这显然与引入私人资本的目标不符；第三，政府过多的担保会加大政府守信的成本，并且侵蚀国家的财政体系。

《中华人民共和国民法典》第六百八十三条明确规定，"机关法人不得为保证人，但是经国务院批准为使用外国政府或者国际经济组织贷款进行转贷的除外"，因此可以认为我国政府在项目融资中不能提供担保。相关法律规范关于国家机关不得充当保证人笼统且绝对的规定，已经成为我国项目融资实践的障碍。

2. 与项目开发有直接利益关系的商业机构

这类商业机构作为担保人，其目的是通过为项目融资提供担保来换取自己的长期商业利益。这些利益包括：①获得项目的建设合同；②获得项目设备的供应、安装合同；③保证担保人自身产品的长期稳定市场（如果被担保项目是担保人自身产品的主要消费者）；④保证担保人自身可以获得长期稳定的原材料、能源供应（如果被担保项目的产品是担保人所需要的主要原材料或能源）；⑤保证担保人对项目设施的长期使用权（如被担保项目是码头、铁路等公用设施项目，虽然项目由其他机构所拥有，但是项目的建成投入使用对担保人至关重要）。

因此，能够提供这种第三方项目担保的商业机构可以归纳为以下三类：

（1）工程承包公司。为了在激烈的竞争中获得大型建设工程项目的承包合同，在很多情况下工程承包公司愿意提供项目的完工担保（如"交钥匙"工程），有时甚至愿意为项目投资者提供一定的财务安排。

(2) 项目设备或主要原材料的供应商。卖方信贷以及项目设备质量（运营）担保是项目设备供应商通常提供的担保形式。原材料供应商则主要以长期、稳定、价格优惠的供应协议作为对项目的支持，这种协议往往带有"无论提货与否均需付款"类型合同的性质，一般以"供货或付款"的形式出现。

(3) 项目产品（设施）的用户。与上一类相反，项目用户从保障项目市场的角度为项目融资提供一定的担保或财务支持。这种类型的例子很多，一般以长期合同或预付款的形式出现，多集中在能源、原材料工业和基础设施项目中。

3. 世界银行、地区开发银行等国际性金融机构

这类机构虽然与项目的开发并没有直接的利益关系，但是为了促进发展中国家的经济建设，对于一些重要的项目，有时可以寻求到这类机构的贷款担保。这类机构在项目中的参与同样可以起到政府机构的作用，减少项目的政治、商业风险，增强商业银行对项目融资的信心。

6.2.3 商业担保人

商业担保人与以上两种担保人在性质上是不一样的，商业担保人以提供担保作为一种盈利的手段，承担项目的风险并收取担保服务费用。商业担保人通过分散化经营降低自己的风险，银行、保险公司和其他的一些专营商业担保的金融机构是主要的商业担保人。商业担保人提供的担保服务有以下两种基本类型。

第一种类型是担保项目投资者在项目融资中所必须承担的义务，这类担保人一般为商业银行、投资公司和一些专业化的金融机构，所提供的担保一般为银行信用证或银行担保。

这种类型担保的第一个作用是担保一个资金不足或者资产不足的项目公司对其贷款承担的义务。典型的例子是在国际房地产项目融资中较为普遍的"卖出期权"安排。近几年来，在国外安排房地产项目融资时，如果贷款银行认为房地产价值以及贷款期内的现金流量不足以支持一个有限追索的融资结构时，借款人可以从专业化的金融机构手中以远低于房地产市场价值的契约价格购入一个卖出期权作为项目融资的附加担保。在贷款期间，一旦借款人违约，如果贷款银行认为需要的话就可以通过执行该期权，将房地产以契约价格出售给期权合约的另一方，行使贷款银行的权利。

这种类型担保的第二个作用是担保项目公司在项目中对其他投资者所承担的义务。这种担保在有两个以上的投资者参加的非公司型合资结构中较为常见。项目合资协议一般都包括"交叉担保"条款，为了保证项目的正常运行，在一方表示无力支付项目生产费用或资本开支时，其余各方需要承担该违约方应支付的费用，直至违约事件被改正或违约方资产被出售为止。但是，这是项目各方都不希望看到的情况，因为在一方由于市场等问题出现困难时，其他各方也面临同样的问题，只是程度不同而已。基于这样的考虑，在非公司型合资项目结构中，资本不足的企业往往会被要求由国际性银行提供备用信用证（信用证额度一般为3~9个月的项目生产费用）作为项目担保。

这种类型担保的第三个作用是在担保人和担保受益人之间起到中介作用。这种作用类似于国际贸易中银行信用证的作用。假设一个国家的公司到另一个国家投资或组织项目融资，如果该公司不为项目所在国的企业和银行所熟悉，该公司的直接担保就很难被接受，从而需要选择一家或几家既为项目投资者所熟悉，又为项目所在国的企业和银行所接受的国际性商业银行提供商业担保，承担项目投资者在项目中所需要承担的责任。

第二种类型是为了防止项目意外事件的发生。这类担保人一般为各种类型的保险公司。项目保险是项目融资文件中不可缺少的一项内容。保险公司提供的项目保险包括广泛的内容，除项目资产保险外，项目的政治风险保险在有些国家也是不可缺少的，项目保险在性质上等同于其他类型的担保。

6.3 建设工程项目融资担保形式

6.3.1 建设工程项目融资物权担保

建设工程项目融资的物权担保是指项目公司或第三方以自身资产为履行贷款债务提供担保。国内信贷活动虽然广泛使用物权担保，但在建设工程项目融资的国际融资活动中，却较少使用物权担保，作用也不明显。这是因为贷款方不易控制跨国担保物，而更重要的是因为工程项目融资追索权有限。项目公司自身的资产一般不能使贷款方放心，因为贷款方看重的是项目本身，而非项目公司目前的资产。

虽然物权担保对于借款方并没有特别大的压力，但是它仍然能够约束项目有关参与方认真履行合同，保证项目的顺利建成和运营。此外，在项目融资中，借款方以项目资产作担保，使贷款方能够控制项目的经营，进而顺利地收回贷款。建设工程项目融资物权担保按担保标的物的性质可分为不动产担保和动产担保；按担保方式可分为固定担保和浮动担保。

1. 不动产担保与动产担保

不动产担保又称为不动产抵押，指借款人以特定的不动产或不动产权作为债务人履行债务的保障，当债务人不履行债务时，债权人可对担保物进行处置并使自己的债权优先受偿。不动产通常包括土地以及依附于土地上的建筑物、构筑物等难以移动的财产。

在建设工程项目融资中，项目公司一般以项目资产作为不动产担保，这种不动产担保仅限于项目公司的不动产范围，而不涉及或很少涉及项目投资者的不动产。这就是建设工程项目融资的有限追索权的体现。项目公司一旦违约，贷款银行有权接管项目，或重新经营，或拍卖项目资产，弥补其贷款损失。可这种弥补对于巨额的贷款来说，是微不足道的。尤其是在项目失败的情形下，不动产担保对于贷款银行的意义更是不大。

动产担保是指借款人（建设工程项目融资中一般指项目公司）以自己或第三方的动产作为履约的保证，可用于提供担保的动产在各国法律中有不同的规定，但归纳起来，不外乎分为有形动产和无形动产两大类。有形动产有船舶、飞机、设备、存货等；无形动产有专利权、票据、应收账款、证券、保险单、银行账户和特许权等。由于处理动产担保在技术上比不动产担保方便，故在建设工程项目融资中使用较多。

在建设工程项目融资中，无形资产担保的意义更明显。一方面，有形动产价值往往因为项目的失败而大大减少；另一方面，也因为无形动产涉及多个项目参与方，其权利具有可追溯性，而且这种追溯是有合同文件作为书面保证的。可以说，建设工程项目融资中的许多信用担保最后都作为无形动产担保而成为对贷款银行的一种可靠担保。例如,"无论供货与否皆需付款"的合同本身是项目产品用户提供的一种信用担保,但当该合同下的权益在一定时期内转移给贷款银行时,此时该合同下的权益就成了贷款银行的无形动产,于是信用担保变成了无形动产担保。

需要指出的是,作为动产担保的典型形式之一的动产抵押在英美法系国家中早就存在,而且专门立法予以承认,如美国的《统一动产抵押法》。但在大陆法系国家中,有些对动产抵押持否定态度,如《法国民法典》第二千一百一十九条明确规定"不得就动产设定抵押权",《德国民法典》规定动产担保只能采取质权的方式设立,且必须移转担保物的占有。1898年《日本民法典》并不承认动产抵押,但随着经济的发展,逐步形成了动产抵押制度。《中华人民共和国民法典》第三百九十六条、第四百零三条、第四百零四条、第四百一十一条以及第四百一十六条中,涉及了动产抵押的抵押财产范围等内容,因而我国是承认动产抵押制度的。

2. 固定担保与浮动担保

前面所说的动产担保和不动产担保皆属于固定担保。所谓"固定",是指借款方作为还款保证的资产是确定的,如特定的土地、厂房或特定的股份、特许权、商品等。当借款方违约或项目失败时,贷款方一般只能从这些担保物受偿。固定担保一般是在固定资产上设定的,即设定抵押时就固定在具体的财产上,且必须遵守设定担保的必要手续。固定担保也可以在未收资金及流动资产上设定,担保人在没有解除担保责任或者得到担保受益人的同意之前不得出售或者以其他形式处置该项资产。如果置于固定担保下的资产属于生产性资产,则担保人只能根据担保协议的规定对该项资产进行正常的生产性使用;如果担保资产是不动产或银行存款,则担保人原则上是无权使用该项资产的。当借款方违约或者项目失败时,贷款方一般只能从这些担保物受偿。

浮动担保,又称浮动抵押(Floating Charge)、浮动债务负担,始创于英国,指抵押权人与抵押人依据相关法律的规定,就现在以及将来拥有的动产设定抵押权,当债务到期而债务人不履行时,抵押权人有就抵押人所有的(此时是确定的)动产行使抵押权,进行处分变卖,并使获得的价金优先受偿的权利。后来,该担保方式在其他一些国家也得到普及。

在浮动担保中,借款人(即担保人)对浮动担保物享有占有权、使用权和处分权。浮动担保无须转移担保物的占有,在借款人违约或破产之前,借款人有权在其正常的业务活动中自由使用和处分担保物。借款人对担保物的处分无须征得贷款人的同意,经借款人处分后的担保物自动退出担保物范围;反之,借款人在设定浮动担保后所取得的一切财产(或某一类财产)也自动进入担保范围。可见,在贷款人实际行使浮动担保权之前,担保物一直处于不确定的浮动状态,所以一旦项目的经营者在经营中有恶意地处分财产,对贷款人而言,其担保权的实现就面临相当大的风险。

固定担保下的标的处分是受很大限制的,而浮动担保的处分则几乎不受任何限制。对项目公司来说,其不愿设立较多的固定担保,因为这样会对其自主经营施加一定的限制,对资产的处理会束手束脚;对贷款人而言,固定担保则对其比较有利,便于其实现抵押权。但是,需要注意的是,建设工程项目融资中工程投资大,只依赖固定担保完成对其贷款的保证是不可能的,在建设工程项目融资中也不具有可行性或可操作性。因此,为了保证项目公司（或项目经营者）的利益，不宜设立较多的固定担保；但为了保证贷款人的利益，又要设定一定的固定担保。或者从另一角度来说，对两种担保的选择而言，项目公司愿意使用浮动担保，而贷款人则愿意使用固定担保。

浮动担保具有以下三个特征：

（1）以债务人（借款人）现有及未来的全部财产作为担保标的物。

（2）担保标的物的形态或价值在日常经营过程中不停地变化，如价值形态由货币形态转化为生产资料、生产资料转化为产品形态，而价值则或增或减或等值转换。

（3）在"结晶"条款规定的条件成立或出现以前，债务人的日常营业业务不受浮动担保设立的影响。其最本质的特征在于设立担保后，债务人仍可享有自由处理担保物的权利，可以最大限度地发挥担保物的增值功能。

"结晶"条款是浮动担保的核心。"结晶"是指终止债务人处置担保物的权利，使浮动担保变为固定担保，而债权人变卖担保物以实现其债权。导致"结晶"的情形有以下三种：①因债务人停止营业而"结晶"。一旦颁发清算令开始清算债务人公司，无论所担保的义务是否到期，浮动担保自动"结晶"。②因债务人违约而"结晶"。③债权人与债务人双方约定"结晶"。无论是自动"结晶"还是通知"结晶"，其目的均是取得优先权并规避其他优先权。

浮动担保在建设工程项目融资担保中得到了广泛应用，如贷款银行对项目公司银行账户的控制，但一般情况下，项目公司的银行账户通常由第三方托管。1983年5月，合和电力与深圳电力公司签订的10期电厂投资建设合作合同约定，以电厂全部资产对贷款银行作浮动抵押，且适用我国香港地区的法律。这是我国第一例浮动担保。

浮动担保之所以应用广泛，是因为它能够让债务人充分自由地处分已作为担保物的财产，同时又能维护债权人的权益。对于浮动担保，各国立法则持不同的态度。英美法系国家，如英国、美国、加拿大、澳大利亚等，对浮动担保持肯定态度，但其具体要求或内容有所不同。根据英国法律，浮动抵押可分为有限浮动抵押和总括浮动抵押，而后者则以借款人的全部财产设定。美国仅承认有限浮动抵押。一些拉美国家一般不愿承认浮动抵押制度。一些接受浮动担保的国家也因浮动担保涉及范围太广，而对浮动担保采取了相应的限制措施。例如，大陆法系的法国就做了如下规定：公司的存货与应收账目不得列入该公司设"保"的范围之内。又如，浮动担保的发源地英国缩小了采用浮动担保的范围，规定只有股权式企业才能采用浮动担保，除此以外的任何个人或合伙组织均不得采用浮动担保。

浮动担保是物权担保中唯一的非固定担保，它与其他债权的关系一般如下：

（1）如果在浮动担保的资产上再设立固定物权担保，那么固定物权担保受益人和浮动担保受益人之间的优先关系，要视固定担保受益人是否知晓浮动担保中的限制性条款——禁止担保人设立优先于该浮动担保权得到清偿，或与该浮动担保权按比例同时受偿的固定担保的条款而定。大多数国家认为，只要将限制性条款提交注册登记，就可推定第三人已经知道限制性条款的存在。

（2）假如无担保的债权人诉诸法律要求司法救济，并且胜诉，获得法院的执行令，在这种情况下，浮动担保受益人与无担保债权人之间的优先关系如何，各国可能有不同的处理，但主流观点是：若在浮动担保"结晶"之前，执行程序已经完毕，那么执行权人（即无担保债权人）就享有优先权；而若在浮动担保"结晶"的时候，执行程序还没有结束，那么执行权人的优先权就必须让位于浮动担保受益人。

（3）有一些特殊的规定优先于浮动担保，如国家与地方政府的各种税收、雇员的薪金等，都是优先于浮动担保的债权。

（4）在浮动担保范围内早已设立的其他优先担保物权和先于浮动担保之前就已经行使的债权，均优于浮动担保权利。

6.3.2 建设工程项目融资信用担保

建设工程项目融资中的信用担保又称为人的担保，是当事人之间的一种合同关系。其主要作用是由担保人为某一项目参与方向贷款人提供担保，当该项目参与方无法履行合同义务时，由担保人负责代其履行义务或承担赔偿责任。在信用担保中，担保人的信用至关重要，往往是贷款人决定是否给予贷款所要考虑的关键因素。在建设工程项目融资中，担保人通常是法人，包括借款人以外的其他公司、商业银行、政府、官方信贷机构等。

1. 完工担保

完工担保是一种有限责任的直接担保形式。完工风险是项目融资的核心风险之一。项目能否按期建成投产并按照其设计指标进行生产经营是以项目现金流量为融资基础的项目融资的关键。完工担保所针对的项目完工风险包括：由于工程或技术上的原因造成的项目拖期或成本超支；由于外部纠纷或其他外部因素造成的项目拖期或成本超支；由于上述任何原因造成的项目停建以致最终放弃。由于在项目的建设期和试产期，贷款银行所承受的风险最大，项目能否按期建成投产并按照其设计指标进行生产经营是以项目现金流量为融资基础的建设工程项目融资的核心，因此，项目完工担保就成为建设工程项目融资结构中一个最主要的担保条件。大多数的项目完工担保属于仅仅在时间上有所限制的担保形式，即在一定的时间范围内（通常在项目的建设期和试生产或试运行期间），项目完工担保人对贷款银行承担着完全追索的经济责任。在这一期间，项目完工担保人需要尽一切努力促使项目达到"商业完工"的标准，并支付所有的成本超支费用。

由于完工担保的直接财务责任在项目达到"商业完工"标准后就立即终止，建设工程项目融资结构也从"完全追索"转变成为"有限追索"性质，贷款银行此后只能单纯（或绝大部分）地依赖于项目的经营，或者依赖于项目的经营加上"无货亦付款"等类型的有限信用保证支持来满足债务偿还的要求，所以对于项目"商业完工"的标准及检验是相当具体和严格的。这其中包括对生产成本的要求、对原材料消耗水平的要求、对生产效率的要求以及对产品质量和产品产出量的要求。无论哪项指标不符合融资文件中所规定的指标要求，都会被认为是没有达到项目完工担保的条件，项目完工担保的责任也就不能解除，除非贷款银行同意重新制定或放弃部分"商业完工"标准。

项目完工担保的提供者主要由两类公司组成：一类是项目投资者；另一类是承建项目的工程公司或有关保险公司。

（1）由项目投资者提供的完工担保

由直接投资者作为项目完工担保人是最常用也最容易被贷款银行所接受的方式。因为项目投资者不仅是项目的最终受益人，也是和建设项目成功与否有着直接的经济利益关系，所以由项目投资者作为完工担保人可以促使建设项目顺利建成，还可以增加贷款银行对项目前途的信心。然而项目投资者通常并不是单独承担这一风险，项目投资者可在建设承包合同、设备供应合同与其他建设文件中谈判规定保证义务，将这一风险转移给承包商、设备供应商与其他建设参与人，但仅限于成本超支等完工风险是由他们造成的范围内。

在建设工程项目融资结构中，完工担保既可以是一个独立协议，也可以是贷款协议的一个组成部分。完工担保通常包含以下三个方面的基本内容。

1) 完工担保的责任

具体来说，就是项目投资者向贷款银行作出保证，除计划内的资金安排外，必须提供建设期成本超支的资金或为达到"商业完工"标准而超过原定计划资金安排之外的任何所需资金。如果项目投资者不履行其提供资金的担保义务而导致项目不能完工，则需偿还贷款银行的贷款。

由于这种严格的规定，因此在项目完工担保协议中对"商业完工"的概念有着十分明确的定义。这种定义主要包括：①对项目具体生产技术指标的规定（包括对单位生产量的能源、原材料甚至劳动力消耗指标的规定）。②对项目生产或服务质量的规定。③对项目产品的单位产出量（或服务量）的规定。④对在一定时间内项目稳定生产或运行的指标规定。

2) 完工担保的义务

一旦项目出现工期延误和成本超支现象，项目投资者应采取相应的行动履行其担保义务。一般有两种可供选择的方式：一种是项目公司追加股本资金的投入；另一种是项目投资者自己或通过其他金融机构向项目公司提供无担保贷款（准股本资金或次级债务），只有在高级债务得到偿还后，无担保贷款方才有权要求清偿。

3) 保证项目投资者履行担保义务的措施

国际上大型建设工程项目融资经常会出现贷款银团与项目投资者分散在不同国家的情况，这种情况使得一旦项目担保人不履行其完工担保义务，就会给贷款银团采取法律行动造成许多不便；即使贷款银团与项目担保人同属于一个法律管辖区域，为了能够在需要时顺利及时地启动项目完工担保，贷款银团也需要在完工担保协议中规定具体的确保担保人履行担保义务的措施。比较通用的做法是，项目投资者（担保人）被要求在指定银行的账户上存入一笔预定的担保存款，或者从指定的金融机构中开出一张以贷款银行为受益人的、相当于上述金额的备用信用证，以此作为贷款银行支付第一期贷款的先决条件。一旦出现需要动用项目完工担保资金的情况，贷款银行将直接从上述担保存款或备用信用证中提取资金。在这种情况下，根据完工担保协议，如果项目投资者（担保人）在建设期承担的是完全追索责任，则会被要求随时将其担保存款或备用信用证补足到原来的金额。

(2) 由工程承包公司或保险公司提供的完工担保

由工程承包公司及其背后的金融机构提供的项目完工担保，是包括在工程承包合同中的一种附加条件，实质上是项目投资者将部分或全部完工风险转移给了工程承包公司，因此，引入这种担保条件在某种程度上减轻了项目投资者在完工担保方面所承担的压力。当项目是由具有较高资信和丰富管理经验的工程公司承建时，特别是技术比较成熟的资源性、能源性和基础设施性建设工程项目，可以增强贷款银行对项目完工的信心。然而，在大多数建设工程项目融资中，投资者是不可能彻底摆脱其完工担保责任的，但可以通过在工程合同中引入若干种完工担保条件转移一部分完工风险给工程承包公司，起到对项目投资者一定的保护作用。

实践中,这种完工风险转移的方式有两种:一种是与工程承包公司签订固定价格的承包合同;另一种是要求工程承包公司提供工程担保。常见的工程担保有履约担保、预付款担保、保留金担保和缺陷责任担保。为了不影响工程承包公司的履约能力,上述工程担保通常是由工程承包公司通过金融机构提供的,具体表现形式为金融机构开出的银行保函或备用信用证。目前工程建设市场中,工程担保既有有条件的(即从属性担保),也有无条件的(即独立担保)。具体采用有条件的工程担保还是无条件的工程担保,要视各国的制度环境而定。

1)履约担保

履约担保是与工程承包合同连在一起的一种信用担保方式,即工程承包公司向项目公司保证一定履行工程承包合同承建项目。一般地,项目公司再将其转让给贷款人,也就是说,贷款人是履约担保的最终受益人。履约担保的作用是保证中标的工程承包公司按合同条件建成项目。一旦工程承包公司不能履行其合同义务,担保人就要向担保受益人提供一定的资金补偿。世界银行贷款项目中规定,履约担保金额为合同价的5%。

2)预付款担保

预付款的作用是帮助工程承包公司安排流动资金用于在项目开工前购买设备、材料以及调配施工队伍进场等,使项目可以按时开工。由于项目公司支付预付款时,工程尚未开工,为保证预付款的合理使用,因此要求工程承包公司提供预付款担保。将来随着预付款的逐步扣回,预付款担保金额会随之减少,但一般而言,预付款担保最高金额为合同价的10%。

3)保留金担保

在工程实践中,项目业主通常会在每次进度款支付时扣留进度款的5%,直至扣留金额达到合同价的5%,这就是所谓的保留金。项目业主扣留保留金的初衷是保证工程承包公司履行其修补缺陷的义务。但是,工程承包公司希望尽快回收资金,因此愿意提供保留金担保替代实际保留金,以解决资金周转问题。显然,保留金担保金额为合同价的5%。

4)缺陷责任担保

工程承包合同一般规定项目完工并移交后,在一定时间内(通常为1年),工程承包商要承担工程维修的义务。缺陷责任担保便是为保证承包商进行工程维修的目的而设立。但在实践中,履约担保和保留金担保将自动转为缺陷责任担保。

上述各种担保形式一般是由工程公司背后的金融机构作为担保人提供的,其目的是保证工程公司有足够实力按期完成项目的建设工程,并确保一旦工程公司无法继续执行其合同,根据担保受益人(项目投资者或建设工程项目融资中的贷款银行)的要求,由担保人无条件地按照合同规定向受益人支付一定的资金补偿。这种完工担保经常以银行或其他金融机构的无条件信用证形式出现。这种担保和项目投资者完工担保的区别是:项目投资者的完工担保要求尽全力去执行融资协议,实现项目完工;而工程公司的完工担保只是在工程合同违约时,支付工程合同款项的一部分(通常是5%~30%。在美国,由保险公司提供的工程履约担保有时可以达到100%的合同金额)给予担保受益人。因此,这种担保只能作为项目投资者完工担保的一种补充,并且和项目投资者提供的担保一样,其担保信用在很大程度上依赖于提供担保人的资信状况。

2. 资金缺额担保

对贷款银行来说，项目完工担保主要是化解项目建设和试生产、试运行阶段的风险，那么在项目运行阶段，如果出现项目公司收入不足、无法支付生产成本和偿付到期债务的情况，贷款银行如何尽快化解此类风险是亟待解决的问题。

在建设工程项目融资中，化解此类风险的方法是采用项目资金缺额担保，亦称为现金流量缺额担保。资金缺额担保是一种在担保金额上有所限制的直接担保，主要作为一种支持已进入正常生产阶段的建设工程项目融资结构的有限担保。从贷款银行的角度，设计这种担保的基本目的有两个：一是保证项目具有正常运行所必需的最低现金流量，即至少具有支付和偿付到期债务的能力；二是在项目投资者出现违约的情况下，或者在项目重组及出售项目资产时，保护贷款银行的利益，保证债务的回收。

担保金额在建设工程项目融资中没有统一的标准，一般取该项目年正常运行费用总额的25%~75%，主要取决于贷款银行对项目风险的认识和判断。项目年正常运行费用应至少考虑以下三个方面内容：日常生产经营性开支；必要的大修、更新改造等资本性开支；若有项目贷款，还有到期债务利息和本金的偿还。

实践中，资金缺额担保常采用的形式有以下三种。

（1）项目投资者提供担保存款或以贷款银行为受益人的备用信用证

由于新建项目没有经营历史，也没有相应的资金积累，抗意外风险的能力比经营多年的项目要脆弱得多，因而贷款银行多会要求由项目投资者提供一个固定金额的资金缺额担保，或要求项目投资者在指定的银行中存入一笔预先确定的资金作为担保存款，或要求项目投资者由指定银行以贷款银团为受益人开出一张备用信用证。这种方法与提供完工担保的方法类似。在一定年限内，投资者不能撤销或将担保存款和备用担保信用证挪作他用，担保存款或备用信用证额度通常随着利息的增加而增加，直到一个规定的额度。当项目在某一时期现金流量出现不足以支付生产成本、资本开支或者偿还到期债务时，贷款银团就可以从担保存款或备用信用证中提取资金。

（2）建立留置基金

建立留置基金是指项目的年度收入在扣除全部的生产费用、资本开支以及到期债务本息和税收之后的净现金流量，不能被项目投资者以分红或其他形式从项目公司中提走，而是全部或大部分被放置在一个被称为"留置基金"的账户中，以备项目出现任何不可预见的问题时使用。留置基金账户通常规定一个最低资金限额。如果账户中的实际可支配资金总额低于该最低资金限额，则该账户中资金不得以任何形式为项目投资者所提走；反之，则该账户中的资金便可释放，用于项目投资者的分红等。最低留置基金金额的额度必须满足3~6个月生产费用准备金和偿还3~9个月到期债务的要求。对于新建项目，通常将留置基金与担保存款或备用信用证共同使用，作为建设工程项目融资的资金缺额担保。

（3）由投资者提供对项目最小净现金流量的担保

该种方法是保证项目有一个最低的净收益，但关键是项目投资者和贷款银行对项目总收入和总支出如何进行合理预测。一旦双方对项目最小净现金流量指标达成一致，便将之写入资金缺额担保协议中，若实际项目净现金流量在未来某一时期低于这一最低水平，项目投资者就必须负责将其缺额补上，以保证项目的正常运行。与此类似的还有最低产品担保或最低现金流量担保（支付担保）。

3. 以"无论提货与否均需付款"协议和"提货与付款"协议为基础的项目担保

"无论提货与否均需付款"协议和"提货与付款"协议既有共性，又有区别，并且是国际建设工程项目融资所特有的项目担保形式。"无论提货与否均需付款"协议和"提货与付款"协议，是建设工程项目融资结构中的项目产品（或服务）的长期市场销售合约的统称，这类合约形式几乎在所有类型的建设工程项目融资中都得到广泛应用，从各种各样的工业项目，如煤矿、有色金属矿、铁矿、各种金属冶炼厂、石油化工联合企业、造纸、纸浆项目，一直到公用设施和基础设施项目，如海运码头、石油运输管道、铁路集散中心、火力发电厂等，因而它在某种意义上已经成为建设工程项目融资结构中不可缺少的一个组成部分。同时，这类合约形式在一些建设工程项目融资结构中也被用于处理项目公司与其主要原材料、能源供应商之间的关系。"无论提货与否均需付款"协议和"提货与付款"协议在法律上体现的是项目买方与卖方之间的商业合同关系。尽管实质上是由项目买方对建设工程项目融资提供的一种担保，但是这类协议仍被视为商业合约，因而是一种间接担保形式。

项目贷款银行在提供贷款资金时，相当关心项目收入的稳定性，因此，融资结构的构建必须考虑项目产品有稳定的销售或项目设施有可靠的用户，同时也要考虑项目原材料、燃料等上游产品供给的稳定性。一般情况下，项目公司通过与项目产品（设施）的购买者（用户）或原材料、能源供应商签订长期销售（供应）协议来实现。所谓长期协议，是指项目产品（设施）的购买者（用户）或原材料、能源供应商承担的责任应至少不短于工程项目融资的贷款期限。

从项目公司的角度来说，根据项目的性质以及双方在项目中的地位，这类合约具体又可分为以下4种形式：

（1）"无论提货与否均需付款"协议

该协议体现的是项目公司与项目产品购买者之间的长期销售合同关系。对于工业项目，即类似矿山、油田、冶炼厂、发电厂等有实体的产品被生产出来的项目，这种长期销售合同就是购买项目产品的一种特殊协议；对于服务性项目，类似输油管道、码头、高速公路等没有实体的产品被生产出来的项目，这种合同则是购买项目设施所提供服务的协议。因此，可以将"无论提货与否均需付款"协议定义为一种由项目公司与项目的有形产品或无形产品的购买者之间签订的长期、无条件的供销协议。所谓长期协议，是指项目产品购买者承担的责任应不短于建设工程项目融资的贷款期限（有时可长达十几年），因而这种协议比一般商业合同的期限要长得多；所谓无条件协议，是指项目产品购买者承担的无条件付款责任，是根据规定的日期、按照确定的价格向项目公司支付事先确定数量产品的货款，而不论项目公司能否交货。产品的定价以市场价格为基础，可以是固定价格或浮动价格，但往往规定最低限价；产品的数量以达到设计生产指标时的产量为基础，但有时也根据实际项目的预期债务覆盖比率加以调整。总之，确定"无论提货与否均需付款"协议的基本原则是项目产品购买者所承诺支付的最低金额应不低于该项目生产经营费用和债务偿还费用的总和。

"无论提货与否均需付款"协议与传统的贸易合同相比，除了协议中规定的持续时间更长（有的长达几十年）以外，更本质的区别在于项目产品购买者对购买产品义务的绝对性和无条件性。传统的贸易合同是以买卖双方的对等交换作为基础的，即"一手交钱，一手交货",如果卖方交不出产品,买方可以不履行其付款的义务;但是,在"无论提货与否均需付款"协议中,项目产品购买者承担的是绝对的、无条件的根据合同付款的义务,即使是出现由于项目毁灭、爆发战争、项目财产被没收或征用等不可抗力而导致项目公司不能交货的情形,只要在协议中没有作出相应规定,项目产品购买者仍须按合同规定付款。

"无论提货与否均需付款"协议中的产品购买者可以是项目投资者,也可以是其他与项目利益有关的第三方担保人;但是,在多数情况下,项目产品购买者中往往至少有一个是项目投资者。从贷款银行的角度看,由于项目投资者同时具有产品购买者和项目公司所有人的双重身份,所以在建设工程项目融资结构中通常设有受托管理人或融资经理,由其代表银行独立监督项目公司的资金使用,以确保建设工程项目融资结构的平稳运行。

(2)"提货与付款"协议

由于"无论提货与否均需付款"协议的绝对性和无条件性,许多项目购买者不愿意接受这样一种财务担保责任,而更倾向于采用"提货与付款"协议。与"无论提货与否均需付款"协议不同的是,"提货与付款"协议中项目产品购买者承担的不是绝对的、无条件的付款责任,而只承担在取得产品的条件下才履行协议确定的付款义务。例如,在供水项目中,只有供水公司供水,自来水公司才会付款;在电力项目中,只有电厂发电输送至电网,电力公司才会向项目公司付款。

由于"提货与付款"协议具有这个特点,使之在性质上更接近传统的长期销售合同,因而在形式上更容易被项目产品的购买者,特别是那些对项目产品具有长期需求的购买者所接受,因而在建设工程项目融资中得到越来越广泛的应用,有逐步取代"无论提货与否均需付款"协议的趋势。但是,另一方面,由于"提货与付款"协议在建设工程项目融资中所起到的担保作用是有条件的,因而从贷款银行的角度看,这种协议与"无论提货与否均需付款"协议相比,所提供的项目担保分量要相对轻一些。在某些经济强度较差的建设工程项目融资中,贷款银行可能会要求项目投资者提供附加的资金缺额担保作为"提货与付款"协议担保的一种补充。但若项目经济强度很好,并且其项目经理有良好的管理能力和管理记录,即使仅有"提货与付款"协议这种间接担保,贷款银行也可能接受而提供贷款。

(3)运输量协议

当被融资项目是生产服务型项目,如输油管道,那么提供长期运输服务的"无论提货与否均需付款"协议被称为运输量协议。运输量协议有多种形式,但基本原则是一致的,即如果使用这种合同作为生产服务设施(输油管道)的建设工程项目融资担保,则这种服务的付款义务是无条件的,被贷款银行视为一种有保证的收入来源,而不管这种服务能否被使用和实际上是否被使用了。运输量协议也有"提货与付款"类型,其区别是只有生产服务性设施是可以使用的,项目服务的使用者就必须支付预订使用费,而不管是否真正使用。不同性质项目的服务使用协议的名称不尽相同,在有些项目中,这种协议也被称为委托加工协议或服务成本收费等。

(4)"供货与付款"协议

一些项目需要具有长期稳定的原材料、能源供应,以保证其生产连续运行。根据"供货与付款"协议,项目所需原材料、能源的供应者承担着按照合同向项目定期提供产品的责任；如果不能履行责任，就需要向项目公司支付该公司从其他来源购买所需原材料或能源的价格差额。这类合同比较少见，只有在一家公司十分希望为产品开发长期稳定的下游市场情况时，才会同意签订此类协议。

4. 协议的结构

上述协议的核心条款包括关于合同期限、产品数量、产品质量和价格等方面的有关规定。

（1）合同期限

合同期限要求与建设工程项目融资的贷款期限一致。

（2）产品数量

合同中产品数量的确定有两种方式：一种方式是采用合同期内项目产品固定的总数量（其依据是在预测的合同价格条件下，这部分固定数量产品的收入将足以支付生产成本和偿还债务）；另一种方式是包括100%的项目公司产品，而不论其生产数量在贷款期间是否发生变化。但是，对于每一种合同产品，要注意其特殊的计量单位和要求。

在矿产资源类型项目中，对于那些承担"无论提货与否均需付款"或"提货与付款"义务的产品购买者来说，特别是那些非项目投资者的第三方购买者，由于他们对项目产品有实际需求，所以往往会要求项目公司具备足够的资源储量来履行合同，并要求在项目资产由于各种原因而转手时，项目资产的收购者要继续履行这一合同。

（3）产品质量

在"无论提货与否均需付款"协议与"提货与付款"协议中，产品的质量规定一般均采用工业部门通常使用的本国标准或者国际标准，因为这种产品最重要的是在本国市场或国际市场上具有竞争性。但是，在一个项目建成投产的过程中，由于产品质量标准不仅与合同购买者是否执行合同有关，而且与项目完工担保能否按期结束有着重要关系，因而如何确定一个合理的产品质量标准，是产品购买者和贷款银行都必须认真对待的问题。从贷款银行的角度来说，一般希望能够制定相较一般标准更低的质量标准，使得项目产品购买协议可以尽早启动；而从产品购买者角度来说，则往往希望产品质量可以达到较高的标准。

在处理合同产品的质量问题上，"无论提货与否均需付款"协议与"提货与付款"协议是不同的。对于前者，贷款银行的注意力放在排除项目公司在履行合同中有关基本违约的责任，而对合同产品质量问题的关注是放在第二位的。基本违约是指一种重大的违约行为（如卖方所交货物并非合同所规定的货物），合同一方可以根据合同另一方的基本违约行为解除合约。但是，由于合同购买者承担的是绝对的无条件的付款义务，从理论上讲，买方对项目公司所提供的项目产品（无论其质量是否符合规定）都是必须接受的。然而，对于后者，即"供货与付款"协议，则有所区别，合同购买者承担的是有条件的义务，而这些条件中就包括对产品质量的明确规定。

（4）交货地点与交货期

此类合同的交货地点通常规定在项目所属范围的临近区域内。例如，煤的交货地点可定义在矿山铁路货场，发电站的电力交货地点可定义在电站高压输电网的起始端等。在交货地点，产品所有权就由项目公司转给了合同的买主。对于产品的交货期问题，虽然产品的购买者总是希望合同交货期与产品的实际需求时间或者与自己的再销售合同一致，但是，从贷款银行债务安排和项目公司正常经营的角度，则要求根据协议所得收入具有稳定的周期性，因而绝大部分的合同交货期都是按照这一原则设计。

（5）价格的确定与调整

产品（或服务）价格的确定有三种形式：

1）完全按照国际市场价格制定价格公式

从理论上讲，这是最合理的定价原则，但这种价格仅适用于具有统一国际市场定价标准的产品，如铜、铝、铅、锌、石油等。同时，产出品为上述产品的项目中，其能源和原材料供应价格一般会与产品的国际市场价格直接挂钩，即能源和原材料价格指数化。

2）采用可调价格的定价公式

由于建设工程项目融资期限较长，产品价格并不是在整个融资期限中固定不变的，而是要考虑通货膨胀因素，在一定时期后要进行价格调整。

3）采用实际生产成本加固定投资收益的定价公式

不管是项目公司还是贷款银行，通常都更愿意采用第二、三种定价公式。当然，上述协议下，项目公司享有的权益被要求转让给贷款银行或贷款银行指定的受益人，并且对该权益的优先请求权要求不受到任何挑战，具有实效连续性。

（6）生产的中断与对不可抗力事件的处理

为了使此类合同成为建设工程项目融资的一种有效的担保，贷款银行和项目公司需要将项目公司所承担的合同义务降到最低限度，从而减少合同购买者利用项目公司违约为理由，提出反要求或撤销合同的风险。由于某些不可抗力的原因而导致生产的暂时性中断或永久性中断，可以说是一个正在运行中的项目可能遇到的最大风险。因为，如果发生意外情况导致项目生产出现中断，使合同的履行成为不可能，"无论提货与否均需付款"协议与"提货与付款"协议的有效性就基本终止，此项合同所体现的担保义务亦随之终止。所以，项目公司应拒绝使用含义广泛的不可抗力事件条款，在生产中断问题上，明确规定生产中断的期限以及对执行合同的影响力。但是，另一方面，为了给予合同购买方一定的补偿，有些合同也规定在生产中断期间由项目公司从其他来源为购买方提供相似的产品。另外，对于由于不可抗力因素而导致的合同不能履行以及相应的处理方法，在合同中都需要作出明确规定，以防止项目产品购买者对不可抗力的范围作广义或扩大的解释，借以回避其付款的义务。

（7）合同权益的转让

由于此类合同是建设工程项目融资结构中的一项重要担保措施，所以贷款银行对合同权益的可转让性以及有效连续性均有明确的规定和严格的限制：①合同权益要求能够以抵押、担保等法律形式转让给贷款银行或贷款银行指定的受益人。②合同权益由于合同双方发生变化（如项目资产转让或合同转让等）而出现的转让要求，需要得到贷款银行的事先批准。③在合同权益转让时，贷款银行对合同权益的优先请求权不得受到任何挑战，具有连续有效性。

6.3.3 建设工程项目融资其他担保形式

在建设工程项目融资中，除了上述各种形式，还有许多类似担保的交易。这些交易一般在法律上被排除在物权担保范围之外，而被视为贸易交易。但由于这些交易的经济效果类似物权担保，而且在很大程度上是为了规避物权担保的限制而进行的，故也应归入广义的"担保"范围内。

1. 租赁

卖方（名义上是出租人）将设备租给买方（名义上的承租人），卖方仍保留对设备的所有权，买方则拥有设备的使用权；或者卖方将设备出售给一家金融公司或租赁公司并立即得到价款，然后该金融公司或租赁公司再将设备租给买方。无论以何种形式出租，卖方都足以在租期内收回成本。这实际上是一种商业信用，买方以定期交租金的方式得到融资，而设备本身则起到担保物的作用。

2. 出售和租回

借款方将资产卖给金融公司，然后按与资产使用寿命相应的租期重新租回。在这里，价款起了贷款的作用，租金分期缴纳就是分期还款，而设备则是担保物。

3. 出售和购回

借款方将资产卖给金融公司而获得价款，然后按事先约定的条件和时间购回。购回实际上就是还款，而资产在此也起到了担保作用。

4. 所有权保留

所有权保留也称有条件出售，即卖方将资产卖给债务人，条件是债务人只有在偿付资产债务后才能获得资产所有权。这里资产同样也称为担保物。

5. 从属之债

从属之债是指一个债权人同意在另一债权人受偿之前不请求清偿自己的债务。前者称为从债权人，其债权称为从债权，可由一切种类的债权构成；后者称为主债权人，即建设工程项目融资的贷款方。从经济效果看，从债权对主债权的清偿提供了一定程度的保证；从属之债也对主债务提供了一定的担保。

本章小结

本章主要介绍建设工程项目融资担保，在第1节中，主要介绍了建设工程项目融资担保的概念、范围以及步骤；第2节中，主要介绍了建设工程项目融资担保人，包括项目投资者、与项目有利益关系的第三方以及商业担保人；第3节中，主要介绍了建设工程项目融资担保形式，并重点介绍了其中两种：建设工程项目融资的物权担保和信用担保，同时也简要介绍了一些其他的担保方式。

本 章 思 考 题

1. 什么是建设工程项目融资担保？它与一般商业贷款的担保有什么区别？
2. 建设工程项目融资担保的作用是什么？
3. 建设工程项目融资担保的步骤是什么？
4. 建设工程项目融资担保人的类型有哪几种？它们的作用分别是什么？
5. 什么是建设工程项目融资的信用担保？它的主要形式有哪些？
6. 什么是建设工程项目融资的物权担保？它的主要形式有哪些？

参 考 文 献

[1] 刘亚臣,包红霏. 工程项目融资[M]. 2版. 北京:机械工业出版社,2017.
[2] 郑立群. 工程项目投资与融资[M]. 上海:复旦大学出版社,2011.
[3] 戴大双. 工程项目融资/PPP[M]. 3版. 北京:机械工业出版社,2018.
[4] 李开孟. 工程项目融资评价理论方法和应用[M]. 北京:中国电力出版社,2017.
[5] 冯彬. 工程项目融资[M]. 北京:中国电力出版社,2009.
[6] 宋永发,石磊. 工程项目投资与融资[M]. 北京:机械工业出版社,2019.
[7] 叶苏东. 项目融资[M]. 北京:清华大学出版社,北京交通大学出版社,2018.
[8] 王乐,杨茂盛. 工程项目融资[M]. 北京:中国电力出版社,2016.
[9] 秦默,梅强. 融资担保国外研究述评[J]. 江苏商论,2007(11):161-162.
[10] Samuelson P A. Lifetime portfolio selection by stochastic dynamic programming[J]. Re-view of Economics and Statistics,1969(51):239-246.
[11] Merton R C. Lifetime portfolio selection under uncertainty:the continuous-time case[J]. Review of Economics and Statistics,1969(51):247-257.
[12] 陈晓红,韩文强,佘坚. 基于VaR模型的信用担保定价方法[J]. 系统工程,2005(9):112-114.
[13] 尉玉芬. 中小企业信用担保定价理论研究述评[J]. 财会通讯,2012(15):109-111.
[14] 杨彩军. 后优先股时代华夏银行普通股价值评估研究[D]. 西安:西北大学,2017.
[15] 成曦. 股票发行价格市场化决定[D]. 长沙:湖南大学,2001.
[16] 吴松. 优先股:解决国有股问题的重要选择[J]. 国有资产管理,2000(6):29-31.
[17] 陈浩,王国俊. 国内外优先股融资研究:文献回顾与研究展望[J]. 学海,2015(4):126-132.
[18] 吴晓求. 证券投资学[M]. 北京:中国人大出版社,2000.
[19] 牛萌. 中国债券资信评级市场的发展研究[J]. 财经界,2016(27):20,24.
[20] 侯兆灿. 城市轨道交通PPP与BOT融资模式案例的比较研究[D]. 天津:天津财经大学,2018.
[21] 王辉. BOT项目中的人力资源管理问题研究[D]. 武汉:华中师范大学,2020.
[22] 周旋. 昆明东连接线高速公路BOT项目后评价研究[D]. 昆明:昆明理工大学,2014.
[23] 李晓霞. BOT融资模式在铁路建设项目中的应用研究[D]. 北京:北京交通大学,2013.
[24] 刘晶晶. 基础设施项目BLT模式运行机制设计优化研究[D]. 天津:天津理工大学,2014.
[25] 朱立韬. 新型项目融资模式PPP与BOT、TOT模式的比较研究[J]. 金融经济,2006(24):122-123.
[26] 鞠锦慧. 浅议BOT融资模式的应用[J]. 中国集体经济,2019(14):82-83.
[27] 任勇,钟有芳. 浅谈我国BOT项目融资存在的问题及其对策[J]. 商业研究,2000(11):29-30.
[28] 周小平. 公路建设BOT融资问题的探讨[J]. 湖南经济,2001(3):34-36.
[29] 潘兰兰. 项目融资中的BOT模式[J]. 商场现代化,2006(35):196-197.
[30] 陈立文,杜泽泽. 保障性住房项目BOT模式选择研究——以公租房为例[J]. 管理现代化,2017,37(5):83-87.
[31] 李德正. 浅析利用BOT融资方式建设公共租赁住房[J]. 经济与社会发展,2010,8(8):8-11.
[32] 何豫川. BOT项目融资模式在我国水利设施建设中的可行性分析[J]. 企业导报,2013(16):27,40.

[33] 谭玉元，刘阳. 洮水水库 BOT 建设的实践与思考[J]. 水利发展研究，2016，16(1)：47-50.

[34] 朱佩章，苏凡. 分析 BOT 高速公路项目建设管理应注意的几个问题[J]. 公路，2013(6)：173-176.

[35] 陈建校. 高速公路 BOT 融资问题与对策研究[J]. 改革与战略，2008(10)：68-70，95.

[36] Bank W. World development indicators[M]. Washington：World Bank Group，2016.

[37] 秦宝宝. PPP 模式的起源、发展及信贷融资实践——基于银行视角的分析[J]. 财经界，2019(22)：62-63.

[38] 张塱. PPP 模式在供水工程项目中的运行研究[D]. 兰州：兰州理工大学，2020.

[39] 王振撼. 轨道交通领域 PPP 融资模式研究[D]. 北京：北京邮电大学，2021.

[40] 李文启，崔冉冉. 城镇化基础设施建设 PPP 项目融资风险研究[J]. 海南金融，2016 (9)：39-42.

[41] 姚宜. PPP 模式应用于新型城镇化建设中的关键问题及建议[J]. 理论探讨，2016 (1)：101-104.

[42] 孙洁. 采用 PPP 应当注意的几个关键问题[J]. 地方财政研究，2014(9)：23-25.

[43] 贺卫华. 推广运用 PPP 模式中存在的突出问题与对策[J]. 中国党政干部论坛，2017 (2)：72-74.

[44] 杨宝昆，刘芳. PPP 项目全生命周期融资管理研究[J]. 建筑经济，2019，40(11)：9.

[45] 邹昱昙. 浅析我国基础设施建设中 PPP 模式应用问题[J]. 商业时代，2009，24(24)：79.

[46] 敖阳利. 创新引活水 挖潜促升级——我国 PPP 融资实践综述[N]. 中国财经报，2022-4-12.

[47] 孙旭东，李志军，谢海金. PPP 融资模式在城市基础设施工程中的应用研究——以南昌市红谷隧道工程为例[J]. 隧道建设(中英文)，2018，38(S1)：28-31.

[48] 谷立娜，张春玲，吴涛. 基于云模型的重大水利 PPP 项目融资风险评价[J]. 人民黄河，2021，43(11)：116-121.

[49] 刘艺. PPP 融资模式在轨道交通项目中的应用[J]. 住宅与房地产，2021(19)：72-73.

[50] 郑海棠. PPP 模式在市政轨道工程中的应用[J]. 建材与装饰，2018(51)：114-115.

[51] 温春艳. PPP 模式在高速公路项目融资中的应用研究[J]. 财会学习，2022(7)：126-128.

[52] 王德民. 高速公路 PPP 项目融资存在的问题及应对策略探讨[J]. 建筑与预算，2021(9)：65-67.

[53] 张雪昊. 重大水利工程 PPP 项目建设经营模式[J]. 智能城市，2019，5(10)：185-186.

[54] 徐伟. PPP 模式下水利工程项目建设管理的难点及应对措施[J]. 水利规划与设计，2021(8)：117-121.

[55] 杜可爱. PPP 模式在市政工程项目中的应用分析[J]. 工程技术研究，2019，4(1)：206，212.

[56] 马海涛. 2021 年中国 PPP 发展趋势研究报告[M]. 北京：社会科学文献出版社，2021.

[57] 王铁山. PFI 项目融资：英国和日本模式的比较研究[J]. 国际经济合作，2008 (1)：49-52.

[58] 方祥鸿. 养老地产 PFI 模式的应用与风险管理研究[D]. 西安：西安建筑科技大学，2016.

[59] 武建业. 关于 BOT 和 ABS 项目融资模式的研究[J]. 产业科技创新，2019，1(13)：79-80.

[60] 熊竹. 我国基础设施项目 ABS 融资模式研究[D]. 重庆：重庆大学，2015.

[61] 王长领. ABS——西部大开发中项目融资的新思路[J]. 经济师，2001(6)：76-77.

[62] 佟昕. ABS 融资模式的运作流程概述[J]. 企业技术开发，2014，33(23)：142-143.

[63] 杨凤，杨雪莹，秦小雨. 浅谈 ABS 融资环节——SPV 组建问题[J]. 商业文化，2012(12)：158.

[64] 周健. ABS 融资模式对铁路建设项目的作用[J]. 财经界，2012(6)：106.

[65] 张颖. 高速公路项目融资方式——BOT 与 ABS 探析[J]. 铁道工程学报，2007(11)：94-97，110.

[66] 梁伟娥. 建设项目融资方式比较研究[J]. 商业经济，2007(7)：66-68.

[67] 夏丹. 浅析 ABS 融资方式[J]. 建筑经济，2011(10)：70-72.

[68] 李牧航. 我国房地产投资信托基金发展模式的研究[D]. 长春：吉林财经大学，2014.

[69] 巢敏怡. REITs 模式在基建筹融资中的应用探讨[J]. 财会学习，2021(23)：165-167.

[70] 沈艳丽. 沈阳市公共租赁住房 REITs 融资模式分析[J]. 经济研究导刊，2014(30)：115-116.

[71] 刘方强,李世蓉. REITs 在我国公共租赁房建设中的应用[J]. 建筑经济,2010(12):104-107.
[72] 陈新忠,杨君伟,王铁铮. REITs 模式在水利工程建设筹融资中的应用[J]. 中国水利,2021(4):13-16.
[73] 张若初. PPP 模式下工程项目融资金融风险成因分析及对策探讨[J]. 现代营销(下旬刊),2019(9):159-160.
[74] 何凤凤. PPP 模式下项目融资风险管理研究[D]. 包头:内蒙古科技大学,2021.
[75] 张汉武. 基于 PPP 模式的工程项目融资风险管理探析[J]. 投资与创业,2020,31(22):139-140.
[76] 王煜. 境外建筑工程项目融资风险及对策探究[J]. 中国产经,2020(21):69-70.
[77] 孙艳青. 提高企业工程项目融资风险的防控能力[J]. 财经界,2020(12):23-24.
[78] 肖红玲. PPP 项目风险评价及管理研究[D]. 杭州:浙江大学,2021.
[79] 汪青鹏. 城市基础设施 PPP 融资模式风险评价研究[D]. 合肥:安徽建筑大学,2018.
[80] 王鹏程. 建筑企业融资的特点及有效的风险管控策略[J]. 经济研究导刊,2021(23):129-131.
[81] 陈华. 建筑总承包 PPP 项目的财务风险探析[J]. 会计师,2020(5):44-45.
[82] 杨金义. 信用担保在工程项目融资中的应用——以我国电力工程融资为例[J]. 中国建设信息,2010(9):50-51.
[83] 杨云森. 融资担保公司担保项目风险评价及控制方法研究[D]. 昆明:云南大学,2010.
[84] 张子俊. 大型工程项目融资风险综合管理研究[D]. 沈阳:东北大学,2013.
[85] 李素英,杨娱. PPP 模式下基础设施项目融资风险研究——以 RC 县市政基础设施建设为例[J]. 经济研究参考,2016(33):15-19.
[86] 周文超,李建华. 海绵城市建设项目融资风险度量研究[J]. 工业技术经济,2019,38(6):38-43.
[87] 王雷. 项目融资风险管理研究[D]. 西安:西安理工大学,2006.
[88] 蔡伟程. 国际工程项目融资风险管理研究[D]. 南京:东南大学,2020.
[89] 尹德永. 试论项目融资担保[D]. 北京:中国政法大学,2001.
[90] 田芳. 浮动抵押在银行担保中的问题研究及制度设计[D]. 北京:中国社会科学院研究生院,2011.
[91] 杨卫华. 基于风险分担的高速公路项目特许定价研究[D]. 大连:大连理工大学,2007.
[92] 周熙霖. 项目融资模式与信用保证结构的研究[D]. 武汉:武汉大学,2004.